Otto Böcher

Johannes-Offenbarung und Kirchenbau

Otto Böcher

JOHANNES-OFFENBARUNG UND KIRCHENBAU

Das Gotteshaus als Himmelsstadt

Neukirchener Theologie/Patmos

Mix
Produktgruppe aus vorbildlich bewirtschafteten
Wäldern und anderen kontrollierten Herkünften
www.fsc.org Zert.-Nr. SGS-COC-005773
© 1996 Forest Stewardship Council

Dieses Buch wurde auf FSC®-zertifiziertem Papier gedruckt.
FSC (Forest Stewardship Council®) ist eine nicht staatliche,
gemeinnützige Organisation, die sich für eine ökologische und
sozial verantwortliche Nutzung der Wälder unserer Erde einsetzt.

Bibliografische Information der Deutschen Nationalbibliothek
Die Deutsche Nationalbibliothek verzeichnet diese Publikation
in der Deutschen Nationalbibliografie; detaillierte bibliografische
Daten sind im Internet über http://dnb.d-nb.de abrufbar.

© 2010 – 1. Auflage
Neukirchener Verlagsgesellschaft mbH, Neukirchen-Vluyn
Patmos-Verlag der Schwabenverlag AG, Ostfildern

www.neukirchener-verlage.de
www.patmos-verlag.de

Umschlaggestaltung: Finken & Bumiller, Stuttgart
Umschlagabbildung: Südseite des spätromanischen Wormser
Domes Sankt Peter, © KNA-Bild/Harald Oppitz
Druck: Hubert & Co., Göttingen
Hergestellt in Deutschland
ISBN 978-3-7887-2455-9 (Neukirchener)
ISBN 978-3-491-72574-4 (Patmos)

Dem Gedächtnis meiner Lehrer

Fritz Arens (1912–1986)

Walter Paatz (1902–1978)

Eugen Ludwig Rapp (1904–1977)

Gustav Stählin (1900–1985)

Inhalt

Vorwort

Die vorliegende Monographie ist dem Gedächtnis der vier Hochschullehrer gewidmet, die meine Studien am meisten gefördert und meine Dissertationen kritisch begleitet haben. Sie ist die späte Erfüllung einer Bitte meines Heidelberger kunstgeschichtlichen Lehrers Walter Paatz († 1978), der immer wieder die fehlenden theologischen Kenntnisse vieler Kunsthistoriker beklagt und mich schon vor fünf Jahrzehnten gebeten hat, diesem Missstand nach Kräften abzuhelfen.

Von der unermesslich reichen Wirkungsgeschichte der Johannes-Apokalypse kann der architektur- und kunstgeschichtliche Aspekt nur ein Ausschnitt sein. Dennoch lohnt sich eine kommentierende Publikation des einschlägigen Materials, von dem im Folgenden eine, wie ich hoffe, paradigmatische Auswahl vorgestellt wird.

Für die Möglichkeit einer anspruchsvollen ökumenischen Veröffentlichung danke ich, nächst den beiden Verlagen und ihren Mitarbeitern Volker Hampel und Thomas Nahrmann, dem Herausgeber des Evangelisch-Katholischen Kommentars, meinem Berner Kollegen Ulrich Luz. Meiner langjährigen Sekretärin Roswitha Starke (Mainz) danke ich für die sorgfältige Durchführung der Schreibarbeiten und des digitalen Schriftverkehrs mit den Verlagen. Bei der Bearbeitung des Bildmaterials und bei immer wieder notwendigen Kopierarbeiten unterstützte mich Frau Jutta Nennstiel (Mainz); auch ihr gilt mein Dank.

Die Drucklegung dieses Bandes haben finanzielle Zuschüsse der Kirchen meiner engeren Heimat ermöglicht, nämlich des Bistums Mainz, der Evangelischen Kirche in Hessen und Nassau, der Evangelischen Kirche der Pfalz und der Evangelischen Kirche im Rheinland. Für dieses Zeichen landsmannschaftlicher und geistlicher Verbundenheit bin ich sehr dankbar. Nicht nur Kunstgeschichtler, sondern auch Theologen beider Konfessionen sollten wissen, was die Elemente des Kirchenbaus „theologisch" bedeuten, d. h. in der Spiritualität ihrer Entstehungszeit und vor dem Hintergrund altkirchlicher Eschatologie und Ekklesiologie.

Otto Böcher

Mainz, im September 2010

1. Einleitung

Die Apokalypse bzw. Offenbarung des Johannes, das einzige prophetische Buch des Neuen Testaments, in seiner Apostolizität jahrzehntelang von den ostkirchlichen Theologen bestritten und bis heute ans Ende des neutestamentlichen Kanons verwiesen, nimmt hinsichtlich ihrer Wirkungsgeschichte eine Sonderstellung ein. Wegen ihres scheinbar ungeordneten Reichtums an visionären Bildern als dunkel und verworren empfunden, ohne eine deutliche Christologie wie etwa die paulinische, dazu seit dem zweiten nachchristlichen Jahrhundert von schwärmerischen Bewegungen außerhalb der Großkirche als »Schriftgrundlage« missbraucht, wurde die Johannes-Apokalypse von der wissenschaftlichen Theologie bis vor wenigen Jahrzehnten nicht recht ernst genommen und allenfalls aus Rücksicht auf den Kanon pflichtgemäß behandelt.

Noch immer dient dieses Buch einer geistlichen, fundamentalistischen Subkultur als Schlüssel für eine eschatologische Deutung der Gegenwart, bis hin zu einer Berechnung des Weltendes und der Ankunft Christi zum Gericht. Solche »laientheologische« Hochschätzung der Johannes-Offenbarung als einer geheimnisvollen Weissagung auf die Zukunft ist ein letzter Rest der erstaunlichen Wirkungsgeschichte dieses Buches, vor allem bis zum Sieg der Aufklärung im 18. Jahrhundert; schon die zahlreichen Illustrationen der Johannes-Offenbarung in den Bilderbibeln noch des Barocks lassen erkennen, dass die Apokalypse des Johannes wesentlich mehr Interesse beanspruchen durfte als alle übrigen biblischen Bücher zusammen, einschließlich der erzählenden Schriften des Alten Testaments.

Deutliche Spuren der Johannes-Offenbarung finden sich bis heute in der christlichen (bzw. postchristlichen) Kultur- und Geistesgeschichte: in Liturgie, Volksfrömmigkeit, Jenseitsvorstellungen, Märchen, Redewendungen, Trivialliteratur und Film, aber auch in christlicher Geschichtsdeutung und Kulturkritik (Dostojewski, Solowjew, Louis Harms u. a.), in Dichtung und Philosophie (Carlyle, Claudel, Lawrence u. a.), in manchen, z. T. skurrilen Sekten (Satanismus usw.), aber auch als wortwörtlicher (Joachim von Fiore, Fraticelli, Täuferreich von Münster) oder säkularisierter Hintergrund politischer Heilslehren (Drittes Reich, Tausendjähriges Reich, klassenlose Gesellschaft).

Nachhaltiger und bis heute wichtiger als die oben aufgezählten Nachwirkungen der Johannes-Apokalypse sind jedoch die Anregungen, die von diesem Buch auf die christliche Architektur und Kunst ausgegangen sind. Die gleichsam ambivalente Eschatologie der Johannes-Offenbarung macht es möglich, dass sowohl in der feiernden Gemeinde als auch im Kirchengebäude das Heil als bereits gegenwärtig erlebt werden kann (»präsentische Eschatologie«), ohne dass die Hoffnung auf die endgültige Vollendung dieses Heils aufgegeben werden müsste (»futurische Eschatologie«). Im Gegensatz zu den meisten Rückgriffen auf die Johannes- Apokalypse seit nahezu 2000 Jahren ist ihre Wirkungsgeschichte in Architektur und bildender Kunst daher unbezweifelbar legitim.

Aus diesem Grund habe ich seit Jahrzehnten Elemente der Kirchenarchitektur und der Kirchenausstattung von der christlichen Spätantike bis zum Jugendstil gesammelt, die sich auf die Offenbarung des Johannes zurückführen lassen. Aus der Häufung der Rückgriffe kirchlichen Bauens und Kunstschaffens speziell auf Apk 21f. geht hervor, dass das irdische Kirchengebäude als antizipierendes Abbild des himmlischen Jerusalem verstanden werden will. Auch so gut wie alle anderen Kapitel der Johannes-Apokalypse haben jedoch Details zum religiösen Kunstschaffen beigesteuert. Deshalb habe ich alle diesbezüglichen Phänomene in der Reihenfolge der einzelnen Kapitel der Offenbarung des Johannes geordnet und sie den Texten Apk 1–22 gegenübergestellt.

Der Wortlaut dieser *Texte* stammt aus der ökumenischen Einheitsübersetzung des Neuen Testaments[1], an der ich seinerzeit (1973–1979) als evangelischer Übersetzer des Evangeliums, der Briefe und der Offenbarung des Johannes verantwortlich mitgewirkt habe. Unter der Überschrift *Kurzexegese* habe ich den Texten jeweils kurze exegetische Erklärungen beigegeben. Dies erschien mir geboten, weil häufig schon in altkirchlicher Zeit die ursprüngliche Intention der Textaussagen nicht mehr verstanden wurde und eine oft naive und willkürliche Umsetzung der visionären Bilder in sakrale Architektur die Distanz zum Original weiter vergrößerte. Meine 22 exegetischen Skizzen wollen nur die wichtigsten Informationen vermitteln, keineswegs jedoch einen wissenschaftlichen Kommentar ersetzen. Schon deshalb verzichte ich auf eine Auseinandersetzung mit der neutestamentlichen Sekundärliteratur und die im vorliegenden Zusammenhang entbehrlichen Fußnoten[2].

Die im jeweils dritten Abschnitt (*Wirkungsgeschichte*) behandelten Beispiele aus der Kunstgeschichte beanspruchen keine Vollständigkeit; sie lassen sich beliebig vermehren. Es sollte ja kein Kompendium einer nach Apk 1–22 geordneten Kunstgeschichte entstehen, sondern lediglich ein paradigmatischer Nachweis derjenigen Topoi des Kirchenbaus und der Kirchenausstattung, die sich der Apokalypse des Johannes verdanken. Dass viele der

---

1   Einheitsübersetzung der Heiligen Schrift. Das Neue Testament. 1. Aufl. Stuttgart 1979.
2   Meine eigenen exegetischen Auffassungen zur Johannes-Apokalypse habe ich an anderem Ort ausführlich zur Diskussion gestellt; vgl. im Literatur-Verzeichnis (6 c) Nr. 3–12, besonders Nr. 5 und 11 sowie speziell, im Umfeld des vorliegenden Buches, Nr. 3.

angeführten Baudenkmäler und Kunstwerke aus Südwestdeutschland stammen, hängt mit Heimat und Wirkungsfeld des Autors zusammen, beeinträchtigt jedoch nicht die überregionale Bedeutung der gewonnenen Erkenntnisse. Nicht nur in Deutschland, sondern genauso in Italien, Frankreich, Spanien, England und Skandinavien, ja auch in der Ostkirche folgen die Kirchengebäude der Bistumsmetropolen, Pfarreien, Stifte und Klöster den Vorgaben der Apokalypse des Johannes. Auch im Abschnitt *Wirkungsgeschichte* wird auf literarische Nachweise in Fußnoten weitgehend verzichtet[3]; jeder gebildete Leser kann Standort, Gestalt und Geschichte der genannten Bau- und Kunstwerke leicht mit Hilfe der einschlägigen Fachliteratur (Kunstdenkmälerinventare, Dehio) oder des Internet ausfindig machen. Weiterführende Publikationen nennt auch der Nachweis der Abbildungsvorlagen (S. 143f.)

---

3   Nur ausnahmsweise, etwa bei neuen Forschungserkenntnissen oder schwer zugänglichen Quellentexten, nenne ich Sekundärliteratur (vgl. Lit.-Verz. Nr. 1f. und 13–31).

2. Exegetische Voraussetzungen

Wie alle Schriften des Neuen Testaments hat auch die Offenbarung des Johannes ein Recht auf ernsthafte, historisch-kritische Behandlung. Daher soll im folgenden Abschnitt eine Skizze dessen versucht werden, was dieses letzte Buch des neutestamentlichen Kanons seinem eigenen Selbstverständnis nach ist – und was nicht. Sein Autor versteht sich als Prophet. In der Tradition der alttestamentlichen Propheten richtet er seinen Lesern und Hörern den fordernden Willen Gottes aus; er lässt ihnen Weisung, Mahnung und Tröstung zukommen in einer kurz bemessenen Endzeit, die bald an ihr Ziel gelangen wird. Die Zeit ist kurz (Apk 1,3; 16,15; 22,7.12.20). Schon deshalb will die Johannes-Apokalypse weder eine Weissagung auf ferne Zukunft noch eine Anleitung zum schriftgemäßen Kirchbau sein; beides erübrigt sich, weil der Autor die Erwartung einer baldigen Parusie nicht preisgibt. Wo der Apokalyptiker Bilder der Bauwelt benutzt, sind diese genau so metaphorisch gemeint wie im übrigen Neuen Testament (vgl. Gal 2,9; Eph 2,20–22; 1 Tim 3,15; 1 Petr 2,5.7).

Aller Wahrscheinlichkeit nach entstand die Johannes-Offenbarung in den letzten Regierungsjahren des Kaisers Domitian, der 96 n. Chr. ermordet wurde. Erste Christenverfolgungen haben bereits begonnen, offenbar im Zusammenhang der von Rom geforderten göttlichen Verehrung des Kaisers. Der Autor, ein gebildeter Judenchrist, hieß vermutlich wirklich Johannes (Jochanan), so dass sein »Brief« nicht, wie die meisten jüdischen Apokalypsen, eine pseudepigraphische Schrift darstellt. Aus Patmos, einer Insel vor der Westküste Kleinasiens, wohin ihn die Römer verbannt haben oder wohin er vor ihnen geflohen ist (Apk 1,9), schreibt Johannes an sieben Christengemeinden des kleinasiatischen Festlands (Ephesus, Smyrna, Pergamon, Thyatira, Sardes, Philadelphia, Laodizea; Apk 2,1–3,22). Angesichts bevorstehender Christenverfolgungen ermahnt er seine Leser zu treuem Aushalten, notfalls bis hin zu Verfolgung und Tod.

Für die Spätform der jüdischen und judenchristlichen Prophetie, die im frühen 19. Jahrhundert ihren Namen »Apokalyptik« nach unserem Buch erhalten hat (Apk 1,1 ἀποκάλυψις, »Offenbarung«), sind Visionen wie die in Apk 1 und Apk 4–22 geschilderten charakteristisch. Diese Visionen, obgleich zusammengesetzt aus Elementen der altjüdischen, teilweise in den altorientalischen Mythos zurückreichenden religiösen Tradition, sind weitgehend »erlebnisecht«, also nicht oder zumindest nicht ausschließlich gelehrte Schreibtischarbeit. Auch ethische Mahnungen (vgl. Apk 2,1–3,22) gehören von vornherein zum Bestand dieser Literatur. Aus der Forderung angemessenen Verhaltens im Angesicht des drohen-

den Endes wird gleichsam von selbst die Ethik einer eschatologisch bestimmten Ekklesiologie. Inhalt und Aufbau der Johannes-Apokalypse soll der hier beigegebene
Versuch einer Gliederung übersichtlich vorstellen.

Gliederung der Johannes-Apokalypse

I. Einleitender Teil (1,1–20)
1. Vorwort (1,1–3)
2. Gruß und Prolog (1,4–8)
3. Beauftragsvision (1,9–20)
II. Paränetischer Teil: Die sieben Sendschreiben (2,1–3,22)
1. Sendschreiben nach Ephesus (2,1–7)
2. Sendschreiben nach Smyrna (2,8–11)
3. Sendschreiben nach Pergamon (2,12–17)
4. Sendschreiben nach Thyatira (2,18–29)
5. Sendschreiben nach Sardes (3,1–6)
6. Sendschreiben nach Philadelphia (3,7–13)
7. Sendschreiben nach Laodizea (3,14–22)
III. Prophetisch-visionärer Teil (4,1–22,5)
1. Auftakt: Gottes Thronsaal (4,1–11)
2. Die sieben Siegel (5,1–8,1)
   a) Lamm und versiegeltes Buch (5,1–14)
   b) Die ersten vier Siegel (6,1–8)
   c) Das fünfte Siegel (6,9–11)
   d) Das sechste Siegel (6,12–7,17)
   e) Das siebte Siegel (8,1)
3. Die sieben Posaunen (8,2–14,20)
   a) Die Beauftragung der sieben Engel (8,2)
   b) Zwischenstück: Weihrauchopfer und Erfüllung der Rache-
      gebete des fünften Siegels (8,3–5)
   c) Die ersten vier Posaunen (8,6–13)
   d) Die fünfte Posaune = das erste Wehe (9,1–12)
   e) Die sechste Posaune = das zweite Wehe (9,13–11,14)
      α) Strafexpedition der vier Todesengel (9,13–21)
      β) Engel, Büchlein, sieben Donner (10,1–11)
      γ) Vermessung des Tempels (11,1f.)
      δ) Die beiden prophetischen Zeugen (11,3–14)
   f) Die siebte Posaune = das dritte Wehe (11,15–14,20)
      α) Hymnische Einleitung (11,15–18)
      β) Der Himmel öffnet sich (11,19)

Als geschlossene Hauptteile sind die Corpora der sieben Sendschreiben
(Apk 2,1–3,22) und der großen Visionen (Apk 4,1–22,5) zu erkennen. Nicht
zu übersehen ist, dass der Apokalyptiker sein Material unter Verwendung
der heiligen Siebenzahl strukturiert. An die Paränese der sieben Sendschreiben (Apk 2,1–3,22) schließt er, nach einem einleitenden Blick in den Himmel (Apk 4,1–11), die Siebenerreihen seiner Siegelvisionen (Apk 5,1–8,1),
seiner Posaunenvisionen (Apk 8,2–14,20) und seiner Schalenvisionen (Apk
15,1–19,10) an. Den Abschluss bildet seine Schau der Letzten Dinge (Apk
19,11–22,5) mit dem Höhepunkt der Schilderung der himmlischen, auf die
Erde herabschwebenden Stadt Jerusalem (Apk 21,1–22,5). Angesichts dieses herrlichen Heilsguts der Zukunft verblassen alle Katastrophen der Gegenwart zum bloßen Durchgangsstadium. Nichts wäre verkehrter, als die
Johannes-Offenbarung verstehen zu wollen als eine Weissagung von Katastrophen, die ihre Leser in Angst und Schrecken versetzen will. Im Gegen-
teil: Die in der Gegenwart erlebten Plagen werden gedeutet als letztlich be-
langlose Irritationen, als Zwischenstufen auf dem Weg zum ewigen Heil.

Absichtsvoll spart der Visionär, der ja mühelos die Vollendung des Heils als siebtes Siegel, als siebte Posaune oder siebte Schale hätte in Szene setzen können, die Herabkunft der Himmelsstadt für das Ende seines Trostbuchs auf. Im neuen, ewigen Jerusalem findet die mühevolle Wanderung der Frommen – vom ersten Siegel bis zur letzten Schale – Lohn und Ziel. Vom bunten Licht der in Apk 21f. so anschaulich beschriebenen Stadt leiht sich schon früh die eschatologische Vorfreude im Kirchbau ein kleines Stück der Farben und Formen.

3. Die Johannes-Apokalypse als »Baubuch«

a) Eschatologie und Ekklesiologie

Die zahlreichen Belege der Johannes-Offenbarung, die nicht nur als Beschreibungen künftigen Heils, sondern auch als fordernde Hinweise auf die Strukturen der gegenwärtigen christlichen Gemeinde verstanden werden können, verwandeln ganz unauffällig Eschatologie in Ekklesiologie. Nur diese Ambivalenz zentraler Aussagen der Johannes-Apokalypse hat es ermöglicht, im Rahmen der Architektur und Ausstattung christlicher Kirchengebäude auf eschatologische Bilder der Apokalypse zurückzugreifen und diese ekklesiologisch zu konkretisieren. Das noch immer in naher Zukunft erwartete Heil (Apk 1,3; 16,15; 22,7.12.20) kann als noch unvollkommene irdische Abschattung schon jetzt in der »Kirche« erlebt werden, und zwar sowohl in der aus den Glaubenden bestehenden Gemeinschaft als auch im hölzernen oder steinernen Gotteshaus.

Eine deutliche Grenze zwischen Zukunft und Gegenwart existiert für den Apokalyptiker nicht. Dafür sorgt schon seine durchgängige Verwendung des *Vaticinium ex eventu*, d. h. die beglaubigende Vorschaltung eines scheinbar geweissagten, in Wirklichkeit jedoch bereits vergangenen Ereignisses (*eventus*) vor eine echte, auf die Zukunft gerichtete Prophetie. Besonders für die hebdomadischen Visionszyklen (Apk 5,1–8,1; 8,2–14,20; 15,1–19,10) ist die Verknüpfung fiktiver und echter Weissagungen charakteristisch, beispielsweise im Fall der sog. Apokalyptischen Reiter (Apk 6,1–8). Die Vieldeutigkeit der Widerfahrnisse auf dem Weg zur Himmelsstadt erlaubte bereits den ersten Lesern und Hörern unseres Buches, ihre eigene Situation in Krieg, Hungersnot, Hagelschlag oder Vulkanausbruch zu erkennen und als Station im Ablauf des endzeitlichen Dramas zu deuten.

Auch gegenwärtige Heilserfahrungen erhalten im Licht der Johannes-Offenbarung ihre zugleich eschatologische und ekklesiologische Würde. Die Kirche ist nicht nur Braut (Apk 21,2), sondern – schon jetzt – Ehefrau des Messias (Apk 19,7), mit dem die Kirche das Hochzeitsmahl feiert (Apk 19,9). Nicht erst zur künftigen Himmelsstadt gehören die Früchte der Manna-Bäume (Apk 22,2; vgl. Joh 6,32–59), sondern bereits zur Herrenmahlfeier der gegenwärtigen Gemeinde (Apk 19,9; vgl. 3,20).

Daher darf sich der Christ schon jetzt als Säule in Gottes Tempel verstehen (Apk 3,12). Der Getaufte trägt schon jetzt das weiße Kleid (Apk 3,18; 7,9.13f.); er gehört schon jetzt zu den Stämmen des neuen Israel (Apk 7,4–8; 14,1–5), zu den Kriegern des Messias (*Militia Christi*, Apk 19,11–21; vgl.

14,1–5) und zu den Bürgern des neuen Jerusalem (Apk 3,12; 21,2–22,5). Als Teilnehmer am himmlischen Gottesdienst (Apk 4,9–5,14; 7,9–12 u. ö.) singt er mit den vier Lebewesen in der Liturgie des Herrenmahls das Dreimalheilig (Apk 4,8). Schon als Johannes die Vision des fünften Siegels formuliert (Apk 6,9–11), findet die Verehrung der Märtyrer »unter dem Altar« statt (Apk 6,9). Die Würfelgestalt der Himmelsstadt (Apk 21,16) verweist nicht nur auf die erhoffte Harmonie und Schönheit des künftigen Jerusalem, sondern verpflichtet auch die Christen als Bausteine des – kubischen! – Tempels (Apk 3,12; vgl. 1 Kor 3,17; Eph 2,21f.; 1 Petr 2,5) zu kirchlicher Ordnung und Harmonie.

b) Die besondere Bedeutung von Apk 21,1–22,5

Im neuen Jerusalem, das aus dem Himmel auf den Zionsberg herabschweben wird (Apk 21,1–22,5), kulminiert die eschatologische Weissagung des Apokalyptikers. Wie in der Parallele 4 Esra 10,25.27.40–50 hat sich die himmlische Tochter Zion (Apk 12) in eine herrliche Stadt verwandelt. Das Diadem aus zwölf Sternen (Apk 12,1) ist zur Stadtmauer mit zwölf Toren geworden (Apk 21,12–14); hier wie dort ist an den Tierkreis gedacht. Zufolge Apk 21,1–22,5 erscheint die Vollendung des Heilsgeschehens als kunstvolle Verknüpfung kosmologischer, astrologischer, ekklesiologischer und christologischer Spekulationen. Zwölf Mauertore mit den Namen der zwölf Stämme (mit Apk 7,5–8 vgl. Gen 49,1–28) stehen diesen – aus Heidenchristen ergänzten – Stämmen offen (Apk 21,12f.). Die Namen der Stämme finden sich auf den Tortürmen, die Namen der ihnen zugeordneten Apostel (vgl. Mt 19,28 par. Lk 22,30) auf den Grundsteinen (Apk 21,14; vgl. Eph 2,20). Die zwölferlei Edelsteine der Mauer (Apk 21,19f.), identisch mit den zwölf Edelsteinen der alttestamentlichen Priestertracht und daher Symbole der zwölf Stämme Israels (Ex 28,15–21; 39,8–14), sind zugleich Symbole der zwölf Sternbilder des Tierkreises, die das Haupt der himmlischen Tochter Zion als Diadem umgeben (Apk 12,1). Der Visionär umschreitet die Himmelsstadt in der umgekehrten Reihenfolge der Tierkreiszeichen bzw. Monate, der aufgehenden Sonne entgegen; er endet beim Tierkreiszeichen Widder (arníon, »Lamm«; vgl. Apk 5,6–14), dem Zeichen des neuen Weltenjahres und seines messianischen Richters.

Da der Autor der Johannes-Offenbarung vom himmlischen Jerusalem eine offenbar sehr konkrete Vorstellung besaß, legte sich der Gedanke an eine zeichnerische Darstellung der vielfachen Bezüge nahe, die ausnahmslos auf der Zwölfzahl beruhen. Möglicherweise lag dem Apokalyptiker eine ähnliche, vermutlich jüdische »Himmelskarte« vor, wie sie auch als Muster antiker Synagogenfußböden vorausgesetzt werden darf (Bet Alfa, Husifa,

Jafia, Naaran, Tiberias u. a.) und die er lediglich im Sinne seines christlichen Selbstverständnisses redaktionell überarbeiten musste.

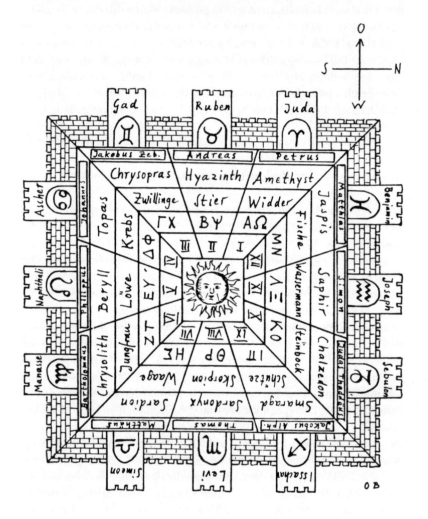

Unsere Zeichnung, basierend auf Apk 21 und orientiert an antiken Synagogenfußböden mit Helios, Tierkreis und Stämmenamen, zeigt das himmlische Jerusalem als quadratische Stadt (Apk 21,16) im Schutz seiner zwölftorigen Mauer (Apk 21,12–14). Im Zentrum steht die Sonne als Symbol für das Licht Gottes und Christi (Apk 21,23; vgl. 22,5). Nach außen schließen sich zwölf keilförmige »Stadtviertel« an, jeweils gebildet von einer der zwölf Monatszahlen (I–XII), einem Buchstabenpaar des Kosmogramms (zu Alpha und Omega siehe Apk 1,8; 21,6; 22,13), einem Tierkreiszeichen aus dem Diadem der Himmelsfrau (Apk 12,1) und dem zugehörigen Edelstein (Apk

21,19f.), dem dort eingravierten Apostelnamen (Apk 21,14) und dem Torturm mit dem Namen eines der zwölf Stämme Israels (Apk 21,12). In den Toren finden sich die Symbole der Sternbilder des Tierkreises (Apk 12,1). Zu den Namen der zwölf Apostel ist Mk 3,13–19 parr.; Apg 1,13.26 zu vergleichen, zu den Namen der zwölf Stämme außer Apk 7,5–8 auch Gen 49,1–28. Die zwölf Edelsteine sind keine anderen als die des hohepriesterlichen Brustschilds, wo sich auch die Namen der zwölf Stämme finden (Ex 28,15–21; 39,8–14). Antikem Vorbild folgend, ist der Drehsinn unserer Himmelskarte der Gegenuhrzeigersinn.

Da Stadtmauer und Tore den Tierkreis darstellen, lassen sich die zwölf keilförmigen Stadtviertel in die ebenfalls keilförmigen zwölf Kompartimente des Himmelsgewölbes fortsetzen, die durch die Buchstabenpaare des Alphabets (A/Ω, B/Ψ, Γ/X, Δ/Φ usw.) kosmographisch bestimmt wurden. Den Mittelpunkt der Stadt und des Kosmos bildet die mit Gott und Christus (vgl. Apk 1,12–16) gleichgesetzte Sonne. Die Himmelsrichtungen stimmen für den Blick nach oben zum Himmel, von wo sich die Stadt auf den Zionsberg herabsenken wird (Apk 21,2.10). An die Ostrichtung (auf der Zeichnung »oben«) schließen sich nach links Süden, unten Westen und nach rechts Norden an.

Die eingezeichneten Benennungen der Edelsteine sind die griechischen Namen von Apk 21,19f.; sie entsprechen nur zum Teil den heute üblichen mineralogischen Definitionen. Eindeutige Bestimmungen waren, schon wegen der variierenden Namen eines und desselben Steines, bereits in der Antike nur selten möglich. Auch dem sich auf Apk 21,19f. berufenden kirchlichen Kunsthandwerk kam es weniger auf die Sorten der Steine an als auf die Zwölfzahl und die Verschiedenfarbigkeit der verarbeiteten »Edelsteine«, zu denen auch Halbedelsteine und sogar Bernstein gehören können.

Teil 4 dieser Untersuchung wird zeigen, dass kein Kapitel der Johannes-Apokalypse den christlichen Kirchenbau so umfassend geprägt hat wie Apk 21,1–22,5. Das hängt zweifellos auch mit der Anschaulichkeit der Schilderung zusammen. Vielleicht noch folgenreicher waren jedoch diejenigen Aussagen über die Himmelsstadt, die sehr viel besser zur irdischen Kirchenstruktur als zu einer für die Zukunft erhofften, menschlichem Auge und menschlichem Handeln entzogenen »Idee« (im platonischen Sinn) zu passen schienen. Die apotropäische Kraft der Edelsteine (Apk 21,18–21) bewirkt, dass die Stadtmauer Reinheit garantiert und Frevler, vor allem wohl Häretiker, abwehrt. Als Nachfolgerin des Zwölf-Stämme-Bundes (Apk 21,12) ist die Kirche das neue, wahre Israel. Ihre apostolischen Fundamente (Apk 21,14; vgl. Eph 2,20), die an Gemeindeordnungen nach Art der »Lehre der zwölf Apostel« (Didache, Didaskalia) denken lassen, versichern die Kirche ihrer legitimen Tradition. Am Lebenswasser (Apk 22,1; vgl. 7,17) gewährt die Taufe Anteil, am Lebensbrot (Apk 22,2) das Sakrament des Herrenmahls. Nicht so sehr der eschatologische als in erster Linie der ekklesiologische Aspekt von Apk 21,1–22,5 hat die Johannes-Apokalpyse zum »Baubuch« werden lassen. Freilich war auch den Bauherren und Handwerkern des Mittelalters stets bewusst, dass die Vollendung des Heils noch ausstehe. Gebaute Ekklesiologie am Leitfaden der Johannes-Offenbarung ist noch immer eschatologische Ekklesiologie; ihr unvollkommenes Stück »Himmel auf Erden« ist nur Vorgriff, Abschattung und Vorgeschmack der erwarteten, vollkommenen, ewigen Seligkeit.

Auch die Staats- und Stadt-Utopien des 16. und 17. Jahrhunderts gehören noch in diesen Zusammenhang. Basierend auf Apk 21, bleiben die Konstruktionen etwa des Thomas Morus (Utopia, 1516), Tommaso Campanella (Sonnenstadt, 1602), Johann Valentin Andreae (Christianopolis, 1619) und Johann Jakob Christoffel v. Grimmelshausen (Jupiter-Utopie im »Abenteuerlichen Simplicissimus«, 1668) zwar »utopisch«, d. h. gedanklich-abstrakt, fiktiv und unrealistisch, aber nicht ohne eine – zumeist moralisierende und zur verdeckten Sozialkritik säkularisierte – eschatologische Hoffnung[4].

c) Eschatologische Bautheorie des Mittelalters am Beispiel des Abtes Suger von Saint-Denis

Seit der christlichen Spätantike werden Szenen und Symbole aus der Johannes-Apokalypse in Reliefs umgesetzt, besonders auf den Wänden der Sarkophage. Schon früh bedecken Mosaiken mit Darstellungen des erhöhten, herrschenden und richtenden Christus (nach Apk 4 f. 20–22) die Wände des Kircheninneren und versetzen so die Gläubigen schon jetzt in die himmlische Welt. Als Lesung beim Kirchweihgottesdienst diente und dient seit jeher Apk 21,2–5. Doch erst seit dem 11. Jahrhundert sind theologische, ausdrücklich auf der Johannes-Apokalypse fußende Deutungen der kirchlichen Architektur erhalten. Von solchen Bautheoretikern seien etwa Honorius von Autun (Ende 11. Jh. – Mitte 12. Jh.), Sicardus von Cremona (1160–1215) und Durandus von Mende (1230/31 – 1296) genannt, vor allem aber der gelehrte Abt Suger von Saint-Denis (um 1081–1151).

Suger, seit 1122 Abt des französischen Benediktinerklosters Saint-Denis, ließ zwischen 1135 und 1144 einen teilweisen Neubau seiner Abteikirche errichten. Die Bauarbeiten und die feierliche Einweihung beschreibt er in seinen bald nach 1144 entstandenen Schriften *De consecratione* und *De administratione*. Immer wieder lässt er theologische Deutungen einfließen, die nahezu ausschließlich auf der Johannes-Offenbarung beruhen. Im Folgen-

---

4   Vgl. Böcher (Lit.-Verz. Nr. 10) und neuerdings Bernet (Lit.-Verz. Nr. 1).

den teile ich die für unseren Zusammenhang besonders wichtigen Abschnitte *De consecratione* 52f.57–66.97f. in deutscher Übersetzung mit[5].

Suger von Saint-Denis, De consecratione

(52) Dann, als wir den Trost des Heiligen Geistes, unseres Beistandes, herabgerufen hatten, auf dass er den guten Beginn des Gotteshauses mit einem guten Ende abschließe, bereiteten die Bischöfe selbst zunächst aus dem Weihwasser der kürzlich, fünf Tage vor den Iden des Juni, vollzogenen Weihe mit eigenen Händen den Mörtel zu und legten die ersten Steine hinein; dabei sangen sie für Gott einen Hymnus und sangen das »Fundamenta eius« bis zum Ende des Psalms in feierlicher Weise. (53) Nun stieg der erlauchteste König selbst hinab und legte seinen Stein mit eigenen Händen nieder. Auch wir und viele andere, Äbte wie Mönche, legten unsere Steine hinein – einige auch, aus Liebe und Ehrerbietung vor Jesus Christus, Edelsteine – und sangen »Lapides preciosi omnes muri tui«.

(57) Mit Eifer betrieben wir also unter großem Aufwand drei Jahre hindurch, mit einer vielköpfigen Schar von Arbeitern, sommers wie winters, die Vollendung des Werkes, damit wir nicht vor Gott mit Recht beklagen mussten: »Deine Augen sahen meine Unvollkommenheit«, und kamen mit seiner Hilfe recht gut voran; und gemäß dem göttlichen Wort wurde zum Jubel der ganzen Erde der Berg Zion gegründet, in nördlicher Richtung, die Stadt des großen Königs, in deren Mitte Gott sich nicht erschüttern lässt; wenn er aber durch die provozierenden Taten der Sünder sich hat erschüttern lassen, so wird er es dennoch nicht verschmähen, sich durch das wohlriechende Brandopfer der Büßer besänftigen und versöhnen zu lassen. (58) In der Mitte nun erhoben zwölf Säulen, die die Anzahl der zwölf Apostel vorstellen, in zweiter Linie aber ebenso viele Säulen der Seitenschiffe, die die Zahl der Propheten bezeichnen, den Bau unvermittelt hoch, wie der Apostel sagt, indem er in geistlicher Weise baut: »Ihr seid nun nicht mehr Gäste und Fremdlinge, sondern Mitbürger der Heiligen und Hausgenossen Gottes, erbaut auf dem Fundament der Apostel und Propheten, mit Christus Jesus selbst als dem vorzüglichsten Eckstein«, der beide Wände verbindet, »in dem das ganze Gebäude« – sei es geistig oder materiell – »zu einem heiligen Tempel im Herrn wächst«. Je höher und je passender wir uns in ihm bemühen, materiell zu bauen, desto mehr werden wir belehrt, dass wir durch uns selbst geistlich »zu einer Wohnung Gottes im Heiligen

---

5   Text nach: Speer/Binding (Lit.-Verz. Nr. 29), S. 226–251; hier auch das lateinische Original im Wortlaut.

Geist auferbaut werden«. (59) Inzwischen, da wir uns vornehmlich um die Überführung unserer Schutzherren, der hochheiligen Märtyrer, und der anderen Heiligen sorgten, die in der Kirche verteilt in verschiedenen Kapellen verehrt wurden, entschlossen wir uns, in der Weise, wie wir es gelobt hatten, ihre Schreine, insbesondere die der Schutzherren, schmücken zu lassen. Und indem wir einen Ort auswählten, wohin sie – für die Blicke der Herantretenden herrlicher und besser sichtbar – überführt werden sollten, wirkten wir mit dem Beistand Gottes darauf hin, dass der Ort durch die Gestaltungsfähigkeit der Goldschmiede oder auch die fleißige Ausübung ihrer Kunstfertigkeit, durch die Fülle des Goldes und der kostbaren Edelsteine sehr strahlend werde. Wir trafen Vorkehrungen, dass er – außen durch diese und derartige Dinge durch seinen Schmuck edel, innen aber durch eine sichere Mauer aus sehr festen Steinen nicht unedel – ringsum befestigt werde, dass er aber, damit nicht andererseits von außen der Ort durch das Material sichtbarer Steine an Wert verliere, mit aus Kupfer gegossenen und vergoldeten Platten – wenn auch nicht so, wie es sich geziemt hätte – geschmückt werde. (60) Denn die von uns und allen anderen erfahrene Hochherzigkeit der so erhabenen Väter erfordert es, dass wir Erbarmungswürdigen, die wir ihren Schutz verspüren wie auch benötigen, ganz offensichtlich die hochheilige Asche derer, deren verehrungswürdige Seelen strahlend wie die Sonne dem allmächtigen Gott zur Seite stehen, mit möglichst kostbarem Material, nämlich mit lauterem Gold und vielen Hyazinthen, Smaragden und anderen Edelsteinen, zur Würdigung ihrer Verdienste einschließen. (61) Wir bestimmten aber, dass dieses eine in vorzüglicher Weise getan werde, nämlich dass wir vor den Leibern der Heiligen, um Gott zu opfern, einen sehr herrlichen Altar, der niemals ebendort gewesen war, errichteten, wo die hocherhabenen Bischöfe und Persönlichkeiten, die dazu berechtigt sind, auf die Fürsprache derjenigen, die sich bereits selbst als wohlriechendes Brandopfer Gott dargebracht hatten, versöhnende und Gott wohlgefällige Opfer darbringen dürfen. (62) Als ich mir, beschränkt durch meinen Kleinmut, vorgenommen hatte, ihm eine zwar goldene, aber dennoch nur mittelmäßige Tafel vorzusetzen, da haben uns die heiligen Märtyrer selbst eine so große, unerwartete Menge Goldes und äußerst kostbarer Edelsteine zukommen lassen, die selbst Königen kaum zur Verfügung steht, als wenn sie uns von Mund zu Mund gesagt hätten:»Ob Du willst oder nicht, wir wollen, dass sie die Beste sei«, so dass wir es weder wagten noch vermochten, sie anders als bewunderungswürdig und äußerst kostbar sowohl in der Ausführung als auch im Material auszuführen. (63) Denn auch die anwesenden Bischöfe ließen es sich nicht nehmen, ihre mit einer wunderbaren Vielfalt kostbarer Steine besetzten Bischofsringe – sie besitzen diese vorzüglich aufgrund der Würde ihres Amtes – dieser Tafel beizugeben; die aber, die nicht selbst zugegen waren, schickten aus freien Stücken die ihrigen, selbst aus Gebieten jenseits des Meeres, ermuntert durch die Liebe zu den heiligen Märtyrern. (64) Sogar der erlauchte König selbst bot strahlende und durch Maserung gezeichnete Smaragde, Graf Theobald Hyazinthe und Rubine; die Vornehmsten und Fürsten boten von sich aus kostbare Perlen von unterschiedlicher Farbe und Beschaffenheit an und ermunterten so uns selbst auf rühmliche Weise zur Fertigstellung. Außerdem wurden uns aus beinahe allen Gegenden der Welt so viele Steine zum Kauf angeboten, und dank Gottes Gabe zeigte sich uns, wo wir sie kaufen könnten, so dass wir sie nicht hätten ausschlagen können, ohne uns sehr schämen zu müssen und die Heiligen sehr zu kränken. (65) Hier und anderswo konnten wir erfahren: Wenn ein Werk im Wollen gut ist, dann wird es mit Gottes Hilfe ebenso (gut) in seiner Vollendung sein. (66) Wenn jemand es also wagen sollte, diesen Schmuck, der in frommer Hingabe so bedeutender Männer unseren so erhabenen Schutzherren übergeben worden ist, in verwegener Dreistigkeit fortzutragen oder wissentlich zu mindern, dann verdient er die Ungnade des Herrn Dionysius und vom Schwert des Heiligen Geistes durchbohrt zu werden.

(97) Sie alle vollzogen die Weihe der Altäre selbst sowie die feierliche Zelebration der Messen – oben wie unten – in so festlicher Freude, so feierlich, in ihrer Verschiedenheit so einmütig, in ihrer Verbundenheit so heiter, dass aufgrund des Zusammenklangs und des Zusammenhalts ihrer Harmonie der wohllautende Gesang eher für eine Musik der Engel als der Menschen hätte gehalten werden können und alle mit Herz und Mund ausriefen: (98) »Gepriesen sei die Herrlichkeit des Herrn an seinem Ort, gepriesen, lobenswert und über alles verherrlicht ist dein Name, Herr Jesus Christus, den Gott Vater vor denen, die deiner teilhaftig sind, mit dem Öl jubelnder Freude zum Hohenpriester gesalbt hat. In der sakramentalen Salbung mit dem hochheiligen Chrisam und im Empfang der allerheiligsten Eucharistie vereinigst du Materielles mit Immateriellem, Leibliches mit Geistlichem, Menschliches mit Göttlichem in einer einzigen Gestalt, du stellst im Sakrament die Reineren ihrem Ursprung gemäß neu wieder her, du erneuerst durch diese und derartige sichtbare Segenszeichen in unsichtbarer Weise die gegenwärtige Kirche und verwandelst sie auf wunderbare Weise in das himmlische Königreich, um, wenn du das Reich Gott dem Vater dereinst übergeben hast, uns und die Kreatur der Engel, Himmel und Erde mit Macht und Barmherzigkeit zu einem einzigen Gemeinwesen zu vereinigen, der du lebst und herrschest, Gott, von Ewigkeit zu Ewigkeit. Amen«.

Zufolge der Paragraphen 52f. legen die Bischöfe die ersten Steine des Fundaments und singen das Lied von den Fundamenten der Mauer der Himmelsstadt aus Edelsteinen (Apk 21,19); der König, Äbte und Mönche legen weitere Steine, auch Edelsteine, ins Fundament und singen einen Hymnus von Edelsteinmauern, offenbar nach Tob 13,16f. (al. 13,20f.; vgl. Apk 21,19). Wo die Kirche sich erhebt, ist der Berg Zion (§ 57, vgl. Apk 21,10); die je zwölf Säulen des Mittelschiffs und der Seitenschiffe symbolisieren die Apostel und Propheten (§ 58, vgl. Apk 21,14 und vor allem Eph 2,19–21). Auf dem Fundament der Apostel und Propheten wachsen die Christen »zu einem heiligen Tempel im Herrn« (§ 58, Eph 2,21; vgl. Apk 3,12). Gold, Perlen und namentlich aufgeführte Edelsteine (Hyazinthe, Smaragde, Rubine) dienen der Ehrung der Märtyrergräber (§ 59–64; ähnlich Suger, De adminstratione 193; vgl. Apk 21,18–21); die »Schutzherren« (*domini*, § 59) sind die heiligen Patrone der Altäre.

Von der überirdischen Harmonie (vgl. Apk 21,16) berichtet § 97, und ebenda findet sich der Hinweis auf den Wohllaut der Engel- und Menschenmusik (vgl. Apk 4,8–11; 5,8–14; 15,2–4 u. ö.). Das Schlussgebet (§ 98) atmet den doxologischen Jubel von Apk 4f., erinnert an die Sakramente der Taufe (»Ölung«, Versiegelung, vgl. Apk 7,3–8; 22,4) und der Eucharistie (vgl. Apk 22,1f.) und feiert die endzeitliche Vereinigung von Materiellem und Immateriellem, Leiblichem und Geistlichem, Menschlichem und Göttlichem: die Verwandlung der »gegenwärtigen Kirche« in das »himmlische Königreich«. Zutreffend paraphrasiert Abt Suger den eschatologischen und ekklesiologischen Aspekt von Apk 21,2.10: Die ewige Gottesstadt schwebt zur Erde herab, Idee und Realität vermählen sich; die Abteikirche von Saint-Denis wird ein Stück Himmel auf Erden. Abt Suger kannte selbstverständlich den Text Apk 21,2–5 als Lesung bei der Einweihung eines Kirchengebäudes und schon deshalb die normierende Bedeutung der Offenbarung des Johannes. So enthält besonders das Schlussgebet (De consecr. 98) Paraphrasen von Apk 4f. und 21f.

An dieser Stelle muss ich einer falschen, aber bis heute wirksamen Hypothese Erwin Panofskys (1892–1968) und seiner Anhänger Hans Sedlmayr (1896–1984) und Otto v. Simson (1912–1993) entgegentreten. Panofsky, ausgehend von der fiktiven Gleichsetzung des Kirchenpatrons St. Dionysius (St.-Denis) von Paris mit dem christlich-neuplatonischen Theologen und Philosophen Ps.-Dionysius Areopagita (5./6. Jh.), glaubte in Sugers Betonung der Edelsteine und ihres Lichts Spuren der neuplatonischen Lichtmetaphysik zu erkennen; schon bei Panofsky (seit 1944) und vollends bei Sedlmayr (1950) und v. Simson (1968) wird dadurch – ohne den sehr viel näher liegenden Blick auf die Johannes-Apokalypse – der vermeintliche Neuplatoniker Suger von St.-Denis zum Ahnherrn der gotischen Kathedrale. Erst Christoph Markschies hat 1995 überzeugend nachgewiesen, dass Suger mit der Philosophie des Areopagiten nichts zu tun hat[6]. Wenn Abt Suger sich immer wieder auf Belege der Johannes-Offenbarung beruft, legitimiert er seine Baumaßnahmen in St.-Denis biblisch-eschatologisch. Dies gilt jedoch für alle mittelalterlichen Kirchengebäude; nicht nur die gotische Kathedrale, sondern jedes irdische Gotteshaus spiegelt Apk 21f. und ist dadurch eine Abschattung des künftigen Heils.

---

6   Vgl. v. Simson (Lit.-Verz. Nr. 28), S. 147–152 u. ö., besonders S. 152 mit Anm. 50 (Lit.); Sedlmayr (Lit.-Verz. Nr. 27 [1988]), S. 235–241 u. ö.; charakteristische Zitate aus Panofsky, v. Simson und Sedlmayr u. a. bei Markschies (Lit.-Verz. Nr. 16), S. 13–39 sowie bei Speer/Binding (Lit.-Verz. Nr. 29), S. 15–17. Die falsche Hypthese vom Ursprung der gotischen Kathedrale in der neuplatonischen Lichtmetaphysik hat Generationen von Kunsthistorikern geprägt; Markschies (Lit.-Verz. Nr. 16) erweist auf den Seiten 46–65 ihre Haltlosigkeit. Wenn es denn eine »Theologie der gotischen Kathedrale« geben sollte, ist sie jedenfalls keine auf Ps.-Dionysius Areopagita rückführbare Lichtmetaphysik (Markschies S. 64f.). Auch für die von Sedlmayr so betonte Bedeutung der Kathedrale als Verkörperung des neuen Jerusalem (Sedlmayr S. 235 ff.; Markschies S. 39 mit Anm. 102) genügt völlig der Verweis auf Apk 21,2–22,5.

4. Text, Kurzexegese und Wirkungsgeschichte von Apk 1–22

Kapitel 1

1. Text

1 Offenbarung Jesu Christi, die Gott ihm gegeben hat, damit er seinen Knechten zeigt, was bald geschehen muss; und er hat es durch seinen Engel, den er sandte, seinem Knecht Johannes gezeigt. 2 Dieser hat das Wort Gottes und das Zeugnis Jesu Christi bezeugt: alles, was er geschaut hat. 3 Selig, wer diese prophetischen Worte vorliest und wer sie hört und wer sich an das hält, was geschrieben ist; denn die Zeit ist nahe.

4 Johannes an die sieben Gemeinden in der Provinz Asien: Gnade sei mit euch und Friede von Ihm, der ist und der war und der kommt, und von den sieben Geistern vor seinem Thron 5 und von Jesus Christus; er ist der treue Zeuge, der Erstgeborene der Toten, der Herrscher über die Könige der Erde. Er liebt uns und hat uns von unseren Sünden erlöst durch sein Blut; 6 er hat uns zu Königen gemacht und zu Priestern vor Gott, seinem Vater. Ihm sei die Herrlichkeit und die Macht in alle Ewigkeit. Amen. 7 Siehe, er kommt mit den Wolken, und jedes Auge wird ihn sehen, auch alle, die ihn durchbohrt haben; und alle Völker der Erde werden seinetwegen jammern und klagen. Ja, amen. 8 Ich bin das Alpha und das Omega, spricht Gott, der Herr, der ist und der war und der kommt, der Herrscher über die ganze Schöpfung.

9 Ich, euer Bruder Johannes , der wie ihr bedrängt ist, der mit euch an der Königsherrschaft teilhat und mit euch in Jesus standhaft ausharrt, ich war auf der Insel Patmos um des Wortes Gottes willen und des Zeugnisses für Jesus. 10 Am Tag des Herrn wurde ich vom Geist ergriffen und hörte hinter mir eine Stimme, laut wie eine Posaune. 11 Sie sprach: Schreib das, was du siehst, in ein Buch und schick es an die sieben Gemeinden: nach Ephesus, nach Smyrna, nach Pergamon, nach Thyatira, nach Sardes, nach Philadelphia und nach Laodizea. 12 Da wandte ich mich um, weil ich sehen wollte, wer zu mir sprach. Als ich mich umwandte, sah ich sieben goldene Leuchter 13 und mitten unter den Leuchtern einen, der wie ein Mensch aussah; er war bekleidet mit einem Gewand, das bis auf die Füße reichte, und um die Brust trug er einen Gürtel aus Gold. 14 Sein Haupt und seine Haare waren weiß wie weiße Wolle, leuchtend weiß wie Schnee, und seine Augen wie Feuerflammen; 15 seine Beine glänzten wie Golderz, das im Schmelzofen glüht, und seine Stimme war wie das Rauschen von Wassermassen. 16 In seiner Rechten hielt er sieben Sterne, und aus seinem Mund kam ein scharfes, zweischneidiges Schwert, und sein Gesicht leuchtete wie die machtvoll strahlende Sonne. 17 Als ich ihn sah, fiel ich wie tot vor seinen Füßen nieder. Er aber legte seine rechte Hand auf mich und sagte: Fürchte dich nicht! Ich bin der Erste und der Letzte 18 und der Lebendige. Ich war tot, doch nun lebe ich in alle Ewigkeit, und ich habe die Schlüssel

zum Tod und zur Unterwelt. 19 Schreib auf, was du gesehen hast: was ist und was danach geschehen wird. 20 Der geheimnisvolle Sinn der sieben Sterne, die du auf meiner rechten Hand gesehen hast, und der sieben goldenen Leuchter ist: Die sieben Sterne sind die Engel der sieben Gemeinden, und die sieben Leuchter sind die sieben Gemeinden.

2. Kurzexegese

Das erste Kapitel der Johannes-Offenbarung besteht aus zwei deutlich unterscheidbaren Teilen. Im ersten Teil (1,1–8) finden sich Überschrift (1,1) und Legitimation des prophetischen Autors sowie ein zum Prolog ausgestalteter Gruß an die Leser (1,2–8). Den zweiten Teil bildet die Beauftragungsvision (1,9–20).

Nach dem ersten Wort des Textes (ἀποκάλυψις, *apokalypsis*, »Offenbarung«) hat nicht nur das 22 Kapitel umfassende Buch, sondern die ganze Literaturgattung der nachbiblisch-jüdischen und christlichen Prophetie ihren Namen erhalten (»Apokalyptik«). Unser Buch jedoch ist seiner eigenen Präsentation (1,1) nach keine »Offenbarung des Johannes«, sondern eine Offenbarung über Jesus Christus, die Gott durch seinen Engel dem Propheten Johannes gezeigt hat. Angesichts eines nahe bevorstehenden Weltendes (1,3.7) schreibt Johannes als Prophet (1,3) an die sieben Gemeinden der Provinz Asia (1,4); wie die alttestamentlichen Propheten lässt der von den Römern auf die Insel Patmos Verbannte oder vor diesen hierher Geflohene (1,9) seinen Lesern weniger zukunftsbezogene Weissagung als vor allen Dingen Mahnung, Weisung und Trost zukommen. Sein Auftraggeber ist Gott (1,1); Alpha und Omega, der erste und der letzte Buchstabe des griechischen Alphabets (1,8), bezeichnen hier noch nicht Christus (wie 22,13; vgl. schon 1,17f.), sondern Gott selbst, den Herrn über die Zeit und den Kosmos (1,8b; vgl. 21,6).

Die Beauftragungsvision (1,9–20) soll von vornherein verschriftlicht werden, damit sie an die Christengemeinden in Ephesus, Smyrna, Pergamon, Thyatira, Sardes, Philadelphia und Laodizea versandt werden kann (1,11.19). Zunächst sieht der Visionär nur sieben goldene Leuchter (1,12); sie wird man sich nicht als sieben einzelne Standleuchter, sondern als die sieben Arme des Tempelleuchters (Menora, Ex 25,31–39) vorzustellen haben. Der Berufende ist der erhöhte Jesus Christus; Lichtphänomene, weiße Farbe, glühendes Gold und die Herrschaft über sieben Sterne (1,12–16) kennzeichnen Christus, trotz deutlicher Anklänge an Dan 7,9–13; 10,5f., als die Sonne, das »Licht der Welt« (vgl. Joh 3,19; 8,12; 9,5; 12,46, aber auch Apk 21,23; 22,5), d.h. den Herrscher über den Kosmos. Ist der römische Kaiser der Anti-Christus (13,1–10), so ist Jesus Christus der Anti-Imperator, der neue, wahre Helios, der Sieger über den als Sonnengott dargestellten Imperator in Rom.

3. Wirkungsgeschichte

1,12f. In vielen europäischen Kirchen haben sich aus dem Mittelalter riesige siebenarmige Leuchter aus Bronze, Messing oder Zinn erhalten; nicht wenige
Leuchter dieser Art sind ohne Zweifel schon in vergangenen Jahrhunderten
eingeschmolzen worden, weil man, etwa in Kriegszeiten, das Metall benö-
tigte. Natürlich ist denkbar, dass man bei der Herstellung siebenarmiger
Leuchter für das Kircheninnere unmittelbar auf die Menora des israelitischen Tempels (Ex 25,31–39) zurückgriff, deren Äußeres aus Beschreibungen, aber auch aus einem Relief des Titusbogens in Rom (bald nach 81
n. Chr.) bekannt war; seit jeher hat sich die Kirche als neues Israel verstanden (vgl. Apk 2,9; 3,9; 7,4–8).

Näher liegt jedoch die Annahme, dass die Beauftragungsvision der Johannes-Apokalypse die Herstellung der kirchlichen »Menorot« angeregt
habe. Die aus dem Text Apk 1,12f. herauslesbare Vorstellung, der Erhöhte
habe zwischen sieben einzeln aufgestellten Kerzenleuchtern gethront oder
gestanden, findet sich beispielsweise in der Bamberger Apokalypse (zwischen 1000 und 1020) sowie in Albrecht Dürers Holzschnittfolge »Die
heimlich offenbarung johannis« (1498) und, davon zweifellos abhängig, in
den Holzschnitten zu Apk 1 aus der Werkstatt Lukas Cranachs für Martin
Luthers sog. Septembertestament (»Das Newe Testament Deutzsch«, Wittenberg 1522) und für Luthers erste deutsche Vollbibel (Wittenberg 1534).
Ob hinter dieser »Exegese« von Apk 1,12f. vielleicht die Absicht stand, allzu
Auffällig-Jüdisches zu vermeiden, bleibe dahingestellt; jüdische Züge trägt
möglicherweise der dritte apokalyptische Reiter (Apk 6,5f.) auf dem Holzschnitt zu Apk 6 in der Luther-Bibel von 1534.

Vom 11. bis zum 20. Jahrhundert entstanden kontinuierlich die großen
siebenarmigen Leuchter, von denen ich hier eine alphabetisch geordnete
Liste mitteile: Bechtheim, Braunschweig (Dom), Essen, Frankfurt a. d. O.,
Freckenhorst, Klosterneuburg, Magdeburg, Mailand, Mölln, Münster i. W.
(St. Lamberti), Paderborn, Prag, Würzburg; nur in Resten erhalten oder literarisch bezeugt: Fulda, Köln, Lüneburg, Reims, Worms. Unsere Abb. 1
zeigt den romanischen Leuchter (um 1000) in der Stiftskirche zu Essen. Der
vorläufig jüngste Leuchter steht im Dom zu Würzburg; 1967 von Andreas
Moritz entworfen, wurde er 1981 in Bronze gegossen.

Eine besondere Behandlung verdient der 1910 für die evangelische Pfarrkirche im rheinhessischen Bechtheim geschaffene siebenarmige Leuchter
(Abb. 2); er ist ein Werk des Darmstädter Jugendstil-Goldschmieds Ernst
Riegel (1871–1939), der u. a. Taufbecken, Taufampel und Abendmahlsgerät
für die Wormser Lutherkirche (voll. 1912) geschaffen hat. Riegel hat nicht
nur die sieben Arme mit ihren Tropfschalen für die Kerzen geschmiedet,
sondern, in wörtlicher Umsetzung von Apk 1,13, einen gekreuzigten und
zugleich erhöhten Christus »mitten unter den Leuchtern«. Eine vergoldete,

sonnengestaltige Aureole erinnert an Apk 1,16; das vergoldete Messing der Körpers und seines Lendenschurzes nimmt Apk 1,14f. auf. Aus Apk 1,8.17 hat der Künstler noch die Buchstaben Alpha und Omega hinzugenommen und an den Enden der Leuchterarme befestigt. Übrigens hat Ernst Riegel im Jahre 1912 eine genaue, bis ins Detail identische Kopie des Bechtheimer Leuchters für die evang.-lutherische Pfarrkirche in Friesoythe (Oldenburg/ Niedersachsen) angefertigt; auch sie ist erhalten.

Zur Rolle Christi als der aufgehenden Sonne (Apk 1,12–16; vgl. Joh 8,12 usw.) und des Morgensterns (Apk 22,16) gehört die Ostrichtung. Die Ostung auch evangelischer Kirchengebäude war bis weit ins 19. Jahrhundert hinein nahezu selbstverständlich. Nur dem »modernen« Christen erscheint die astrale Christologie von Apk 1 anstößig. Auf einem Mosaik in der Juliergruft (3. Jh. n. Chr.) unter dem Vatikan in Rom fährt Christus als Helios einen Himmelswagen, und in einer Miniatur des »Hortus deliciarum« der Herrad von Landsberg (um 1190) lenkt Christus, als »Sol« bezeichnet, gleichfalls einen von Pferden gezogenen Himmelswagen. Noch der lutherische Lieder-dichter Paul Gerhardt (1607–1676) redet Christus im Gebet »O Sonne« an (EG 11,10; 37,3), denn er weiß: »Die Sonne, die mir lachet, ist mein Herr Jesus Christ« (EG 351,13).

1,12–16

Kapitel 2

1. Text

1 An den Engel der Gemeinde in Ephesus schreibe: So spricht Er, der die sieben Sterne in seiner Rechten hält und mitten unter den sieben goldenen Leuchtern einhergeht: 2 Ich kenne deine Werke und deine Mühe und dein Ausharren; ich weiß: Du kannst die Bösen nicht ertragen, du hast die auf die Probe gestellt, die sich Apostel nennen und es nicht sind, und hast sie als Lügner erkannt. 3 Du hast ausgeharrt und um meines Namens willen Schweres ertragen und bist nicht müde geworden. 4 Ich werfe dir aber vor, dass du deine erste Liebe verlassen hast. 5 Bedenke, aus welcher Höhe du gefallen bist. Kehr zurück zu deinen ersten Werken! Wenn du nicht um-kehrst, werde ich kommen und deinen Leuchter von seiner Stelle wegrük-ken. 6 Doch für dich spricht: Du verabscheust das Treiben der Nikolaiten, das auch ich verabscheue. 7 Wer Ohren hat, der höre, was der Geist den Gemeinden sagt: Wer siegt, dem werde ich zu essen geben vom Baum des Lebens, der im Paradies Gottes steht.

8 An den Engel der Gemeinde in Smyrna schreibe: So spricht Er, der Erste und der Letzte, der tot war und wieder lebendig wurde: 9 Ich kenne deine Bedrängnis und deine Armut, und doch bist du reich. Und ich weiß, dass du von solchen geschmäht wirst, die sich als Juden ausgeben; sie sind

es aber nicht, sondern sind eine Synagoge des Satans. 10 Fürchte dich nicht vor dem, was du noch erleiden musst. Der Teufel wird einige von euch ins Gefängnis werfen, um euch auf die Probe zu stellen, und ihr werdet in Bedrängnis sein, zehn Tage lang. Sei treu bis in den Tod; dann werde ich dir den Kranz des Lebens geben. 11 Wer Ohren hat, der höre, was der Geist den Gemeinden sagt: Wer siegt, dem kann der zweite Tod nichts anhaben.

12 An den Engel der Gemeinde in Pergamon schreibe: So spricht Er, der das scharfe, zweischneidige Schwert trägt: 13 Ich weiß, wo du wohnst; es ist dort, wo der Thron des Satans steht. Und doch hältst du an meinem Namen fest und hast den Glauben an mich nicht verleugnet, auch nicht in den Tagen, als Antipas, mein treuer Zeuge, bei euch getötet wurde, dort, wo der Satan wohnt. 14 Aber ich habe etwas gegen dich: Bei dir gibt es Leute, die an der Lehre Bileams festhalten; Bileam lehrte Balak, er solle die Israeliten dazu verführen, Fleisch zu essen, das den Götzen geweiht war, und Unzucht zu treiben. 15 So gibt es auch bei dir Leute, die in gleicher Weise an der Lehre der Nikolaiten festhalten. 16 Kehr nun um! Sonst komme ich bald und werde sie mit dem Schwert aus meinem Mund bekämpfen. 17 Wer Ohren hat, der höre, was der Geist den Gemeinden sagt: Wer siegt, dem werde ich von dem verborgenen Manna geben. Ich werde ihm einen weißen Stein geben, und auf dem Stein steht ein neuer Name, den nur der kennt, der ihn empfängt.

18 An den Engel der Gemeinde in Thyatira schreibe: So spricht der Sohn Gottes, der Augen hat wie Feuerflammen und Beine wie Golderz: 19 Ich kenne deine Werke, deine Liebe und deinen Glauben, dein Dienen und Ausharren, und ich weiß, dass du in letzter Zeit mehr getan hast als am Anfang. 20 Aber ich werfe dir vor, dass du das Weib Isebel gewähren lässt; sie gibt sich als Prophetin aus und lehrt meine Knechte und verführt sie, Unzucht zu treiben und Fleisch zu essen, das den Götzen geweiht ist. 21 Ich habe ihr Zeit gelassen umzukehren; sie aber will nicht umkehren und von ihrer Unzucht ablassen. 22 Darum werfe ich sie auf das Krankenbett, und alle, die mit ihr Ehebruch treiben, bringe ich in große Bedrängnis, wenn sie sich nicht abkehren vom Treiben dieses Weibes. 23 Ihre Kinder werde ich töten, der Tod wird sie treffen, und alle Gemeinden werden erkennen, dass ich es bin, der Herz und Nieren prüft, und ich werde jedem von euch vergelten, wie es seine Taten verdienen. 24 Aber euch übrigen in Thyatira, denen, die dieser Lehre nicht folgen und die »Tiefen des Satans«, wie sie es nennen, nicht erkannt haben, euch sage ich: Ich lege euch keine andere Last auf. 25 Aber was ihr habt, das haltet fest, bis ich komme. 26 Wer siegt und bis zum Ende an den Werken festhält, die ich gebiete, dem werde ich Macht über die Völker geben. 27 Er wird über sie herrschen mit eisernem Zepter und sie zerschlagen wie Tongeschirr; 28 (und ich werde ihm diese Macht geben,) wie auch ich sie von meinem Vater empfangen habe, und ich

werde ihm den Morgenstern geben. 29 Wer Ohren hat, der höre, was der Geist den Gemeinden sagt.

2. Kurzexegese

An die Beauftragungsvision (1,9–20) schließt sich nicht etwa das große Corpus der Visionen des Apokalyptikers (4,1–22,5) an, sondern eine in die Form von sieben Briefen (»Sendschreiben«) gekleidete Paränese der schon in 1,11 namentlich aufgeführten sieben kleinasiatischen Christengemeinden. Vier der Schreiben (Ephesus, Smyrna, Pergamon, Thyatira) stehen - zufolge der sekundären Kapiteleinteilung - in Kapitel 2, drei (Sardes, Philadelphia, Laodizea) in Kapitel 3. Diese Briefe sollten von allen sieben Adressaten gelesen werden und sind niemals getrennt von Apk 1 und Apk 4–22 überliefert worden. Die für die Auswahl der Empfängergemeinden maßgebliche Siebenzahl bedeutet, dass die *gesamte* Kirche Kleinasiens angeredet ist. *Alle* Christengemeinden haben die beschriebenen Zustände aufzuweisen, auch wenn Einzelheiten (vgl. 2,6.9.13–15.20) erkennen lassen, dass Johannes die Adressaten kennt und absichtsvoll charakterisiert. Die sieben Gemeinden werden repräsentiert durch ihren jeweiligen Engel (1,20); diese sieben Engel, gedacht als eine Art Schutzengel in der Hand des erhöhten Christus (1,20a; vgl. 1,16), sind die Empfänger der Botschaft (2,1.8.12.18; 3,1.7.14). Übrigens gehören paränetische Stücke auch sonst zur Prophetie bzw. Apokalyptik (vgl. Jes 1,16f.; Jer 4,1–4; Am 5,14f.).

Der Aufbau der Sendschreiben ist bei allen sieben nahezu identisch; Ausnahmen in der Reihenfolge lassen sich leicht erklären. Am Beispiel des Briefes nach Ephesus (2,1–7) seien die addierten Kleinformen skizziert: (1.) Botenformel (2,1f.; prophetische Redeform, vgl. Am 1,3.6.9.11.13); (2.) »ich weiß« (2,2b-6, enthält Anerkennung und Tadel); (3.) Weckruf (2,7a); (4.) Überwinderspruch (2,7b). Der in den Überwindersprüchen verheißene Sieg (2,7.11.17.26; 3,5.12.21) meint die standhafte Treue des Bekenntnisses zu Jesus, notfalls bis zu Martyrium und Tod (vgl. 1,9) als Bedingung für die Teilhabe am ewigen Heil.

Die literarische Eigenart der sieben Sendschreiben ist Ursache, dass die visionären, für eine Umsetzung in Kunstwerke oder Riten geeigneten Elemente nur eher beiläufig und metaphorisch erwähnt werden. Sie werden, da sie durchweg im Corpus der Visionen (4,1–22,5) wieder auftauchen, erst weiter unten ausführlich behandelt. Aus dem Schreiben nach Ephesus (2,1–7) ist dies der »Baum der Lebens, der im Paradies Gottes steht« (2,7; vgl. 22,2). Im Brief nach Smyrna (2,8–11) findet sich der – die Treue bis in den Tod belohnende – »Kranz des Lebens« (2,10; vgl. 3,11; 4,4.10); er stammt aus der Siegerehrung beim Sport (vgl. 1 Kor 9,25). Das Sendschreiben nach Pergamon (2,12–17) erwähnt bereits den Kampf des erwarteten Messias mit dem Schwert seines Mundes (2,16; vgl. 19,15). Das verborgene Manna

(2,17a) lässt an das Herrenmahl denken (vgl. 22,2; Joh 6,48–51); der weiße Stein mit dem neuen Namen (2,17b) gehört wohl in den Zusammenhang der Taufe (vgl. 7,3–8). Der Eingang des Briefs nach Thyatira (2,18–29) verweist zurück auf den erhöhten Christus (1,14f.) als Absender. Zum Morgenstern (2,28) ist 22,16 zu vergleichen.

3. Wirkungsgeschichte

Wenn in Apk 2,9; 3,9 die Juden als Synagoge des Satans bezeichnet werden, spiegelt sich in solcher Polemik die zunächst noch innerjüdische Auseinandersetzung zwischen Gegnern und Vertretern der Messianität Jesu (vgl. Joh 8,37–47). Die christliche Kunst jedoch hat ganz unbefangen die Teufelskin 2,9 der (Joh 8,44) und Angehörigen der Satanssynagoge (Apk 2,9; 3,9) unter die Dämonen eingereiht und sich karikierender Judenskulpturen im apotropäischen Zauber bedient. Unter den Dämonenfiguren der Westgalerien des Wormser Domes (um 1180) finden sich Menschen mit Judenhut. Ein Wasserspeier aus Rufach (Rouffach, Elsaß) aus dem 15. Jahrhundert stellt einen Juden in der Gewalt des Teufels dar, und ein Firstziegel aus Ravensburg (um 1400) trägt einen Judenkopf.

2,10 Die Siegeskränze (Apk 2,10; 3,11; vgl. 1 Kor 9,25; 2 Tim 2,5; 1 Petr 5,4) wurden als metallene Kronen verstanden. Spätestens seit dem 17. Jahrhundert sind Totenkronen – als Symbole der Verheißung ewigen Lebens (Apk 2,10) – im christlichen Bestattungsritual bezeugt. Aus Blech geschnitten und bemalt, wurden sie auf dem Sargdeckel befestigt; nach der Beisetzung sind solche Kronen wieder in die Sakristeischränke gewandert, wo sie in einigen Fällen zwei Jahrhunderte unbenutzt überdauert haben. Von den beiden barocken Sargkronen im Museum der Stadt Worms (Abb. 3) stammt eine aus Worms-Hochheim. Schriftliche Dokumente aus Hessen (Friedberg, Wölfersheim, Jugenheim) nennen als Jahre der Benutzung die Zeit um 1770. Im Kreuzgang des Mainzer Doms hat sich ein 1783 entstandenes Relief erhalten, das die Beisetzung des Minnesängers Heinrich von Meißen genannt Frauenlob († Mainz 29.11.1318) darstellt; das Steinrelief, 1783 der Kopie des damals bereits verwitterten Originalgrabsteins beigegeben, zeigt, wie Frauen den mit drei Kronen geschmückten Sarg ihres Sängers zu Grabe tragen. Das inzwischen auch wieder Witterungsschäden aufweisende Kunstwerk ist natürlich kein Beleg für die Verwendung von Totenkronen im Jahre 1318, sondern – immerhin – für die Selbstverständlichkeit, mit der man im 18. Jahrhundert diesen Brauch ins Mittelalter datieren konnte.

Kapitel 3

1. Text

1 An den Engel der Gemeinde in Sardes schreibe: So spricht Er, der die sieben Geister Gottes und die sieben Sterne hat: Ich kenne deine Werke. Dem Namen nach lebst du, aber du bist tot. 2 Werde wach und stärke, was noch übrig ist, was schon im Sterben lag. Ich habe gefunden, dass deine Taten in den Augen meines Gottes nicht vollwertig sind. 3 Denk also daran, wie du die Lehre empfangen und gehört hast. Halte daran fest, und kehr um! Wenn du aber nicht aufwachst, werde ich kommen wie ein Dieb, und du wirst bestimmt nicht wissen, zu welcher Stunde ich komme. 4 Du hast aber einige Leute in Sardes, die ihre Kleider nicht befleckt haben; sie werden mit mir in weißen Gewändern gehen, denn sie sind es wert. 5 Wer siegt, wird ebenso mit weißen Gewändern bekleidet werden. Nie werde ich seinen Namen aus dem Buch des Lebens streichen, sondern ich werde mich vor meinem Vater und vor seinen Engeln zu ihm bekennen. 6 Wer Ohren hat, der höre, was der Geist den Gemeinden sagt.

7 An den Engel der Gemeinde in Philadelphia schreibe: So spricht der Heilige, der Wahrhaftige, der den Schlüssel Davids hat, der öffnet, so dass niemand mehr schließen kann, der schließt, so dass niemand mehr öffnen kann: 8 Ich kenne deine Werke, und ich habe vor dir eine Tür geöffnet, die niemand mehr schließen kann. Du hast nur geringe Kraft, und dennoch hast du an meinem Wort festgehalten und meinen Namen nicht verleugnet. 9 Leute aus der Synagoge des Satans, die sich als Juden ausgeben, es aber nicht sind, sondern Lügner – ich werde bewirken, dass sie kommen und sich dir zu Füßen werfen und erkennen, dass ich dir meine Liebe zugewandt habe. 10 Du hast dich an mein Gebot gehalten, standhaft zu bleiben; daher werde auch ich zu dir halten und dich bewahren vor der Stunde der Versuchung, die über die ganze Erde kommen soll, um die Bewohner der Erde auf die Probe zu stellen. 11 Ich komme bald. Halte fest, was du hast, damit kein anderer deinen Kranz bekommt. 12 Wer siegt, den werde ich zu einer Säule im Tempel meines Gottes machen, und er wird immer darin bleiben. Und ich werde auf ihn den Namen meines Gottes schreiben und den Namen der Stadt meines Gottes, des neuen Jerusalem, das aus dem Himmel herabkommt von meinem Gott, und ich werde auf ihn auch meinen neuen Namen schreiben. 13 Wer Ohren hat, der höre, was der Geist den Gemeinden sagt.

14 An den Engel der Gemeinde in Laodizea schreibe: So spricht Er, der »Amen« heißt, der treue und zuverlässige Zeuge, der Anfang der Schöpfung Gottes: 15 Ich kenne deine Werke. Du bist weder kalt noch heiß. Wärest du doch kalt oder heiß! 16 Weil du aber lau bist, weder heiß noch kalt, will ich dich aus meinem Mund ausspeien. 17 Du behauptest: Ich bin reich

und wohlhabend, und nichts fehlt mir. Du weißt aber nicht, dass gerade du elend und erbärmlich bist, arm, blind und nackt. 18 Darum rate ich dir: Kaufe von mir Gold, das im Feuer geläutert ist, damit du reich wirst; und kaufe von mir weiße Kleider, und zieh sie an, damit du nicht nackt dastehst und dich schämen musst; und kaufe Salbe für deine Augen, damit du sehen kannst. 19 Wen ich liebe, den weise ich zurecht und nehme ihn in Zucht. Mach also Ernst, und kehr um! 20 Ich stehe vor der Tür und klopfe an. Wer meine Stimme hört und die Tür öffnet, bei dem werde ich eintreten und wir werden Mahl halten, ich mit ihm und er mit mir. 21 Wer siegt, der darf mit mir auf meinem Thron sitzen, so wie auch ich gesiegt habe und mich mit meinem Vater auf seinen Thron gesetzt habe. 22Wer Ohren hat, der höre, was der Geist den Gemeinden sagt.

2. Kurzexegese

Kapitel 3 enthält die drei letzten Sendschreiben, nämlich die Briefe nach Sardes (3,1–6), Philadelphia (3,7–13) und Laodizea (3,14–22). Das Grundsätzliche zur Stellung der sieben Sendschreiben im Ganzen der Johannes-Apkalypse, zu ihrem Aufbau und zu ihrem Bildmaterial wurde bereits zu Apk 2 ausgeführt. In den Briefen nach Sardes, Philadelphia und Laodizea kommt der Überwinderspruch vor dem Weckruf.

Die Bilder von den Juden als Satans-Synagoge (2,9) und von den Kränzen für die Sieger (2,10) finden sich auch hier (3,9.11). Dazu kommen die weißen Kleider der Sieger (3,4f.18; vgl. 7,9f.13–16), die geöffnete Tür (3,8; vgl. 4,1) und der große Komplex des neuen Jerusalem (3,12.21; vgl. 21,2–22,5), einschließlich der Vorstellungsbereiche der himmlischen Mahlgemeinschaft (3,20; vgl. 19,7–9) und der Throngemeinschaft mit Christus und seinem Vater (3,21; vgl. 21,22; 22,3). Auch in den Sendschreiben nach Sardes, Philadelphia und Laodizea wird deutlich, dass die paränetischen Kapitel Apk 2f. in Theologie, Sprach- und Bildwelt des Apokalyptikers Johannes fest verankert sind und kein Anlass besteht, sie für eine spätere Zutat zu halten.

3. Wirkungsgeschichte

3,9 Bezüglich der Wirkungsgeschichte von Apk 3,9 und 3,11 wird verwiesen auf
3,11 das im vorangegangenen Abschnitt zu Apk 2,9 und 2,10 Ausgeführte.

Kapitel 4

1. Text

1 Danach sah ich: Eine Tür war geöffnet am Himmel; und die Stimme, die vorher zu mir gesprochen hatte und die wie eine Posaune klang, sagte:

Komm herauf, und ich werde dir zeigen, was dann geschehen muss. 2 Sogleich wurde ich vom Geist ergriffen. Und ich sah: Ein Thron stand im Himmel; auf dem Thron saß einer, 3 der wie ein Jaspis und ein Karneol aussah. Und über dem Thron wölbte sich ein Regenbogen, der wie ein Smaragd aussah.

4 Und rings um den Thron standen vierundzwanzig Throne, und auf den Thronen saßen vierundzwanzig Älteste in weißen Gewändern und mit goldenen Kränzen auf dem Haupt. 5 Von dem Thron gingen Blitze, Stimmen und Donner aus. Und sieben lodernde Fackeln brannten vor dem Thron; das sind die sieben Geister Gottes. 6 Und vor dem Thron war etwas wie ein gläsernes Meer, gleich Kristall. Und in der Mitte, rings um den Thron, waren vier Lebewesen voller Augen, vorn und hinten. 7 Das erste Lebewesen glich einem Löwen, das zweite einem Stier, das dritte sah aus wie ein Mensch, das vierte glich einem fliegenden Adler. 8 Und jedes der vier Lebewesen hatte sechs Flügel, außen und innen voller Augen. Sie ruhen nicht, bei Tag und Nacht, und rufen: Heilig, heilig, heilig ist der Herr, der Gott, der Herrscher über die ganze Schöpfung; er war, und er ist, und er kommt.

9 Und wenn die Lebewesen dem, der auf dem Thron sitzt und in alle Ewigkeit lebt, Herrlichkeit und Ehre und Dank erweisen, 10 dann werfen sich die vierundzwanzig Ältesten vor dem, der auf dem Thron sitzt, nieder und beten ihn an, der in alle Ewigkeit lebt. Und sie legen ihre goldenen Kränze vor seinem Thron nieder und sprechen: 11 Würdig bist du, unser Herr und Gott, Herrlichkeit zu empfangen und Ehre und Macht. Denn du bist es, der die Welt erschaffen hat, durch deinen Willen war sie und wurde sie erschaffen.

2. Kurzexegese

Mit der sog. Thronsaalvision (4,1–11) setzt das eigentliche Corpus der Visionen (4,1–22,5) ein. Die Himmelstür öffnet sich (4,1), um dem Seher einen Blick in den von Edelsteinen glänzenden Saal zu ermöglichen, in dem Gott thront (4,2). Dass Gott selbst und nicht sein Sohn mit dem Thronenden gemeint ist, geht u. a. aus 4,10f.; 5,5–7 deutlich hervor. Gott wird nicht eigentlich beschrieben; seine dem Glanz des Jaspis und des Karneols gleichende Lichtfülle blendet gleichsam den Visionär (4,2f.). Über dem Thron wölbt sich ein Regenbogen (4,3).

Den Herrscher umgibt sein Hofstaat. Da die beschriebene Szene im »Himmel« vorgestellt ist, dürfen die astralen Strukturen dieser »Engelwelt« nicht überraschen. Die sieben Fackeln (4,5), als Geister Gottes gedeutet, sind sieben Sterne, vermutlich, wie auch 1,4.20; 3,1, die ehemaligen Götter der damals bekannten sieben Planeten. Die gleichfalls thronenden, aber Gott deutlich untergeordneten Ältesten (4,4.10f.) sind vermutlich die Regenten der 24 Stunden des Tages. Hinter den vier geflügelten Lebewesen, die einem Löwen, einem Stier, einem Menschen und einem Adler gleichen und Gottes Thron umgeben (4,6–8), steht zunächst einmal die ezechielische Thronwagenvision (Ez 1,5–14; 10, 8–17); vermutlich stellten die vier Keruben unter Gottes Thron ursprünglich die babylonischen Tierkreiszeichen der vier Jahreszeiten (und Himmelsrichtungen) dar: Skorpionmensch (Herbst), Löwe (Sommer), Stier (Frühling), Adler (Sturmvogel, Pegasus; Winter). Im traditionsgeschichtlichen Vorbild jeweils vierfach auftretend, wurden die vier Lebewesen in der Johannes-Offenbarung vereinzelt und personalisiert. Sie sind jetzt eine Art von Engeln, die dem Thron Gottes besonders nahe stehen; ihre Zugehörigkeit zur astralen Welt belegen noch immer die zahlreichen Augen (4,8), die als Sterne gedeutet werden müssen (vgl. Ez 10,12).

Alttestamentlichen Ursprungs ist auch der Gesang der vier Lebewesen, das Dreimalheilig (4,8); es ist der Lobpreis der Seraphen von Jes 6,2f., die vom Autor der Johannes-Offenbarung mit den Keruben von Ez 1,5–14; 10,8–17 gleichgesetzt werden.

3. Wirkungsgeschichte

4,1–11   Die Wirkung von Apk 4 auf die Kirchengeschichte ist eine zweifache. Für die bildende Kunst höchst folgenreich wurde die spekulative Deutung der vier Wesen (Apk 4,6–8) auf die vier Evangelien durch Irenaeus von Lyon († nach 200; Adv. haer. 3,11,8). Die Vierzahl der Evangelien entspreche der Vierzahl der Weltgegenden, Hauptwinde, Weltzeitalter usw.; die vier Wesen jedoch seien Symbole des vierfachen Wirkens des Herrn, des herrscherlich-königlichen (Löwe), des priesterlichen (Stier), des menschlichen (Mensch) und des im Geist sich erweisenden, der zur Kirche fliege (Adler). Waren für Irenaeus Löwe, Stier, Mensch und Adler noch Symbole für Johannes, Lukas, Matthäus und Markus, so gewinnt Hieronymus († 420) durch den Rückgriff auf Ez 1,5–14 (V. 10: Mensch, Löwe, Stier, Adler) die Entsprechung zur kanonischen Reihenfolge der Evangelien (In Hes. comm. 1,1,6–8a.10; In Matth. comm. praefatio). Seit Hieronymus gehören Matthäus und der Mensch, Markus und der Löwe, Lukas und der Stier, Johannes und der Adler zusammen.

4,6–8   Von der Spätantike bis zur Gegenwart stellt die kirchliche Kunst die Evangelistensymbole in der Gestalt der vier Wesen von Apk 4,6–8 dar und lässt sie den himmlischen Thron von 4,2f. umgeben. Freilich ist der Thronende durchweg jetzt Jesus Christus; auch er wird, umgrenzt von der sog. Regenbogen-Mandorla, vom Regenbogen (Apk 4,3) überhöht. Die Zahl der Darstellungen der Evangelistensymbole ist für alle Gattungen (Reliefs, Gemälde, Glasfenster, Statuen) und Formate (vom Buchdeckel bis zum Wand- und Deckengemälde) in der kirchlichen Kunst unabsehbar groß. Als Beispiele seien die sog. Maiestas-Domini-Kompositionen genannt: Der in der Mandorla Thronende wird von den Figuren des Engels, des Löwen, des Stiers und des Adlers umgeben, so als Apsisgemälde in Reichenau-Niederzell, St. Peter und Paul (um 1100), in Schwarzrheindorf bei Bonn, Oberkirche (um 1156) oder in Knechtsteden, ehem. Abteikirche (1162; Abb. 4), als Steinrelief an der Kirchenfassade von Ravengiersburg (um 1200; Abb. 5) oder als Elfenbeinschnitzerei auf dem Buchdeckel (Codex Aureus von Frekkenhorst, um 1100; Westfälisches Landesmuseum Münster); eine apotropäische Absicht schwingt mit, wenn eine Maiestas Domini das Tympanon des romanischen (Arles, St. Trophîme; Soest, Dom) oder gotischen Kirchenportals (Chartres, Kathedrale; St.-Loup-de-Naud) ziert und die Kirchentür für den Besucher des Gotteshauses dadurch zur Himmelspforte wird (Apk 4,1). An die Stelle des thronenden Christus kann das Kreuz treten, ohne dass der Maiestas-Domini-Typ aufgegeben würde; ein triumphierender Herr ist auch der unsichtbar bleibende, gleichsam bereits auferstandene Christus des edelsteingeschmückten Kreuzes zwischen den vier Evangelistensymbolen auf dem goldenen Deckel des Evangeliars aus Helmarshausen (um 1100; Domschatz Trier, Abb. 6). Auch die Kruzifixe mit den Evangelistensymbolen an den vier Enden der Kreuzarme denken eher an den triumphierenden Christus (vgl. Apk 4,2–8) als an den leidenden Jesus, von dem die Evangelisten berichten (Mk 15 parr.). Als Beispiele seien ein Kreuz mit Senkschmelzplatten aus dem 11. Jahrhundert im Essener Münsterschatz genannt sowie das in mittelalterlicher Tradition stehende, 1903/04 von Otto Hupp geschaffene Triumphkreuz des Domes zu Speyer.

Besonders erwähnt werden muß der sog. Tetramorph, der gleichfalls die Deutung der vier Wesen von Apk 4,6–8 auf die Evangelisten voraussetzt. In der pseudoanatomischen Addition von je einem Kopf und einem Bein der Evangelistensymbole erinnert das Mischwesen an Ez 1,10; 10,14. Erstmals begegnet der Tetramorph im »Hortus deliciarum« der Herrad von Landsberg (um 1190); seit etwa 1300 beherrscht er als riesige Steinplastik (Abb. 7) den Giebel über dem Südportal des Wormser Domes. Hier wie dort dient er als Reittier der Kirche, die ihre christologische Autorität aus den sie tragenden Evangelien, als den Referenten von Jesu Leben, Tod und Auferstehung, bezieht. Aus Gottes Thronassistenten von Apk 4,6–8 sind Diener der Kirche geworden; die in Apk 4,2f. noch teilweise unsichtbar bleibende Gottheit, in der Maiestas Domini mit dem erhöhten Christus gleichgesetzt, wird jetzt von der triumphierenden Ecclesia repräsentiert.

Ein zweites Wirkungsfeld von Apk 4 ist die Liturgie. Auch als Symbole der vier Evangelisten bleiben die vier Wesen (Apk 4,6–8) ein Teil des himmlischen Hofstaats. Sie stimmen das Dreimalheilig (Trishagion, Tersanctus) an (Apk 4,8), und die Präfation der Abendmahlsliturgie ruft die Gläubigen ausdrücklich dazu auf, im Gesang des Heilig-Heilig-Heilig ihre Stimmen mit dem Gesang der Engel, Erzengel und himmlischen Heerscharen zu vereinen. Sobald das Dreimalheilig erklingt, öffnet sich der Himmel (Apk 4,1), und das irdische Gotteshaus wird zum himmlischen Jerusalem. Jetzt erhalten nach Johannes Chrysostomus († 407) und Gregor dem Großen († 604) die irdischen Gottesdienstbesucher Anteil an der »himmlischen Liturgie«; die endzeitliche Verbindung von Immanenz und Transzendenz (Apk 21,2.10–14) ist nach Chrysostomus und Gregor schon jetzt konstitutiv für die Feier der Eucharistie (vgl. Suger von St.-Denis [†1151], De consecratione 98). Für Bau und Ausstattung des Kirchengebäudes ergaben sich aus dieser Vorstellung zwei Konsequenzen. Zum einen kam es vom Mittelalter bis zum Barock zu Gewölbegemälden, die den Augenblick festhalten, in dem für die Gläubigen sich der Himmel auftut (Apk 4,1) und Christus zwischen den »Evangelistensymbolen«, den 24 Ältesten, allen Engeln und Heiligen (Apk 4,2–11) erscheint. Wandgemälde und -mosaiken zeigen seit dem 6. Jahrhundert, wie mit den Irdischen (denen die Arkadenzone des Mittelschiffs überlassen wird) die Heiligen und Engel gemeinsam den ewigen Gottesdienst feiern, so in S. Apollinare Nuovo zu Ravenna (6. Jh.; Tafel 1).

Die andere Folge aus dem Wissen um den gemeinsamen Gesang der Himmlischen und der Irdischen sind Orgeln und Orgelbühnen im Chorbereich größerer Kirchen. Den »Harfen« der Sänger im Himmel (Apk 5,8f.; 14,2f.; 15,2f.) entspricht seit dem 9. Jahrhundert – mit einer ersten Blütezeit im 14. und 15. Jahrhundert – in den Kirchen Europas die Orgel. Sie diente ursprünglich nur der Intonation der liturgischen Gesänge wie des Sanktus und Benediktus; spätestens vom ausgehenden Mittelalter an, etwa im Kontext der Verehrung der heiligen Cäcilia, galt die Orgel als das Symbol der himmlisch-irdischen Kirchenmusik (s. u. zu Apk 5,8f.).

Kapitel 5

1. Text
1 Und ich sah auf der rechten Hand dessen, der auf dem Thron saß, eine Buchrolle; sie war innen und außen beschrieben und mit sieben Siegeln versiegelt. 2 Und ich sah: Ein gewaltiger Engel rief mit lauter Stimme: Wer ist würdig, die Buchrolle zu öffnen und ihre Siegel zu lösen? 3 Aber niemand im Himmel, auf der Erde und unter der Erde konnte das Buch öffnen und es lesen. 4 Da weinte ich sehr, weil niemand für würdig befunden wurde, das Buch zu öffnen und es zu lesen. 5 Da sagte einer von den Ältesten zu mir: Weine nicht! Gesiegt hat der Löwe aus dem Stamm Juda, der Spross aus der Wurzel Davids; er kann das Buch und seine sieben Siegel öffnen. 6 Und ich sah: Zwischen dem Thron und den vier Lebewesen und mitten

unter den Ältesten stand ein Lamm; es sah aus wie geschlachtet und hatte sieben Hörner und sieben Augen; die Augen sind die sieben Geister Gottes, die über die ganze Erde ausgesandt sind. 7 Das Lamm trat heran und empfing das Buch aus der rechten Hand dessen, der auf dem Thron saß. 8 Als es das Buch empfangen hatte, fielen die vier Lebewesen und die vierundzwanzig Ältesten vor dem Lamm nieder; alle trugen Harfen und goldene Schalen voll von Räucherwerk; das sind die Gebete der Heiligen. 9 Und sie sangen ein neues Lied: Würdig bist du, das Buch zu nehmen und seine Siegel zu öffnen; denn du wurdest geschlachtet und hast mit deinem Blut Menschen für Gott erworben aus allen Stämmen und Sprachen, aus allen Nationen und Völkern, 10 und du hast sie für unsern Gott zu Königen und Priestern gemacht; und sie werden auf der Erde herrschen. 11 Ich sah, und ich hörte die Stimme von vielen Engeln rings um den Thron und um die Lebewesen und die Ältesten; die Zahl der Engel war zehntausendmal zehntausend und tausendmal tausend. 12 Sie riefen mit lauter Stimme: Würdig ist das Lamm, das geschlachtet wurde, Macht zu empfangen, Reichtum und Weisheit, Kraft und Ehre, Herrlichkeit und Lob. 13 Und alle Geschöpfe im Himmel und auf der Erde, unter der Erde und auf dem Meer, alles, was in der Welt ist, hörte ich sprechen: Ihm, der auf dem Thron sitzt, und dem Lamm gebühren Lob und Ehre und Herrlichkeit und Kraft in alle Ewigkeit. 14 Und die vier Lebewesen sprachen: Amen. Und die vierundzwanzig Ältesten fielen nieder und beteten an.

2. Kurzexegese

Kapitel 5 bildet die unmittelbare Fortsetzung der Thronsaalvision; der vorausgesetzte Ort ist kein anderer als in 4,1–11. Auch jetzt handelt es sich nicht um einen vorausschauenden Blick in die heilsgeschichtliche Zukunft, sondern um die Verankerung der folgenden Visionen in der himmlischen Welt Gottes, seines – sowohl getöteten (5,6.12) als auch erhöhten und bevollmächtigten – Sohnes (5,5–7) sowie seiner Engel im Himmel.

Erstmals in der Apokalypse begegnet 5,6 der christologische Titel ἀρνίον (Widder, Lamm), den die lateinische Bibel stets und undifferenziert mit *agnus* (Lamm) übersetzt. Dem Apokalyptiker dient ἀρνίον als ambivalente Metapher sowohl der Niedrigkeit als auch der Hoheit Jesu Christi; Christus ist sowohl das geschlachtete Passa-Lamm (5,6a.12a) als auch der siebenfach gehörnte Widder (5,6b), dem Gott die stellvertretende Herrschaft über die sieben Perioden der siebenfach versiegelten, d. h. noch verschlossenen Zukunfts-Buchrolle übergibt (5,7–10). An den mächtigen Widder – und weniger an das ohnmächtige Lamm – denken auch die Aussagen über den Zorn (6,16) und die Leittierfunktion (7,17) des erhöhten Herrn. Aus dem Hinweis auf sieben Augen, d. h. sieben Sterne (vgl. Sach 4,10 sowie oben Apk 4,8 nach Ez 10,12), wird deutlich, dass mit der Bezeichnung des Messias als des Widders auch an das Sternbild Widder (*aries*) gedacht ist, das den Tierkreis anführt und regiert. Im »astrologischen« Grundriss des himmlischen Jerusalem nach Apk 21f. fallen offenbar *A* und *Ω* mit dem Tierkreiszeichen Widder zusammen (vgl. S. 20).

Den von den vier Lebewesen mit dem Trishagion (4,8) angestimmten himmlischen Lobgesang auf die thronende Gottheit (4,9–11) setzt Apk 5 fort (5,8–12). Jetzt gilt die Doxologie auch dem Widder, der mit seinem Vater den Thron teilt (5,8–14). Der himmlische, von Harfen begleitete Gesang (5,8) wird zum ewigen Gottesdienst (vgl. Hebr. 12,22–24), der schließlich »alle Geschöpfe im Himmel und auf der Erde, unter der Erde und auf dem Meer« einbezieht (5,13).

3. Wirkungsgeschichte

Aus Apk 5 hat die kirchliche Kunst vor allem die Vorstellung übernommen, die irdischen Besucher des Mess- bzw. Abendmahlsgottesdienstes feierten mit den Himmlischen – Engeln, Heiligen, Erlösten – einen ewigen Gottesdienst; himmlische und irdische Sänger vereinen ihre Stimmen zum Heilig-Heilig-Heilig (Apk 4,8) und folgen damit der Aufforderung der Präfation. Die Mittelschiffwände der Basilika S. Apollinare Nuovo in Ravenna (6. Jh.) zeigen im farbigen Mosaik über der Arkadenzone (die zu den irdischen Kirchenbesuchern gehört) die Heiligen, Propheten und Engel in der ewigen Verehrung des Erlösers (Tafel 1).

Dass der Kirchenraum den Himmel symbolisiert, wird verdeutlicht durch die Darstellung singender und Instrumente spielender Engel, vor allem im Bereich der Decke bzw. des Gewölbes. Aus dem späten 14. Jahrhundert stammen die Sandsteinkonsolen unter den Rippenanfängen des Chorgewölbes der ehemaligen Schloss- und jetzigen katholischen Pfarrkirche im rheinhessischen Schornsheim: Diese Konsolen stellen singende und musizierende Engel dar; als Instrumente begegnen u. a. die Laute und die besonders in Böhmen beliebte Harfenrotte. Der 1432 vollendete Retabelaltar der Brüder Hubert und Jan van Eyck in der Kathedrale St. Bavo zu Gent (Belgien) definiert ein Bild der Verehrung des thronenden Lammes (vgl. Apk 5,8.13) als Szene im himmlischen Jerusalem (Tafel 2), indem er auf den Seitentafeln singende sowie Orgel, Harfe und Fiedel spielende Engel abbildet. Auch in der ehemaligen Stifts- und jetzigen katholischen Pfarrkirche St. Leonhard zu Frankfurt am Main gibt es eine entsprechende Darstellung; das 1434 oder wenig später entstandene Mittelfenster des Chorhaupts zeigt Gott und Christus als Herrscher (Apk 5,13; vgl. 21,22f.; 22,3), verehrt von Maria, vor gotischer Architektur, die zufolge der Zither, Orgel, Laute und Harfe spielenden Engel am oberen Bildrand als himmlisches Jerusalem interpretiert werden muss.

Welche Musikinstrumente der griechische Text mit den κιθάραι der himmlischen Sänger (Apk 5,8f.; 14,2f.; 15,2f.) gemeint hat, ist nicht mehr

sicher auszumachen; die Vulgata behält für das offenbar zither- oder lauten-
ähnliche Saiteninstrument die Vokabel *cithara* bei, die Luther relativ willkürlich mit »Harfe« übersetzt. Übrigens ist auch die »Harfe« des Königs
David (1 Sam 16,23) eine *cithara*, kein *psalterium*. Die Register der Orgel
galten als die Musikinstrumente der Engel; so tragen gelegentlich die Felder
der Orgelemporen des 18. Jahrhunderts geschnitzte oder stuckierte Instrumente und Notenbücher (Worms, Dom, um 1755; Mainz, St. Ignaz, 1775).
Die Bezeichnung Christi als ἀρνίον (in der Johannes-Apokalypse erst- 5,6
mals Apk 5,6) ist, neben Joh 1,29.36; Apg 8,32 nach Jes 53,7; 1 Petr 1,19, mit
Ursache, dass in der bildenden Kunst Jesus fast stets als Lamm und nicht als
Widder dargestellt wird, selbst dort, wo an die siegreiche, herrscherliche
Funktion des Messias gedacht werden müsste, etwa bei der Verehrung des
thronenden Lammes nach Apk 21,22f.; 22,3 (Gent, St. Bavo; Tafel 2). Die
Widderhörner von Apk 5,6 werden gleichsam ersetzt durch den Kreuzstab
oder die kleine Siegesfahne des Christuslamms. Die Zahl christologischer
Lammesbilder von der Spätantike bis zur Gegenwart ist Legion; aus dem
5. Jh. stammen Reliefs und Mosaiken in Rom und Ravenna. Auch der herr-
schende Christus der Maiestas Domini, zwischen den vier Wesen von Apk
4,6–8, kann als Lamm wiedergegeben werden, z. B. an der Fassade von Alt-
St. Peter in Rom (1. Hälfte des 5. Jhs.) oder in der katholischen Pfarrkirche
Mariae Geburt in Berg im Drautal (2. Drittel des 13. Jhs.). Im Straßburger
Museum befindet sich ein frühromanischer Türsturz aus Mutzig (Elsaß); er
zeigt im Rund das Lamm mit dem Kreuzstab (11. Jh.; Abb. 8).
   Lediglich einmal ist mir Christus als Tierkreiszeichen (»Widder«) begegnet, nämlich in einer Prager astronomischen Handschrift »des Königs Wen-
zel (reg. als Römischer König 1376/78–1400), in der das Gotteslamm mit
dem Kreuzstab den Tierkreis anführt.

Kapitel 6

1. Text
**1 Dann sah ich: Das Lamm öffnete das erste der sieben Siegel; und ich hörte
das erste der vier Lebewesen wie mit Donnerstimme rufen: Komm! 2 Da
sah ich ein weißes Pferd; und der, der auf ihm saß, hatte einen Bogen. Ein
Kranz wurde ihm gegeben, und als Sieger zog er aus, um zu siegen. 3 Als
das Lamm das zweite Siegel öffnete, hörte ich das zweite Lebewesen rufen:
Komm! 4 Da erschien ein anderes Pferd; das war feuerrot. Und der, der auf
ihm saß, wurde ermächtigt, der Erde den Frieden zu nehmen, damit die
Menschen sich gegenseitig abschlachteten. Und es wurde ihm ein großes
Schwert gegeben. 5 Als das Lamm das dritte Siegel öffnete, hörte ich das
dritte Lebewesen rufen: Komm! Da sah ich ein schwarzes Pferd; und der,**

der auf ihm saß, hielt in der Hand eine Waage. 6 Inmitten der vier Lebewesen hörte ich etwas wie eine Stimme sagen: Ein Maß Weizen für einen Denar und drei Maß Gerste für einen Denar. Aber dem Öl und dem Wein füge keinen Schaden zu! 7 Als das Lamm das vierte Siegel öffnete, hörte ich die Stimme des vierten Lebewesens rufen: Komm! 8 Da sah ich ein fahles Pferd; und der, der auf ihm saß, heißt »der Tod«; und die Unterwelt zog hinter ihm her. Und ihnen wurde die Macht gegeben über ein Viertel der Erde, Macht, zu töten durch Schwert, Hunger und Tod und durch die Tiere der Erde.

9 Als das Lamm das fünfte Siegel öffnete, sah ich unter dem Altar die Seelen aller, die hingeschlachtet worden waren wegen des Wortes Gottes und wegen des Zeugnisses, das sie abgelegt hatten. 10 Sie riefen mit lauter Stimme: Wie lange zögerst du noch, Herr, du Heiliger und Wahrhaftiger, Gericht zu halten und unser Blut an den Bewohnern der Erde zu rächen? 11 Da wurde jedem von ihnen ein weißes Gewand gegeben; und ihnen wurde gesagt, sie sollten noch kurze Zeit warten, bis die volle Zahl erreicht sei durch den Tod ihrer Mitknechte und Brüder, die noch sterben müssten wie sie. 12 Und ich sah: Das Lamm öffnete das sechste Siegel. Da entstand ein gewaltiges Beben. Die Sonne wurde schwarz wie ein Trauergewand, und der ganze Mond wurde wie Blut. 13 Die Sterne des Himmels fielen herab auf die Erde, wie wenn ein Feigenbaum seine Früchte abwirft, wenn ein heftiger Sturm ihn schüttelt. 14 Der Himmel verschwand wie eine Buchrolle, die man zusammenrollt, und alle Berge und Inseln wurden von ihrer Stelle weggerückt. 15 Und die Könige der Erde, die Großen und die Heerführer, die Reichen und die Mächtigen, alle Sklaven und alle Freien verbargen sich in den Höhlen und Felsen der Berge. 16 Sie sagten zu den Bergen und Felsen: Fallt auf uns und verbergt uns vor dem Blick dessen, der auf dem Thron sitzt, und vor dem Zorn des Lammes; 17 denn der große Tag ihres Zorns ist gekommen. Wer kann da bestehen?

2. Kurzexegese

Auch Kapitel 6 gehört noch zu der Vision, die mit dem Blick in den himmlischen Thronsaal beginnt (4,1–11). Das »Lamm«, von seinem Vater zum Herrn über die Zeit eingesetzt (5,7), öffnet nacheinander die sieben Siegel und leitet dadurch sieben Geschichtsphasen ein, die gleichsam als Lektüre der zuvor nicht lesbaren Teile der siebenfach versiegelten Schriftrolle vorzustellen sind. Der sog. Siegelvision werden 5,1–8,1 zugerechnet; während 5,1–14 von der Übergabe der Rolle an den Messias handelt, schildert der Text 6,1–8,1 die Inhalte der einzeln geöffneten sieben Siegel.

Unschwer ist zu erkennen, dass die ersten vier Siegel (6,1–8) ein ursprünglich selbständiges Traditionsstück darstellen. Die vier »apokalyptischen Reiter« sind eine Weiterbildung der vier pferdebespannten Wagen von Sach 6,1–8; da diese dort als »die vier Winde des Himmels« definiert werden (Sach 6,5), besteht eine traditionsgeschichtliche Beziehung zwischen den vier Wesen, die zufolge 6,1.3.5.7 die vier Reiter – offenbar aus den vier Ecken der Erde – herbeirufen, und den Engeln der vier Winde, d. h. Himmelsrichtungen (7,1). Für den Apokalyptiker bedeuten offenbar der erste Reiter (6,1f.) den Völkerkrieg, der zweite Reiter (6,3f.) den Bürgerkrieg, der dritte Reiter (6,5f.) die Hungersnot und der vierte Reiter (6,7f.) das Massensterben, etwa in Form des Seuchentodes. Den literarischen Kunstgriff des *Vaticinium ex eventu*, d. h. der fingierten Weissagung von bereits Geschehenem zur Beglaubigung der Weissagung von Künftigem, benutzt der Apokalyptiker, um von der Gegenwart zur Zukunft überzuleiten. Er schreibt zum Zeitpunkt des dritten Siegels (6,5f.); ein vermutlich domitianisches Edikt zu Getreide-, Öl- und Weinpreisen (6,6) prägt seine Gegenwart. Eine echte Weissagung ist nur das vierte Siegel (6,7f.); die Vorhersage eines Massensterbens in naher Zukunft wird beglaubigt durch die rückprojizierten Ankündigungen von Krieg und Bürgerkrieg, an die sich die Leser zumindest vom Hörensagen erinnern können, und durch die wirtschaftliche Krise ihrer Gegenwart.

Auch in der vorliegenden Einbindung der Vision von vier Reitern (6,1–8) in den Zusammenhang von sieben Siegeln (6,1–8,1) bleibt deutlich, dass die Verse 6,1–8 ursprünglich ein geschlossenes Corpus aus anderem Zusammenhang bildeten. Daher ist der erste Reiter (6,2) nicht identisch mit dem Schimmelreiter von 19,11, sondern muss wie der zweite, dritte und vierte Reiter »negativ«, auf eine dämonische Gestalt bzw. Geschichtsphase, gedeutet werden.

Das fünfte, sechste und siebte Siegel (6,9–8,1) weisen weder mit den »apokalyptischen Reitern« noch untereinander einen Zusammenhang auf. Sie wurden unter die sieben Siegel eingereiht, um die als Strukturelement wichtige, heilige Siebenzahl zu erzielen. Im fünften Siegel (6,9–11) wird offen gelassen, ob die ermordeten Märtyrer die getöteten Glaubenszeugen und Propheten des Alten Testaments (vgl. Hebr 11,35–37; Vitae prophetarum) sind oder bereits – auch – Märtyrer künftiger Christenverfolgungen. Anscheinend ist in 6,11 vorausgesetzt, dass die Zahl der alttestamentlichen Märtyrer durch diejenige der christlichen Todesopfer noch vervollständigt werden muß (vgl. 18,20.24); insofern ist das fünfte Siegel eine »echte«, auf die Zukunft gerichtete Prophezeiung. Der erste Teil (6,12–17) des sechsten Siegels ist die traditionelle Weissagung endzeitlicher Katastrophen; er findet seine Parallelen in den Visionsreihen der sieben Posaunen (8,2–14,20) und der sieben Schalen (15,1–19,10). Zum sechsten Siegel gehört auch noch der umfangreiche Abschnitt 7,1–17.

3. Wirkungsgeschichte

6,1–8 Dass die sog. apokalyptischen Reiter (Apk 6,1–8) auf die Strukturen des Kirchengebäudes, seiner Ausstattung und der Liturgie keinen nennenswerten Einfluss ausgeübt haben, ist nicht weiter verwunderlich. Immerhin hat sich die Buchillustration dieser Gestalten angenommen; der berittene Tod, etwa auf einem Holzschnitt (1849) von Alfred Rethel (1816–1859), dürfte auf Apk 6,8 zurückgehen. Gustav Nonnenmacher (geb. 1914) hat in Anlehnung an Apk 6,1–8 ein Mahnmal gegen den Krieg geschaffen, das um 1960 bei Gebr. Rincker in Sinn (Lahn-Dill-Kreis) in Bronze gegossen wurde (abgebildet in »Die Auslese«, Ausg. E vom 10.11.1962, S. 8). Auf dem modernen Bronzeportal der Stiftskirche Freckenhorst zeigt ein Relief von Heinrich Gerhard Bücker (geb. 1922) gleichfalls die apokalyptischen Reiter.

6,9 Zufolge Apk 6,9 sind die Märtyrer »unter dem Altar« bestattet, was an antike Heroenverehrung erinnert. Die christlichen Leser der fünften Siegelvision mußten diesen Text auf kirchliche Heiligen- und Reliquienverehrung beziehen. Noch heute gilt der Altar kirchenrechtlich als Grabstein, die unter bzw. in ihm »beigesetzte« Reliquie als Leichnam. Die Aushöhlung im Altar mit dem Metallkästchen, das die körperlichen Reste des an »seinem« Altar verehrten Heiligen enthält, heißt *sepulcrum* (»Grab«). Seit der christlichen Spätantike ermöglichen Katakomben, Unterkirchen und Krypten die Heiligenverehrung *unter* dem Heiligengrab bzw. -altar. Im rheinhessischen Bechtheim führte ein überwölbter Gang die Pilger unter dem Hochaltar der romanischen Wallfahrtskirche St. Lambert hindurch; er ist erst im Jahre 1721 vermauert worden. Als Beispiel einer romanischen Vierstützenkrypta bilde ich die um 1010 entstandene Krypta der Bergkirche St. Peter in Worms-Hochheim ab (Abb. 9).

Kapitel 7

1. Text

1 Danach sah ich: Vier Engel standen an den vier Ecken der Erde. Sie hielten die vier Winde der Erde fest, damit der Wind weder über das Land noch über das Meer wehte, noch gegen irgendeinen Baum. 2 Dann sah ich vom Osten her einen anderen Engel emporsteigen; er hatte das Siegel des lebendigen Gottes und rief den vier Engeln, denen die Macht gegeben war, dem Land und dem Meer Schaden zuzufügen, mit lauter Stimme zu: 3 Fügt dem Land, dem Meer und den Bäumen keinen Schaden zu, bis wir den Knechten unseres Gottes das Siegel auf die Stirn gedrückt haben. 4 Und ich erfuhr die Zahl derer, die mit dem Siegel gekennzeichnet waren. Es waren hundertvierundvierzigtausend aus allen Stämmen der Söhne Israels, die das Siegel trugen: 5 Aus dem Stamm Juda trugen zwölftausend das Siegel,

aus dem Stamm Ruben zwölftausend, aus dem Stamm Gad zwölftausend, 6 aus dem Stamm Ascher zwölftausend, aus dem Stamm Naftali zwölftausend, aus dem Stamm Manasse zwölftausend, 7 aus dem Stamm Simeon zwölftausend, aus dem Stamm Levi zwölftausend, aus dem Stamm Issachar zwölftausend, 8 aus dem Stamm Sebulon zwölftausend, aus dem Stamm Josef zwölftausend, aus dem Stamm Benjamin trugen zwölftausend das Siegel. 9 Danach sah ich: eine große Schar aus allen Nationen und Stämmen, Völkern und Sprachen; niemand konnte sie zählen. Sie standen in weißen Gewändern vor dem Thron und vor dem Lamm und trugen Palmzweige in den Händen. 10 Sie riefen mit lauter Stimme: Die Rettung kommt von unserem Gott, der auf dem Thron sitzt, und von dem Lamm. 11 Und alle Engel standen rings um den Thron, um die Ältesten und die vier Lebewesen. Sie warfen sich vor dem Thron nieder, beteten Gott an 12 und sprachen: Amen, Lob und Herrlichkeit, Weisheit und Dank, Ehre und Macht und Stärke unserem Gott in alle Ewigkeit. Amen. 13 Da fragte mich einer der Ältesten: Wer sind diese, die weiße Gewänder tragen, und woher sind sie gekommen? 14 Ich erwiderte ihm: Mein Herr, das musst du wissen. Und er sagte zu mir: Es sind die, die aus der großen Bedrängnis kommen; sie haben ihre Gewänder gewaschen und im Blut des Lammes weiß gemacht. 15 Deshalb stehen sie vor dem Thron Gottes und dienen ihm bei Tag und Nacht in seinem Tempel; und der, der auf dem Thron sitzt, wird sein Zelt über ihnen aufschlagen. 16 Sie werden keinen Hunger und keinen Durst mehr leiden, und weder Sonnenglut noch irgendeine sengende Hitze wird auf ihnen lasten. 17 Denn das Lamm in der Mitte vor dem Thron wird sie weiden und zu den Quellen führen, aus denen das Wasser des Lebens strömt, und Gott wird alle Tränen von ihren Augen abwischen

2. Kurzexegese

Apk 7 bildet die Fortsetzung von 6,12–17. Auf die eher typische apokalyptische Szene am Ende von Kap. 6 folgt jetzt die ekklesiologisch bedeutsame Zentralvision des sechsten Siegels, eingeleitet durch das charakteristische »danach sah ich« des Visionärs (7,1; vgl. 4,1; 5,1.2.6.11; 6,2.5.8.9.12 u. ö.). Die vier Engel der Winde (7,1) sind die Engel der vier Himmelsrichtungen (vgl. 4,6–8; 6,1–8). Mit der Versiegelung der 144 000 (7,4–8; vgl. 14,1–5) ist die Taufe gemeint (vgl. Röm 4,11; 2 Kor 1,21f.; Eph 1,13f.; 4,30). Die zwölf Stämme Israels werden namentlich genannt (7,5–8; vgl. 21,12), um zu verdeutlichen, dass die Gemeinde der Getauften das neue Israel bildet (vgl. 12,1.17). Zu den bekannten Gestalten des himmlischen Hofstaats (7,11f.; vgl. 4,4–5.14) sind die Märtyrer hinzugekommen; sie tragen weiße Gewänder und Palmen und beteiligen sich am immerwährenden himmlischen Gottesdienst (7,9f. 13–15). Der Messiaswidder, der mit seinem Vater den

Thron teilt (7,10.15.17; vgl. 5,13; 21,22f.; 22,1–3), wird die Seinen weiden und zu den Quellen des Lebenswassers führen (7,17; vgl. 22,1). Traditionsgeschichtlich besteht das sechste Siegel (6,12–7,17) aus drei nur locker miteinander verzahnten Teilen: der Eingangsvision (6,12–17), der Versiegelung der 144 000 (7,4–8) und einer Huldigung der im Thronsaal Versammelten an Gott und den Widder (7,9–17). Das dritte Stück ist eng mit der Thronsaalvision 4,1–11 verwandt, auch in den doxologischen Hymnen; neu sind die erlösten Märtyrer, mit deren Tod der Visionär offenbar für die nahe Zukunft rechnet (vgl. auch 14,1–5).

3. Wirkungsgeschichte
Bei Darstellungen des thronenden Gotteslamms inmitten seiner lobsingenden Anhänger (vgl. Genter Alter, Tafel 2) steht möglicherweise nicht nur
7,9–17   Apk 21,22f.; 22,3, sondern auch Apk 7,9–17 im Hintergrund. Stets werden die irdischen Gottesdienstbesucher in den himmlischen Gottesdienst (Apk 7,9–15) einbezogen, so 1432 in Gent und noch in Gerhard Hausmanns moderner Gestaltung der Altarwand in der Kirche der Henriettenstiftung zu Hannover.
7,4–8   Dass die Versiegelung der 144 000 (Apk 7,4–8) auf die Taufe zu deuten sei, war immer unumstritten. Eine Salbung gehört zum klassischen Taufritus. Noch der kelchförmige, um 1600 (1606?) entstandene Taufstein der seit 1570 lutherischen Pfarrkirche in Rhodt (Pfalz) weist in der Akanthusdekoration seiner Kuppa Siegelringe auf.

Kapitel 8

1. Text
1 Als das Lamm das siebte Siegel öffnete, trat im Himmel Stille ein, etwa eine halbe Stunde lang. 2 Und ich sah: Sieben Engel standen vor Gott; ihnen wurden sieben Posaunen gegeben. 3 Und ein anderer Engel kam und trat mit einer goldenen Räucherpfanne an den Altar; ihm wurde viel Weihrauch gegeben, den er auf dem goldenen Altar vor dem Thron verbrennen sollte, um so die Gebete aller Heiligen vor Gott zu bringen. 4 Aus der Hand des Engels stieg der Weihrauch mit den Gebeten der Heiligen zu Gott empor. 5 Dann nahm der Engel die Räucherpfanne, füllte sie mit glühenden Kohlen, die er vom Altar nahm, und warf sie auf die Erde; da begann es zu donnern und zu dröhnen, zu blitzen und zu beben. 6 Dann machten sich die sieben Engel bereit, die sieben Posaunen zu blasen.

7 Der erste Engel blies seine Posaune. Da fielen Hagel und Feuer, die mit Blut vermischt waren, auf des Land. Es verbrannte ein Drittel des Landes, ein Drittel der Bäume und alles grüne Gras. 8 Der zweite Engel blies seine

Posaune. Da wurde etwas, das einem großen brennenden Berg glich, ins Meer geworfen. Ein Drittel des Meeres wurde zu Blut. 9 Und ein Drittel der Geschöpfe, die im Meer leben, kam um, und ein Drittel der Schiffe wurde vernichtet. 10 Der dritte Engel blies seine Posaune. Da fiel ein großer Stern vom Himmel; er loderte wie eine Fackel und fiel auf ein Drittel der Flüsse und auf die Quellen. 11 Der Name des Sterns ist »Wermut«. Ein Drittel des Wassers wurde bitter, und viele Menschen starben durch das Wasser, weil es bitter geworden war. 12 Der vierte Engel blies seine Posaune. Da wurde ein Drittel der Sonne und ein Drittel des Mondes und ein Drittel der Sterne getroffen, so dass sie ein Drittel ihrer Leuchtkraft verloren und der Tag um ein Drittel dunkler wurde und ebenso die Nacht. 13 Und ich sah und hörte: Ein Adler flog hoch am Himmel und rief mit lauter Stimme: Wehe! Wehe! Wehe den Bewohnern der Erde! Noch drei Engel werden ihre Posaunen blasen.

2. Kurzexegese

Das siebte Siegel besteht nicht etwa in einer halbstündigen Stille im Himmel (8,1), sondern umfasst die ganze Reihe der sieben Posaunenvisionen (8,2–14,20). Der gegenüber den ersten sechs Siegeln (6,1–7,17) unverhältnismäßig große Umfang des siebten Siegels erweist nicht nur seine Zuordnung zu den übrigen Siegelvisionen als willkürlich, sondern belegt auch die Tatsache, dass 8,1 niemals eine selbständige Siegelvision sein kann. Die »Stille im Himmel«, offenbar gedacht als Pause des ewigen Lobpreises der himmlischen Heerscharen, dient nur der Vorbereitung der sieben Posaunenvisionen (8,2–14,20), die gleichsam als Ganzes das siebte Siegel darstellen.

Die einzelnen Plagen der sieben Posaunen sind, nicht anders als die einzelnen Katastrophen der sieben Schalen (15,1–19,10), den zehn ägyptische Plagen (Ex 7,1–12,36) nachgebildet, jedoch – wie auch in 15,1–19,10 – auf die »heilige« Siebenzahl reduziert worden. Sieben Verderberengel kennt auch die Vision Ez 9,1–11. Seit der Eroberung Jerichos (Jos 6,1–27) haftet dem Signalhorn (Luther: »Posaune«) eine magisch-bedrohliche Bedeutung an; »sieben Posaunen«, deren Schall die Mauern Jerichos zum Einsturz brachte (Jos 6,4f.20), können zu sieben Botinnen endzeitlicher Katastrophen werden (8,2.7.8.10 usw.). Auch sonst gehört die Posaune zum apokalyptischen Drama (1 Kor 15,52; 1 Thess 4,16; vgl. Apk 1,10; 4,1).

Im Nachgang zur Erwähnung der Rachegebete der Märtyrer (6,10) schiebt der Autor zwischen 8,2 und 8,6 die Erfüllung dieser Gebete ein. Brennender Weihrauch bringt die Gebete vor Gott (8,3f.), und die glühenden Kohlen der Räucherpfanne bewirken, auf die Erde hinabgeworfen, dort kosmische Katastrophen (8,5). Diese kunstvolle Verzahnung des siebten mit dem sechsten Siegel (vgl. 6,12–14) leitet über zum Inhalt der ersten vier Posaunenvisionen (8,7–13). Die geschilderten Katastrophen erinnern an

Vulkanausbrüche und Erdbeben; Hagel fällt, Wasser wird zu Blut, Meteore verderben das Wasser, Himmelskörper verfinstern sich (vgl. Ex 7,19; 9,22–25; 10,22f.). Ein Adler (»Engel« [Luther 1522 und 1545, Zürich 1531] geht auf eine sekundäre Textvariante zurück), der Götterbote der Antike, fliegt über den Himmel und verleiht durch seinen dreimaligen Weheruf den noch ausstehenden drei letzten Posaunen (9,1–14,20) eine besondere Stellung im apokalyptischen Drama (8,13; vgl. 14,6).

3. Wirkungsgeschichte

8,2 Vor allem Apk 8,2.6–10 usw. hat, nächst 1 Thess 4,16, bewirkt, dass in der kirchlichen Kunst der Engel mit der Posaune zum Gerichtsboten geworden ist. Berühmt sind die Posaunenengel am Weltgerichtspfeiler (um 1225) im südlichen Querhaus des Straßburger Münsters (Abb. 10). Zum Relief des Weltgerichts im Fürstenportal des Bamberger Domes (voll. um 1235) gehört der Posaunenengel, der heute im südlichen Seitenschiff des Domes aufgestellt ist.

Kunstvolle Weihrauchfässer belegen seit dem vierten Jahrhundert die hohe Bedeutung der Räucherung (Inzensation) im altkirchlichen und katholischen Ritus; besonders die romanischen Inzensorien mit ihren Turmarchitekturen aus Edelmetall – zweifellos anspielend auf das himmlische Jerusalem – sind Zeugnisse einer altertümlichen, das Gebet durch apotropäische Riten unterstützenden Frömmigkeit im Anschluss an Apk 8,3–5. Auch wenn die Reformatoren eine derart dingliche Symbolik verworfen haben, dürfen auch Protestanten nicht übersehen, dass der Weihrauch – ähnlich wie die Krankensalbung (Jak 5,14f.) – im Neuen Testament seinen Ort hat.

8,13 Die zahlreichen Adlerplastiken romanischer Gotteshäuser zeigen den Adler als Gottesboten (Apk 8,13; 12,14) und nicht etwa als kaiserlich-staufisches Herrschaftssymbol; eine apotropäische Wirkung solcher Vogelskulpturen im Portal- und Dachbereich ist dabei gewiss mit beabsichtigt. Das gilt etwa für ein Adlerkapitell in der südöstlichen Vorhalle des Mainzer Domes (um 1100) und für Adlerkapitelle am Portal des südlichen Querhauses des Domes in Worms (um 1140) und ebenda in der rechten Kapitellzone des Nordportals (um 1170; Abb. 11) Ein (erneuertes) Adler-Akroterion krönt die Giebelspitze des Ostchors des Wormser Domes (um 1150).

Kapitel 9

1. Text
1 Der fünfte Engel blies seine Posaune. Da sah ich einen Stern, der vom Himmel auf die Erde gefallen war; ihm wurde der Schlüssel zu dem Schacht gegeben, der in den Abgrund führt. 2 Und er öffnete den Schacht des Ab-

grunds. Da stieg Rauch aus dem Schacht auf, wie aus einem großen Ofen, und Sonne und Luft wurden verfinstert durch den Rauch aus dem Schacht. 3 Aus dem Rauch kamen Heuschrecken über die Erde, und ihnen wurde Kraft gegeben, wie sie Skorpione auf der Erde haben. 4 Es wurde ihnen gesagt, sie sollten dem Gras auf der Erde, den grünen Pflanzen und den Bäumen keinen Schaden zufügen, sondern nur den Menschen, die das Siegel Gottes nicht auf der Stirn haben. 5 Es wurde ihnen befohlen, die Menschen nicht zu töten, sondern nur zu quälen, fünf Monate lang. Und der Schmerz, den sie zufügen, ist so stark, wie wenn ein Skorpion einen Menschen sticht. 6 In jenen Tagen werden die Menschen den Tod suchen, aber nicht finden; sie werden sterben wollen, aber der Tod wird vor ihnen fliehen. 7 Und die Heuschrecken sehen aus wie Rosse, die zur Schlacht gerüstet sind; auf ihren Köpfen tragen sie etwas, das goldschimmernden Kränzen gleicht, und ihre Gesichter sind wie Gesichter von Menschen, 8 ihr Haar ist wie Frauenhaar, ihr Gebiss wie ein Löwengebiss, 9 ihre Brust wie ein eiserner Panzer; und das Rauschen ihrer Flügel ist wie das Dröhnen von Wagen, von vielen Pferden, die sich in die Schlacht stürzen. 10 Sie haben Schwänze und Stacheln wie Skorpione, und in ihren Schwänzen ist die Kraft, mit der sie den Menschen schaden, fünf Monate lang. 11 Sie haben als König über sich den Engel des Abgrunds; er heißt auf hebräisch *Abaddon*, auf griechisch *Apollyon*. 12 Das erste »Wehe« ist vorüber. Noch zweimal wird das »Wehe« kommen.

13 Der sechste Engel blies seine Posaune: Da hörte ich eine Stimme, die von den vier Hörnern des goldenen Altars her kam, der vor Gott steht. 14 Die Stimme sagte zu dem sechsten Engel, der die Posaune hält: Binde die vier Engel los, die am großen Strom, am Euphrat, gefesselt sind. 15 Da wurden die vier Engel losgebunden, die auf Jahr und Monat, auf Tag und Stunde bereitstanden, um ein Drittel der Menschheit zu töten. 16 Und die Zahl der Reiter dieses Heeres war vieltausendmal tausend; diese Zahl hörte ich. 17 Und so sahen die Pferde und die Reiter in der Vision aus: Sie trugen feuerrote, rauchblaue und schwefelgelbe Panzer. Die Köpfe der Pferde glichen Löwenköpfen, und aus ihren Mäulern schlug Feuer, Rauch und Schwefel. 18 Ein Drittel der Menschen wurde durch diese drei Plagen getötet, durch Feuer, Rauch und Schwefel, die aus ihren Mäulern hervorkamen. 19 Denn die tödliche Macht der Pferde war in ihren Mäulern und in ihren Schwänzen. Ihre Schwänze glichen Schlangen, die Köpfe haben, mit denen sie Schaden zufügen können. 20 Aber die übrigen Menschen, die nicht durch diese Plagen umgekommen waren, wandten sich nicht ab von den Machwerken ihrer Hände: Sie hörten nicht auf, sich niederzuwerfen vor ihren Dämonen, vor ihren Götzen aus Gold, Silber, Erz, Stein und Holz, den Götzen, die weder sehen, noch hören, noch gehen können. 21 Sie ließen nicht ab von Mord und Zauberei, von Unzucht und Diebstahl.

2. Kurzexegese

Die mit 9,1 einsetzende fünfte Posaune ist zugleich das erste »Wehe« (9,1–12); die beiden anderen »Wehe«, zugleich die sechste und siebte Posaune, umfassen die Verse 9,13–11,14 und 11,15–14,20. Schon aus dem unverhältnismäßig großen Umfang der fünften, sechsten und siebten Posaunenvision wird, ähnlich wie bei den Visionen des 1.–4. Siegels einerseits und des 5.–7. Siegels andererseits, deutlich, dass hier drei Stücke aus anderem Zusammenhang nachträglich mit einer Vierheit (8,6–12) zur symbolischen, die Vollständigkeit bezeichnenden Siebenzahl zusammengeordnet wurden. Eine Spur dieser Verschiedenheit stellt auch die zusätzliche Zählung der drei »Wehe« dar, die man vielleicht als besondere Hervorhebung der dem Weltende am nächsten vorausgehenden Posaunenvisionen verstanden hat.

Der vom Himmel gefallene Stern (9,1; vgl. 12,9) ist, trotz seiner Ausstattung mit überirdischer Schlüsselgewalt, kein Engel Gottes, sondern ein böser Dämon, vielleicht – im Vorgriff auf 12,9 (vgl. 6,13; 8,10f. und vor allem Lk 10,18) – der Satan selbst, der auch als auf die Erde Gestürzter gelegentlich als Funktionär Gottes (»Strafengel«) vorgestellt werden kann (vgl. Hi 1,6; 2,1). Die aus dem »Schacht«, dem unterirdischen Strafort, heraufgelassenen Dämonen sind riesige, phantastisch übersteigerte Heuschrecken (9,3–10); ihr Urbild sind die Heuschrecken von Ex 10,12–20. Erst jetzt (9,11) erfährt man den Namen des Königs der Heuschreckendämonen: *Abaddon* (eigentlich hebr. für »Untergang«, »Vernichtung«, hier als Synonym für den Strafort »Abgrund« gedeutet). Die griechische Übersetzung *Apollyon* (»Verderber«, vgl. Joh 17,12; 2 Thess 2,3) spielt wohl an auf Apollon; die heidnischen Götter sind die Dämonen der Juden und Christen (vgl. 2,13; 9,20). Abaddon ist ein Oberdämon, nicht der Satan selbst. Die Vorstellung, dass die Schädiger die auf der Stirn Versiegelten, d. h. die Getauften (7,4–8), nicht quälen dürfen (9,4), stammt aus Ez 9,4–6. Vermutlich ist gedacht, dass die Treue der Getauften von den Anfechtungen der endzeitlichen Nöte nicht zu Fall gebracht werden kann (vgl. 2,10).

Auch die sechste Posaune bzw. das zweite »Wehe« (9,13–11,14) beginnt mit einer Strafexpedition. Jetzt ist deutlich, dass der Befehl, die vier bislang am Euphrat gebändigten Strafengel loszulassen (9,14; vgl. 9,1f.), tatsächlich von Gott ausgeht (9,13). Die Reittiere der Dämonen, die die Menschen für Götzendienst und Frevel bestrafen sollen (9,17–19), erinnern zwar an Jo 2,3–5, doch ist das Bildmaterial eher paganer Herkunft. Es ist die Chimäre der griechischen Mythologie, das von Bellerophon getötete, feuerschnaubende Mischwesen aus Löwe und Schlange, das hier in die judenchristliche Apokalyptik vorgedrungen ist. Dagegen geht das Motiv des unbelehrbaren Starrsinns der Überlebenden (9,20f.; ebenso 16,9.11.21) auf die Tradition der ägyptischen Plagen zurück (vgl. Ex 7,22; 8,11.15.28; 9,7.12.34f.; 10,20.27; 11,9f.).

3. Wirkungsgeschichte

Auf die Volksfrömmigkeit und die von ihr geprägte bildende Kunst hat Apk 9,1–11
9 eher pauschal und als Parallele zur Höllenvorstellung von Apk 20,10.14
eingewirkt. Der Schacht (Apk 9,1f.) führt hinab zum unterirdischen Ort der
Qual, dessen Feuer aus dem aufsteigenden Rauch zu erschließen ist. Bis hin
zum Märchen weiß der Christ, dass die »Hölle« ein unterirdisches Gefängnis ist, das der Teufel mit seinen Unterteufeln beherrscht. Auf Gerichtsreliefs und Höllendarstellungen, nicht zuletzt in Bibelillustrationen, haben die
bösen Geister in Heuschreckengestalt ihren festen Platz. In Martin Luthers
sog. Septembertestament (»Das Newe Testament Deutzsch«, Wittenberg
1522) findet sich zu Apk 9 aus der Werkstatt Lukas Cranachs ein Holzschnitt, der mit seinen dem Brunnenschacht entsteigenden, gekrönten und
geschwänzten Heuschrecken einem Wandgemälde von 1547 im Athos-Kloster Dionysíou (Tafel 3) als Vorlage gedient hat.

Auch die Chimäre (Apk 9,17–19) hat ihren Weg in die christliche Kunst 9,17–19
des Mittelalters gefunden. Der nur in Resten erhaltene Mosaik-Fußboden
(um 1200) von S. Giovanni Evangelista in Ravenna weist neben Einhorn,
Löwe und Greif auch die Chimäre auf. Auch die im 12./13. Jahrhundert
entstandenen gebrannten Bodenfliesen deutscher Kirchen, Klöster und
Festsäle zeigen häufig Fabelwesen und Raubtiere, vor allem wiederum Einhörner, Löwen, Greifen und Chimären (Beispiele im Museum der Stadt
Worms und in der Sammlung des Verfassers; Abb. 12). Bisher wurden solche Mischwesen, nicht anders als die apotropäischen Skulpturen am Außenbau mittelalterlicher Kirchen (vgl. die zu Apk 12,15; 21,27 genannten Beispiele), zumeist als spielerische Erzeugnisse der künstlerischen Phantasie
gedeutet. In Wahrheit handelt es sich dort wie hier um ein wohldurchdach-
tes theologisches Programm. Nicht anders als sein auferstandener Herr (1
Kor 15,25) tritt auch der Getaufte die bösen Geister mit Füßen (vgl. Lk
10,19), denn die Dämonen – Schlangen, Skorpione und Einhörner – sind
ihm untertan (Lk 10,17–20; vgl. TestLev 18,12). Schlangen, Skorpione und
Einhörner stammen – in der Übersetzung der Vulgata bzw. Martin Luthers
– aus dem Alten Testament (vgl. Ps 22[21],22; 91[90],13; Jes 34,7), die Chimäre dagegen zweifellos aus Apk 9,17–19; Fußböden mit den Bildern der
Dämonen unterstützen den Schutz der Getauften vor den Schadensmäch-
ten (vgl. Apk 9,4). Dazu bildet die Tatsache, dass Fliesen mit figuralen Mu-
stern – neben solchen mit Eichenblättern – auch in »weltlichen« Räumen
(Burgen, Refektorien, Dormitorien, Stadtpalais) gefunden wurden, keinen
Gegensatz; bis zur Aufklärung bedurfte der Christ schlechterdings überall
des göttlichen Beistands gegen die Mächte des Bösen.

Kapitel 10

1. Text

1 Und ich sah: Ein anderer gewaltiger Engel kam aus dem Himmel herab; er war von einer Wolke umhüllt, und der Regenbogen stand über seinem Haupt. Sein Gesicht war wie die Sonne, und seine Beine waren wie Feuersäulen. 2 In der Hand hielt er ein kleines, aufgeschlagenes Buch. Er setzte seinen rechten Fuß auf das Meer, den linken auf das Land 3 und rief laut, so wie ein Löwe brüllt. Nachdem er gerufen hatte, erhoben die sieben Donner ihre Stimme. 4 Als die sieben Donner gesprochen hatten, wollte ich es aufschreiben. Da hörte ich eine Stimme vom Himmel her rufen: Halte geheim, was die sieben Donner gesprochen haben; schreib es nicht auf! 5 Und der Engel, den ich auf dem Meer und auf dem Land stehen sah, erhob seine rechte Hand zum Himmel. 6 Er schwor bei dem, der in alle Ewigkeit lebt, der den Himmel geschaffen hat und was darin ist, die Erde und was darauf ist, und das Meer und was darin ist: Es wird keine Zeit mehr bleiben, 7 denn in den Tagen, wenn der siebte Engel seine Stimme erhebt und seine Posaune bläst, wird auch das Geheimnis Gottes vollendet sein; so hatte er es seinen Knechten, den Propheten, verkündet.

8 Und die Stimme aus dem Himmel, die ich gehört hatte, sprach noch einmal zu mir: Geh, nimm das Buch, das der Engel, der auf dem Meer und auf dem Land steht, aufgeschlagen in der Hand hält. 9 Und ich ging zu dem Engel und bat ihn, mir das kleine Buch zu geben. Er sagte zu mir: Nimm und iss es! In deinem Magen wird es bitter sein, in deinem Mund aber süß wie Honig. 10 Da nahm ich das kleine Buch aus der Hand des Engels und aß es. In meinem Mund war es süß wie Honig. Als ich es aber gegessen hatte, wurde mein Magen bitter. 11 Und mir wurde gesagt: Du musst noch einmal weissagen über viele Völker und Nationen mit ihren Sprachen und Königen.

2. Kurzexegese

Das gesamte Kapitel 10 gehört noch zur sechsten Posaunenvision, die in 9,13 einsetzt und sich bis 11,14 erstreckt. Die Vision eines gewaltigen, sonnengleichen Engels wirkt insofern rätselhaft, als der Leser weder den Inhalt der sieben Donner (10,3f.) noch denjenigen des kleinen Buches (10,2) erfährt, das der Visionär schließlich essen muss (10,9f.). Man hat daher vermutet, 10,1–11 sei ein Traditionsstück aus anderem Zusammenhang, und Johannes habe den Inhalt der sieben Donnerstimmen unterdrückt, um den hebdomadischen Visionszyklen der Siegel, Posaunen und Schalen keine Konkurrenz zu machen.

Bei der Beschreibung des Engels (10,1) fällt die Ähnlichkeit mit der Schilderung des Christos-Helios in der Beauftragungsvision (1,13–15) auf. Dennoch ist hier nicht der erhöhte Herr, sondern ein Engel Gottes gemeint. Möglicherweise steht im Hintergrund die Erinnerung an den sog. Koloss von Rhodos, eines der Sieben Weltwunder. Die von dem Bildhauer Chares von Lindos als Siegesdenkmal zwischen 304 und 290 v. Chr. errichtete, mit einem Bein im Meer stehende, über 32 Meter hohe Bronzestatue des Helios war zwar schon 224/23 v. Chr. umgestürzt, doch blieben ihre Reste sichtbar und bestaunt, bis sie im 6./7. Jh. n. Chr. eingeschmolzen wurden. Der Engel ruft mit Löwenstimme (10,3); sieben Donner antworten ihm (10,3f.). Offenbar enthält das kleine Buch (10,2.9f.) den Inhalt der sieben Donner; sowohl das Motiv des Buchs als auch das Detail vom Aufessen des Buchs stammt aus Ez 2,8–10; 3,1–3; hier findet sich auch die Mitteilung, im Munde des Propheten schmecke das Buch süß wie Honig (10,9b nach Ez 3,3). Nur Ezechiel teilt den Inhalt des Buches mit: Klagen, Seufzer und Wehrufe (Ez 2,10); auf diese schmerzliche Botschaft dürften die Magenschmerzen des Sehers von 10,9a anspielen. Vermutlich ist der honigsüße Wohlgeschmack des Büchleins auf Wert und Rang des göttlichen Auftrags zu deuten (vgl. Ps 19,11; 119,103), die Bitterkeit des Magens jedoch auf die Umsetzung dieses Auftrags in Gerichtsprophetie an Völker und Herrscher (10,11; vgl. Jer 1,10).

Apk 10,1–11 ist ein Zwischenstück zwischen der Chimärenvision (9,13–21) und der Vermessung des Tempels (11,1f.); der Beginn der siebten, letzten Posaunenvision (11,15) wird hinausgeschoben. Die Kompositionstechnik des Apokalyptikers wird deutlich. Das Ganze ist eine Abschattung der Vision 1,10–20; wie dort der erhöhte Christus, wird hier der Offenbarerengel mit Zügen des Helios geschildert. Hier wie dort erfolgt eine prophetische Beauftragung des Visionärs. Den sieben Sendschreiben (1,10; 2f.) entsprechen die sieben Donner; der Unterschied besteht darin, dass die Verschriftlichung dort geboten, hier untersagt wird. Schon deshalb hat es höchstwahrscheinlich niemals Inhalte der sieben Donner gegeben. Mit dem prophetischen Traditionsstück Ez 2,8–10; 3,1–3 rahmt Johannes seine »Vision«, weil ihm das verschlungene Buch zur »Versiegelung«, d. h. Geheimhaltung, der sieben Donner zu passen scheint. Wie beim *Vaticinium ex eventu* (vgl. 6,1–8) schreibt der Apokalyptiker von hinten her; die unerkannt gebliebenen Donner, vielleicht als identisch mit den Plagen der ersten sechs Posaunen gedacht, gehören ebenso der Vergangenheit an wie der honigsüße Geschmack des Büchleins. Jetzt aber ist die Zeit der siebten Posaune gekommen; der Engel schwört bei Gott, dass dann »das Geheimnis Gottes vollendet sein wird«(10,6f.). Die gleichsam zweite Beauftragung des Johannes endet mit einer Aufforderung zur – mündlich vorgetragenen – Buß- und Strafpredigt (10,11). Diesem Befehl muss der Visionär nachkommen, auch wenn das Büchlein den Magen schmerzt (10,10).

3. Wirkungsgeschichte

Dass die imposante Szene der neuerlichen Beauftragung des Sehers durch einen riesigen Sonnenengel auf Säulenbeinen von den Bibelillustratoren gern aufgegriffen wurde, ist verständlich (vgl. Abb. 56). Dagegen dürfte das völlige Fehlen einer inhaltlichen Aussage daran schuld sein, dass Apk 10,1–11 keinerlei Spuren in der kirchlichen Baukunst oder – wiederum abgesehen vom Athos-Kloster Dionysíou (1547) – in der Wandmalerei hinterlassen hat. Immerhin sei verwiesen auf einen die Wand verdeckenden Teppich von ca. 1380 in Angers (Tafel 4).

10,1–11

Kapitel 11

1. Text

1 Dann wurde mir ein Messstab gegeben, der aussah wie ein Stock, und mir wurde gesagt: Geh, miss den Tempel Gottes und den Altar, und zähle alle, die dort anbeten! 2 Den Hof, der außerhalb des Tempels liegt, lass aus, und miss ihn nicht; denn er ist den Heiden überlassen. Sie werden die heilige Stadt zertreten, zweiundvierzig Monate lang.

3 Und ich will meinen zwei Zeugen auftragen, im Bußgewand aufzutreten und prophetisch zu reden, zwölfhundertsechzig Tage lang. 4 Sie sind die zwei Ölbäume und die zwei Leuchter, die vor dem Herrn der Erde stehen. 5 Wenn ihnen jemand Schaden zufügen will, schlägt Feuer aus ihrem Mund und verzehrt ihre Feinde; so muss jeder sterben, der ihnen schaden will. 6 Sie haben Macht, den Himmel zu verschließen, damit kein Regen fällt in den Tagen ihres Wirkens als Propheten. Sie haben auch Macht, das Wasser in Blut zu verwandeln und die Erde zu schlagen mit allen möglichen Plagen, sooft sie wollen. 7 Wenn sie ihren Auftrag als Zeugen erfüllt haben, wird sie das Tier, das aus dem Abgrund heraufsteigt, bekämpfen, besiegen und töten. 8 Und ihre Leichen bleiben auf der Straße der großen Stadt liegen. Diese Stadt heißt, geistlich verstanden: Sodom und Ägypten; dort wurde auch ihr Herr gekreuzigt. 9 Menschen aus allen Völkern und Stämmen, Sprachen und Nationen werden ihre Leichen dort sehen, dreieinhalb Tage lang; sie werden nicht zulassen, dass die Leichen begraben werden. 10 Und die Bewohner der Erde freuen sich darüber, beglückwünschen sich und schicken sich gegenseitig Geschenke; denn die beiden Propheten hatten die Bewohner der Erde gequält. 11 Aber nach den dreieinhalb Tagen kam von Gott her wieder Lebensgeist in sie, und sie standen auf. Da überfiel alle, die sie sahen, große Angst. 12 Und sie hörten eine laute Stimme vom Himmel her rufen: Kommt herauf! Vor den Augen ihrer Feinde stiegen sie in der Wolke zum Himmel hinauf. 13 In diesem Augenblick entstand ein gewaltiges Erdbeben. Ein Zehntel der Stadt stürzte ein,

und siebentausend Menschen kamen durch das Erdbeben um. Die Überlebenden wurden vom Entsetzen gepackt und gaben dem Gott des Himmels die Ehre. 14 Das zweite »Wehe« ist vorüber, das dritte »Wehe« kommt bald. 15 Der siebte Engel blies seine Posaune. Da ertönten laute Stimmen im Himmel, die riefen: Nun gehört die Herrschaft über die Welt unserem Herrn und seinem Gesalbten; und sie werden herrschen in alle Ewigkeit. 16 Und die vierundzwanzig Ältesten, die vor Gott auf ihren Thronen sitzen, warfen sich nieder, beteten Gott an 17 und sprachen: Wir danken dir, Herr, Gott und Herrscher über die ganze Schöpfung, der du bist und der du warst; denn du hast deine große Macht in Anspruch genommen und die Herrschaft angetreten. 18 Die Völker gerieten in Zorn. Da kam dein Zorn und die Zeit, die Toten zu richten: die Zeit, deine Knechte zu belohnen, die Propheten und die Heiligen und alle, die deinen Namen fürchten, die Kleinen und die Großen, die Zeit, alle zu verderben, die die Erde verderben. 19 Der Tempel Gottes im Himmel wurde geöffnet, und in seinem Tempel wurde die Lade seines Bundes sichtbar: Da begann es zu blitzen, zu dröhnen und zu donnern, es gab ein Beben und schweren Hagel.

2. Kurzexegese

Kapitel 11 enthält zunächst (11,1–14) den Schluss der sechsten Posaunenvision bzw. des zweiten »Wehe«. Dieser heterogene, nur durch die additive Komposition des Autors zusammengehaltene Text zerfällt in drei Teile: 11,1f.; 11,3–12; 11,13f. Offensichtlich benutzt Johannes ein *Vaticinium ex eventu* (vgl. 6,1–8), nämlich die Verse 3–12, um zwei echte Weissagungen (11,2.13) zu beglaubigen. In der Johannes-Apokalypse spiegeln nur 11,2.13 deutlich die Zerstörung Jerusalems unter Titus (70 n. Chr.), auch sie bezeichnenderweise in der Form eines *Vaticinium ex eventu*. Was der Visionär zu prophezeien wagt, ist die Befristung der Entweihung Jerusalems (11,2) und die schließliche Bekehrung der Juden (11,13). Auch die Vermessung des Tempels (11,1) zielt nach Ausweis der Parallelen Ez 40,3; 47,3; Sach 2,5f. bereits auf die künftige Gottesstadt (21,9–22,5).

Das beglaubigende Zwischenstück (11,3–12) war den ersten Lesern wohl unmittelbar verständlich. Wir können nach über 1900 Jahren nur vermuten, wer mit den beiden prophetischen Zeugen gemeint war. Die alttestamentlichen Anspielungen (Ex 7,17; 1 Kön 17,1; 2 Kön 1,10) lassen sie als einen zweiten Mose und einen zweiten Elia erkennen. Die altjüdische Erwartung (Qumran) eines königlich-davidischen und eines prophetischen Messias könnte auf Jesus und Johannes den Täufer gedeutet worden sein. Auch bei Johannes dem Täufer rechneten die Zeitgenossen mit einer Wiederbelebung bzw. Reinkarnation (vgl. Mk 6,14–16 parr.). Dreieinhalb Tage (11,9.11) oder dreieinhalb Jahre (= 42 Monate, 11,2) bedeuten als halbe Sieben eine begrenzte Zeit (vgl. Dan 7,25; 12,7; Apk 12,6.14; 13,5). Der Verweis auf Jerusalem als den Ort der Kreuzigung Jesu (11,8b) dürfte ein späterer Zusatz sein; in jedem Fall ist mit der »heiligen Stadt« (11,2) Jerusalem gemeint. Mit der Weissagung einer endzeitlichen Bekehrung der Juden zu Jesus (11,13; vgl. Röm 11,25–27) endet die sechste Posaunenvision.

Der zweite Teil von Apk 11 ist der Beginn (11,15–19) der siebten Posaunenvision, des dritten »Wehe« (vgl. 11,14). Das Huldigungslied der himmlischen Stimmen an Gott und seinen Messias (11,15) und das Danklied der 24 Ältesten (11,16–18) nehmen die Thronsaalvision (4,1–11) auf. Neu ist die Ankündigung des Strafgerichts (11,18), das vom geöffneten Himmel (vgl. 4,1) – in dem sich die Bundeslade befindet (11,19a; vgl. Ex 40,34f.; Hebr 9,11f.) – in Form von Blitzen, Donner, Erdbeben und schwerem Hagel ausgeht (11,19b; vgl. 8,5). Die Gerichtsschilderung 11,19b ist geradezu eine Dublette von 8,5; wie dort das Gericht die Rachegebete der ermordeten Propheten (6,9–11) erfüllt (8,3f.), so belohnt es hier »die Propheten und die Heiligen« (11,18). Erst mit 14,20 endet die siebte Posaunenvision.

3. Wirkungsgeschichte

11,2.8–13 In Apk 11,2.8–13 geht es um das irdische Jerusalem, die Stadt des Todes und der Gräber Jesu und Johannes des Täufers. Auch Ostern (vgl. Apk 11,11) und die Himmelfahrt Jesu Christi (vgl. Apk 11,12 sowie Apg 1,9) besitzen ihren topographischen Haftpunkt in Jerusalem.

Kaiser Konstantin (reg. 306–337) »entdeckte« auf dem Golgathafelsen die Höhle des Grabes Jesu; er ließ sie freilegen und mit einer Ädikula umbauen, die 335 n. Chr. eingeweiht wurde. Wenig später, noch unter Konstantin, erfolgte die Errichtung der sog. Anastasis (»Auferstehung«) über dem leeren Grab Jesu, einer Rundkirche mit hoher Kuppel über 20 Säulen. Noch im vierten Jahrhundert wurden nach Osten ein Atrium und eine fünfschiffige Basilika angebaut. Dieses Kirchengebäude galt als das prominenteste Gotteshaus der Christenheit; es wurde bei der Einnahme Jerusalems durch die Perser (614) beschädigt, doch durch Patriarch Modestos († 630) in der alten Gestalt wiederhergestellt.

Bereits 637/38 geriet Jerusalem unter muslimische Herrschaft, doch ließ erst 1009 der fatimidische Kalif Al Hakim (reg. 996–1021) die Grabeskirche zerstören und die Architektur des Heiligen Grabes mit Pickeln niederschlagen. Bis 1048 gelang es dem byzantinischen Kaiser Konstantin IX. Monomachos (reg. 1042–1055), die schwersten Schäden des Gebäudekomplexes zu beseitigen und die Umbauung des Felsengrabes wiederherzustellen; die muslimische Herrschaft über Jerusalem blieb davon unberührt. Das erste Jahrtausend der christlichen Zeitrechnung hatte man mit der tausendjährigen Heilszeit von Apk 20,1–6 gleichgesetzt. Als jedoch die für das Jahr 1000 erwartete Wiederkehr des Messias zum Gericht (Apk 20,11–15) und die damit verbundene Herabkunft des neuen Jerusalem (Apk 21,1) ausblieben, suchte man für diese Verzögerung einen Grund. Man fand ihn in der Tatsache, dass die irdischen Stätten des Lebens Jesu sich seit 638 in den Händen der Ungläubigen befanden. So kam es zu der folgenreichen, eschatologisch begründeten Verbindung des irdisch-geographischen Jerusalem mit der für das Ende der Zeit erwarteten ewigen Himmelsstadt gleichen Namens.

Erklärtes Ziel der 1096 einsetzenden Kreuzzugsbewegung war die Befreiung der heiligen Stätten vom Islam und die Begründung einer dauerhaften christlichen Herrschaft in Palästina. Nach dem Ersten Kreuzzug (1096–1099) nahmen die christlichen Eroberer zwischen 1100 und 1149 einen tiefgreifenden Umbau der Grabeskirche vor, der ihre Gestalt bis heute bestimmt. Bereits 1244 ging Jerusalem wieder verloren, und mit dem Fall Akkos (1291) endete die christliche Herrschaft gänzlich[7].

Obgleich Wallfahrten zur Jerusalemer Grabeskirche auch unter muslimischer Herrschaft möglich blieben, holten christliche Bauleute schon früh Jesu Grab in den europäischen Kirchenbau, indem sie seit dem 4./5. Jahrhundert »Grabeskirchen« als Rotunden errichteten (etwa in Rom, Fulda, Konstanz oder Brescia) oder im Kircheninneren »heilige Gräber« schufen, die zumeist als Grablegungen oder Beweinungen Jesu bezeichnet werden und an denen die liturgischen Spiele der Karfreitags- und Osterfeiern stattfanden (Eichstätt, Magdeburg, Konstanz, Bologna, Mainz, Alzey, Worms, Weißenburg/Wissembourg u. ö.[8]).

An die Stätten des Leidens und Sterbens Jesu erinnert auch der »Kreuzweg«, der im Abendland seit dem 15. Jahrhundert üblich wurde und seine besondere Förderung dem Franziskaner-Orden verdankt. Er überträgt den Weg Jesu in Jerusalem von seiner Verurteilung bis zu seinem Begräbnis (Via dolorosa; vgl. Mk 15,1–47 parr.) in Bilder oder Reliefs für eine Andachtsprozession in der europäischen Heimat. Wie die Via dolorosa zur Grabeskirche führt, so enden auch die mittelalterlichen Kreuzwegprozessionen häufig an einem Heiligen Grab, etwa im späten 15. Jahrhundert in Oppenheim; die Prozession führte durch die Stadt hindurch bis zum Heiligen Grab in oder an der Kirche in Dienheim, von dem ein Fragment erhalten ist. Ähnlich war es in Bamberg (1503), wo der Kreuzweg hinauf zur ehemaligen Stiftskirche St. Getreu (St. Fides) verläuft. Sowohl in Oppenheim als auch in Bamberg

---

7 Zur Baugeschichte der Jerusalemer Grabeskirche vgl. Jürgen Krüger, Die Grabeskirche zu Jerusalem, Geschichte – Gestalt – Bedeutung, Regensburg 2000.

8 Zu den »heiligen Gräbern« in Europa vgl. Markus Maisel, Sepulchrum Domini, Studien zur Ikonographie und Funktion großplastischer Grablegungsgruppen am Mittelrhein und im Rheinland, Mainz 2002 (Quellen und Abhandlungen zur mittelrheinischen Kirchengeschichte 99); siehe auch: Otto Böcher, Das Heilige Grab der Meisenheimer Johanniter, Auf den Spuren eines verlorenen Kunstwerks, in: Schloßkirche Meisenheim 1504–2004, hrsg. von der Evangelischen Kirchengemeinde Meisenheim, Meisenheim 2003, S. 101–132.

umfasste der Prozessions- und Andachtsweg sieben Stationen mit Reliefs des Leidens Jesu. Erst im Barock wurde die Anzahl der Stationen von sieben auf vierzehn erhöht. Neben den Kreuzwegen im Freien gibt es auch solche im Kircheninneren; für sie werden – heute durchweg 14 – kleinere Bildtafeln an den Wänden des Innenraums angebracht; sie bestehen aus Reliefs, Gemälden oder Drucken und sollten über das gesamte Kircheninnere verteilt sein. Kreuzweg und heiliges Grab im Inneren des Kirchenraums machen das Gotteshaus zum Abbild nicht nur des himmlischen[9], sondern auch des irdischen Jerusalem.

Kapitel 12

1. Text

1 Dann erschien ein großes Zeichen am Himmel: eine Frau, mit der Sonne bekleidet; der Mond war unter ihren Füßen und ein Kranz von zwölf Sternen auf ihrem Haupt. 2 Sie war schwanger und schrie vor Schmerz in ihren Geburtswehen. 3 Ein anderes Zeichen erschien am Himmel: ein Drache, groß und feuerrot, mit sieben Köpfen und zehn Hörnern und mit sieben Diademen auf seinen Köpfen. 4 Sein Schwanz fegte ein Drittel der Sterne vom Himmel und warf sie auf die Erde herab. Der Drache stand vor der Frau, die gebären sollte; er wollte ihr Kind verschlingen, sobald es geboren war. 5 Und sie gebar ein Kind, einen Sohn, der über alle Völker mit eisernem Zepter herrschen wird. Und ihr Kind wurde zu Gott und zu seinem Thron entrückt. 6 Die Frau aber floh in die Wüste, wo Gott ihr einen Zufluchtsort geschaffen hatte; dort wird man sie mit Nahrung versorgen, zwölfhundertsechzig Tage lang.

7 Da entbrannte im Himmel ein Kampf; Michael und seine Engel erhoben sich, um mit dem Drachen zu kämpfen. Der Drache und seine Engel kämpften, 8 aber sie konnten sich nicht halten, und sie verloren ihren Platz im Himmel. 9 Er wurde gestürzt, der große Drache, die alte Schlange, die Teufel oder Satan heißt und die ganze Welt verführt; der Drache wurde auf die Erde gestürzt, und mit ihm wurden seine Engel hinabgeworfen. 10 Da hörte ich eine laute Stimme im Himmel rufen: Jetzt ist er da, der rettende Sieg, die Macht und die Herrschaft unseres Gottes und die Vollmacht seines Gesalbten; denn gestürzt wurde der Ankläger unserer Brüder, der sie bei Tag und bei Nacht vor unserem Gott verklagte. 11 Sie haben ihn besiegt durch das Blut des Lammes und durch ihr Wort und Zeugnis; sie hielten ihr Leben nicht fest, bis hinein in den Tod. 12 Darum jubelt, ihr Himmel und alle, die darin wohnen. Weh aber euch, Land und Meer! Denn der

---

9   Siehe unten S. 100ff. zu Apk 21.

Teufel ist zu euch hinabgekommen; seine Wut ist groß, weil er weiß, dass ihm nur noch eine kurze Frist bleibt. 13 Als der Drache erkannte, dass er auf die Erde gestürzt war, verfolgte er die Frau, die den Sohn geboren hatte. 14 Aber der Frau wurden die beiden Flügel des großen Adlers gegeben, damit sie in die Wüste an ihren Ort fliegen konnte. Dort ist sie vor der Schlange sicher und wird eine Zeit und zwei Zeiten und eine halbe Zeit lang ernährt. 15 Die Schlange spie einen Strom von Wasser aus ihrem Rachen hinter der Frau her, damit sie von den Fluten fortgerissen werde. 16 Aber die Erde kam der Frau zu Hilfe; sie öffnete sich und verschlang den Strom, den der Drache aus seinem Rachen gespien hatte. 17 Da geriet der Drache in Zorn über die Frau, und er ging fort, um Krieg zu führen mit ihren übrigen Nachkommen, die den Geboten Gottes gehorchen und an dem Zeugnis für Jesus festhalten. 18 Und er [der Drache] trat an den Strand des Meeres.

2. Kurzexegese

Mit den von Johannes der siebten Posaune bzw. dem dritten und letzten »Wehe« (11,15–14,20) zugewiesenen Visionen der Kapitel 12 und 13 erreicht die Abfolge der prophetischen Bilder einen ersten Höhepunkt. Beide Kapitel gehören eng zusammen (vgl. 12,18; 13,1). In Apk 12f. konkretisiert sich die widergöttliche Bedrohung der Christen zu einer Dreiheit teuflischer Mächte. Satan (12,1–18), das »Tier aus dem Meer« (13,1–10) und das »andere Tier« (13,11–18) – später bezeichnet als »Drache, Tier und falscher Prophet« (16,13) und als »Teufel, Tier und falscher Prophet« (20,10) – bilden eine Trias, die im Gegenbild durchaus den trinitarischen Personen Vater – Sohn – Heiliger Geist (Mt 28,19) entspricht.

Der Grundbestand der Vision von der Erscheinung der einen Sohn gebärenden Himmelsfrau und der Feindschaft des Drachen (12,1–6) ist offenbar ein judaisierter altorientalischer Mythos; der junge Lichtgott, der Sohn des Sternbilds Virgo, wird vor dem Finsternisdrachen gerettet. Vermutlich jüdischer Herkunft ist das mythische Stück vom Kampf Michaels und seiner Engel mit dem Drachen (der 12,9 ausdrücklich mit Schlange, Teufel und Satan identifiziert wird; vgl. Dan 10,13.21; 12,1; 1 QM 17,6–8) und dem Sturz des Drachen und seiner Engel auf die Erde (12,7–9; vgl. Gen 6,1–4 und seine Spiegelung in äthHen 6–11; 18,13–16; 86–88; Jub 5,1–6; Lk 10,18; Apk 8,10f.; 9,1).

Nach einem hymnischen Zwischenstück (12,10–12) wird die Vision vom gestürzten Drachen fortgesetzt (12,13–17); die Mutter wird, wie zuvor schon ihr Kind (12,5), entrückt, und zwar in die Wüste (12,14; vgl. schon 12,6), wo ihr der Drache, jetzt als (Wasser-) Schlange bezeichnet, nichts anhaben kann (12,15f.). Daraufhin führt der Drache mit den übrigen Kindern der Himmelsfrau, nämlich den treuen Anhängern Jesu, Krieg (12,17).

Die Fortsetzung des Mythos findet sich erst Apk 19,11–21: Das einst zu Gott entrückte Kind kehrt, erwachsen geworden, als siegreicher Herrscher auf dem Schimmel zurück und vernichtet seine Gegner. Der leider verlorenen jüdischen Quelle des Apokalyptikers war die Himmelsfrau (12,1) die Tochter Zion (vgl. Jes 66,7f.; Mich 4,10; 4 Esr 9,38–10,59); die zwölf Sterne bzw. Sternbilder ihres Diadems (12,1) symbolisierten die zwölf Stämme Israels (vgl. Ex 28,17–21; 39,10–14; auch: Apk 7,4–8). Der Drache mit sieben Köpfen (12,3) repräsentierte auf dieser Interpretationsebene den römischen Kaiser, der Prinz mit eisernem Zepter (12,5) den Messias (vgl. Ps 2,9), den Sohn der Zionsfrau und Jerusalems (vgl. Jes 66,7f.). Die Rettung der Frau (12,6.14–16) ist die Bewahrung Israels vor einer befristeten (12,6.14; vgl. oben zu Apk 11,9.11) Verfolgung der Juden durch das Imperium Romanum.

Nur ganz leicht verschiebt der christliche Apokalyptiker die Akzente der oben skizzierten »Interpretatio Judaica«. Auch für ihn ist die Himmelsfrau im Sternenkranz das Symbol Israels (12,1) als der Mutter des Messias (12,2); der teuflische Charakter des römischen Kaisers ist auch ihm bewusst (vgl. 13,1–10), und die sieben Köpfe des Drachen sind zugleich die sieben Hügel Roms (17,3.9f.). Neu ist, dass Johannes den Namen des Messias kennt: Jesus von Nazareth, das Lamm (vgl. 12,11); aus der Judenverfolgung ist jetzt die Verfolgung der Anhänger Jesu geworden (12,17). Auch die Christen sind Kinder der Himmelsfrau und Geschwister des Messias (12,17); die Tochter Zion, Repräsentantin Israels und der zwölf Stämme (12,1), ist Symbol sowohl des alten als auch des neuen Israel, der Kirche (vgl. 7,4–8).

Wie schon die Kapitel 6 und 11 ist Apk 12 eine Kombination echter, auf die Zukunft gerichteter Weissagungen mit beglaubigenden *Vaticinia ex eventu*. Was Johannes für die Zukunft prophezeit, ist die Rettung der Kirche, die Befristung der Christenverfolgung und der Krieg des Teufels mit den jüngeren Geschwistern Jesu (12,13–17). Demgegenüber sind die aus altjüdischer Tradition stammenden Visionen von der Zionstochter am Sternenhimmel und der Rettung des Messias (12,1–6) sowie vom Sieg Michaels und Sturz des Teufels (12,7–9) *Vaticinia ex eventu*; längst wurde der Messias geboren, und schon vor der Sintflut wurde der Satan auf die Erde gestürzt: Für die christliche Christologie bedeutsam ist die Erhebung des Weihnachtsereignisses in kosmische Dimensionen (12,1–6): Die Geburt des Kindes am Himmel gilt nicht nur den Juden, sondern der ganzen Welt. Ekklesiologisch belangvoll ist der Nachdruck, den 12,17 auf die Tatsache legt, dass alle Christen Nachkommen Israels und Geschwister Jesu sind (vgl. Röm 8,29).

3. Wirkungsgeschichte

12f. Dass die drei widergöttlichen Bestien der Kapitel Apk 12 und 13 zusammengehören, hat die kirchliche Kunst früh erkannt. Als apotropäische Skulpturen schützen sie, den Widder (Apk 13,11) in der Mitte, die Kapitellzone des Südostportals des Mainzer Domes (um 1100; Abb. 20) und die Sohlbank des Mittelfensters des Ostchors des Wormser Domes (um 1140; Abb. 13). Von höchster Bedeutung für die Geschichte des Andachtsbilds, besonders in der Skulptur, wurde Apk 12,1–6. Während etwa die gelehrten Jesu- 12,1–6 iten des 17. Jahrhunderts die Gleichsetzung der Sonnenfrau, als eines Symbols Israels und der Kirche, mit der irdischen Mutter Jesu nachdrücklich bestritten (Cornelius a Lapide, 1625; Jacobus Tirinus, 1632), hatte die Volksfrömmigkeit längst in der Muttergestalt zwischen Sonne, Mond und Sternen (Apk 12,1f.) Maria als Himmelskönigin erkannt. Sie konnte sich dafür auf Theologen der christlichen Spätantike berufen, so u. a. auf Ticonius († vor 400 n. Chr.), Epiphanius von Salamis († 403 n. Chr.) und Augustinus (354–430).

Eine wörtliche Umsetzung von Apk 12,1–6 in die kirchliche Kunst ist der spätgotische Typ der sogenannten »Strahlenden Muttergottes«. Die auf der Mondsichel stehende, fast immer vollplastische Frauengestalt, stets mit dem Kind im Arm, trägt eine zwölfteilige oder mit zwölf Edelsteinen (vgl. Apk 21,19f.) geschmückte Krone; sie steht unmittelbar vor einer vielstrahligen Sonne und hat zu ihren Füßen die teuflische, nach Gen 3,15 als überwunden geltende Schlange. Madonnenstatuen dieses Typs finden sich u. a. in Nürnberg (Sebalduskirche, um 1435), Worms (Dom, um 1450), Marienborn bei Mainz (um 1450, barock überarbeitet), Gelnhausen (Marienkirche, um 1490; Abb. 14) und Mainz (Relief im Domkreuzgang, Madonna der Palästinafahrer, ursprünglich in der untergegangenen Liebfrauenkirche, um 1500). Gleichfalls um oder kurz vor 1500 entstand das mit dem Mainzer Relief eng verwandte bemalte Holztäfelchen aus Kloster Wienhausen. Die Marienfigur in Gelnhausen (Abb. 14) trägt eine Krone, deren ehemals in die Zacken eingelassene Edelsteine (vgl. Apk 21,19f.) ausgebrochen worden sind. Prächtig gekrönt und auf der Mondsichel stehend, wird Maria als Himmelskönigin nicht zuletzt zur *Patrona Bavariae*, etwa auf der 1638 errichteten Mariensäule des Marienplatzes in München; die Skulptur selbst (um 1600) stammt wohl von Hubert Gerhard. Im Barock wird häufig die Krone Mariens ersetzt durch einen Nimbus aus zwölf Sternen (so wörtlich nach Apk 12,1), etwa in Ochsenhausen (1717), Einsiedeln (1748; von Domenico Pozzi, Abb. 15), Weyarn (1764; von Ignaz Günther) oder Heidelberg (Kornmarkt, 1781; von Peter von den Branden). An die Stelle der strahlenden Sonne ist schon im 17. Jahrhundert die Goldfarbe des Gewandes (nach Apk 12,1) getreten.

Zum spätgotischen Typus der Strahlenden Mutter Gottes gehören auch die Marien- oder Doppelmadonnenleuchter, etwa in Lüneburg, Maastricht (St. Servatius), Kalkar und Kiedrich. Statt der Sonne, die ja nur flächig hinter der Skulptur erscheinen kann, symbolisieren jetzt die von geschmiedeten Armen getragenen Kerzen den Glanz der Himmelsfrau. Zwei ikonographisch identische Marienfiguren sind, oberhalb des Lichterkranzes, mit den Rücken verbunden; so ist von allen Plätzen des Kircheninneren sichtbar, wie die Gottesmutter am Himmelsgewölbe erscheint und zu den Gläubigen herabschwebt. Reste von Doppelmadonnenleuchtern sind u.a. in Oldenburg und Osnabrück erhalten; die Krone Mariens in Kiedrich bei Mainz (St. Michael, um 1520) ist Metalldieben zum Opfer gefallen (Abb. 16).

Gelegentlich greifen auch moderne Künstler auf Apk 12,1–6 zurück, so in Freckenhorst oder in Ahrweiler. Hier sind die ikonographischen Traditionen verlassen; ob die Himmelsfrau als Maria aufgefasst wird, ist nicht mehr deutlich. Dagegen ist die *Lunula*, der zumeist goldene Halbmond unter der geweihten Hostie in der Monstranz, durchaus ein Erbstück hochmittelalterlicher Christologie und Mariologie; wie der Mond in Apk 12,1 den noch ungeborenen Messias getragen hat, so trägt die Lunula den Heiland im Sakrament des Altars. Das die Hostie umgebende Schaugefäß kann als Maria gedeutet werden; das vergoldete, abschließend rahmende Strahlenblatt ist die Sonne von Apk 12,1.

12,7–9 Auch Apk 12,7–9 entfaltete eine große und vor allem vielschichtige Wirkungsgeschichte. Michael ist der oberste Heerführer Gottes und als solcher der mächtige Gegenspieler des Teufels. Der mit der Lanze durchbohrte Drache ist geradezu das Attribut des früh als Heiliger verehrten Erzengels. Vollplastisch oder als Relief schützt der Drachentöter an Wänden und Portalen das Gotteshaus vor dem Satan und den Dämonen (St.-Gilles/Provence, um 1130; Lucca, San Michele, um 1140; Pavia, S. Michele; Nordwalde [um 1200; Abb. 17]; Bamberg, Dom, um 1225; München, St. Michael, voll. 1592; Augsburg, Zeughaus, voll. 1607). In Bamberg steht Michael mit Schild, Schwert und Kreuzeslanze über dem Drachen (Abb. 18); das in die Südschranke des Georgenchores eingefügte Sandsteinrelief gehört in den eschatologischen Kontext des Chorbereichs (siehe zu Apk 19,11–21) und des Fürstenportals mit seinen Skulpturen (vgl. Apk 20,11–15 und Abb. 22).

Michaels Macht über den Teufel empfiehlt ihn als Fürsprecher und Retter der Seelen Verstorbener. Als Seelenwäger – mit der Waage (z.B. in Autun, 1130/40; Bourges, Mitte 12. Jh.; Amiens; Paris, Notre Dame; Hamburg, Sammlung Konsul Weber, 2. H. 15. Jh.) – wird er zum Anwalt der Toten, für die er auf die Waagschale bringt, was zu ihren Gunsten spricht und sie dem Zugriff des Teufels entzieht. Daher wurden auch die Beinhäuser (Karner), in denen die Gebeine aus neubelegten Gräbern des Kirchhofs gesammelt wurden, dem heiligen Michael geweiht. Eingeschossige Beinhäuser hatten ihren Michaelsaltar, den Gebeinen benachbart, im Erdgeschoss, zweigeschossige Beinhäuser eine Michaelskapelle, über dem eigentlichen Karner, im Obergeschoss; stets wurde das Beinhaus auf dem Friedhof errichtet, der klein war und (als »Kirchhof«) die Kirche umgab. Daher steht das Beinhaus durchweg in der Nähe der Pfarrkirche. Von zweigeschossigen, mit Michaelskapellen ausgestatteten Beinhäusern seien genannt: Oppenheim (14./15. Jh.), Kiedrich (1444), Oberwesel (bei Liebfrauen, 14./15. Jh.), Wimpfen a. B. (14./15. Jh.) und Wertheim a. M. (1472ff.). Schließlich gehört der Sieger von Apk 12,7–9 in die unmittelbare Nähe der von ihm gereinigten göttlichen Welt. Daher bevorzugt man das Michaels-Patrozinium für hochgelegene Kirchen und für die Kapellen und Oratorien in den Westwerken der Dome (z. B. in Freckenhorst und Königslutter). Ein berühmtes Beispiel für eine Michaelskirche auf dem Berg ist Mont-Saint-Michel (Normandie, 11./12. und 15. Jh.; Tafel 5), aber auch die Kirchen in Hildesheim (1010) und Schwäbisch Hall (Treppenanlage 1507; Abb. 25), beide errichtet über ansteigendem Gelände, sind dem hl. Michael geweiht.

Auch der satanische Drache, der zufolge Apk 12,15f. der Himmelsfrau   12,15f. einen Wasserstrom nachspeit, wird in den Dienst der Kirche genommen. Wie die Dämonenskulpturen der Romanik (z. B. am Dom zu Worms, 2. H. 12. Jh.), so halten auch die Wasserspeier der Gotik den Teufel und seine Helfershelfer vom Kirchengebäude fern. In Analogie zum wasserspeienden Drachen (Apk 12,15f.) gestaltet die Kirchenarchitektur seit dem 13. Jahrhundert die steinernen Abtraufen der Dächer als groteske Monstren, die aus ihren Mäulern das Regenwasser in die Tiefe schicken[10]. Der hilfreichen Erde von Apk 12,16 entspricht dann die Erde des die Kirche umgebenden Friedhofs. So gut wie alle bedeutenden Kirchengebäude der Gotik besitzen an ihren Strebepfeilern derartige Wasserspeier. Das gilt für die Dome und Münster des 13.–15. Jahrhunderts, etwa in Straßburg, Köln, Regensburg (Abb. 19) und Freiburg, aber auch für eine Stiftskirche wie St. Katharinen in Oppenheim oder eine Wallfahrtskapelle wie St. Werner in Bacharach, beide geschaffen im 14. Jahrhundert. Nicht immer sind die Wasserspeier drachengestaltig; auch Hunde und Menschen, z. B. Juden (siehe oben zu Apk 2,9; 3,9: Rufach), kommen vor; hier dürfte Apk 22,15 im Hintergrund stehen. Mit dem Sieg der Renaissance über die Gotik verschwinden nicht nur die wölbungsbedingten Strebepfeiler, sondern auch die apotropäischen Skulpturen der Wasserspeier. In Volksfrömmigkeit und Volkskunst jedoch lebt der Drache weiter als Attribut zahlreicher Heiliger (Beatus, Cyriacus, Georg, Margareta, Martha u. a.) und als zum Tode von der Pritsche des »Königs« Kaspar (»Kasperle«) verurteiltes Krokodil.

10   Dazu siehe neuerdings Schymiczek (Lit.-Verz. Nr. 26).

Kapitel 13

1. Text

1 Und ich sah: Ein Tier stieg aus dem Meer, mit zehn Hörnern und sieben Köpfen. Auf seinen Hörnern trug es zehn Diademe und auf seinen Köpfen Namen, die eine Gotteslästerung waren. 2 Das Tier, das ich sah, glich einem Panther; seine Füße waren wie die Tatzen eines Bären und sein Maul wie das Maul eines Löwen. Und der Drache hatte ihm seine Gewalt übergeben, seinen Thron und seine große Macht. 3 Einer seiner Köpfe sah aus wie tödlich verwundet; aber die tödliche Wunde wurde geheilt. Und die ganze Erde sah dem Tier staunend nach. 4 Die Menschen warfen sich vor dem Drachen nieder, weil er seine Macht dem Tier gegeben hatte; und sie beteten das Tier an und sagten: Wer ist dem Tier gleich, und wer kann den Kampf mit ihm aufnehmen? 5 Und es wurde ermächtigt, mit seinem Maul anmaßende Worte und Lästerungen auszusprechen; es wurde ihm Macht gegeben, dies zweiundvierzig Monate zu tun. 6 Das Tier öffnete sein Maul, um Gott und seinen Namen zu lästern, seine Wohnung und alle, die im Himmel wohnen. 7 Und es wurde ihm erlaubt, mit den Heiligen zu kämpfen und sie zu besiegen. Es wurde ihm auch Macht gegeben über alle Stämme, Völker, Sprachen und Nationen. 8 Alle Bewohner der Erde fallen nieder vor ihm: alle, deren Name nicht seit der Erschaffung der Welt eingetragen ist ins Lebensbuch des Lammes, das geschlachtet wurde. 9 Wenn einer Ohren hat, so höre er. 10 Wer zur Gefangenschaft bestimmt ist, geht in die Gefangenschaft. Wer mit dem Schwert getötet werden soll, wird mit dem Schwert getötet. Hier muss sich die Standhaftigkeit und die Glaubenstreue der Heiligen bewähren.

11 Und ich sah: Ein anderes Tier stieg aus der Erde heraus. Es hatte zwei Hörner wie ein Lamm, aber es redete wie ein Drache. 12 Die ganze Macht des ersten Tieres übte es vor dessen Augen aus. Es brachte die Erde und ihre Bewohner dazu, das erste Tier anzubeten, dessen tödliche Wunde geheilt war. 13 Es tat große Zeichen; sogar Feuer ließ es vor den Augen der Menschen vom Himmel auf die Erde fallen. 14 Es verwirrte die Bewohner der Erde durch die Wunderzeichen, die es im Auftrag des Tieres tat; es befahl den Bewohnern der Erde, ein Standbild zu errichten zu Ehren des Tieres, das mit dem Schwert erschlagen worden war und doch wieder zum Leben kam. 15 Es wurde ihm Macht gegeben, dem Standbild des Tieres Lebensgeist zu verleihen, so dass es auch sprechen konnte und bewirkte, dass alle getötet wurden, die das Standbild des Tieres nicht anbeteten. 16 Die Kleinen und die Großen, die Reichen und die Armen, die Freien und die Sklaven, alle zwang es, auf ihrer rechten Hand oder ihrer Stirn ein Kennzeichen anzubringen. 17 Kaufen und verkaufen konnte nur, wer das Kennzeichen trug: den Namen des Tieres oder die Zahl seines Namens. 18 Hier braucht

man Kenntnis. Wer Verstand hat, berechne den Zahlenwert des Tieres. Denn es ist die Zahl eines Menschennamens; seine Zahl ist sechshundert-sechsundsechzig.

2. Kurzexegese

Während Apk 12 dem Wirken des Teufels gewidmet war, wendet sich Apk 13 dem »Tier aus dem Meer« (13,1–10) und dem »anderen Tier« (13,11–18) zu, also der zweiten und dritten Person der »teuflischen Trinität«. Dass der Visionär selbst den Drachen (12,9: identisch mit Schlange, Teufel, Satan) des Kapitels 12 und die beiden satanischen Gestalten des Kapitels 13 als zusammengehörige Trias versteht, geht eindeutig aus 16,13; 20,10 hervor. Die Kapiteltrennung hat diesen Befund überdeckt; wenn der siebenköpfige Drache an den Strand des Meeres tritt (12,18), dann ist das gleichfalls siebenköpfige »Tier«, das aus dem Meer aufsteigt (13,1), sein Spiegelbild, sein »Sohn«.

Dieser Sohn des Teufels entspricht dem Sohn Gottes, Jesus Christus (2,18; vgl. 21,22f.; 22,3). Solche antithetische Parallelität ist dem Apokalyptiker auch sonst vertraut (vgl. etwa Hure und Braut, Babylon und Jerusalem). So wird man im belebten Spiegelbild des Teufels (13,1–10) den Gegenmessias, den Antichrist (ἀντίχριστος), erkennen dürfen, auch wenn die Vokabel hier nicht begegnet (vgl. aber 1 Joh 2,18.22; 4,3; 2 Joh 7). Die Vorstellung, am Ende der Zeit werde als Gegner Gottes und seines Messias ein teuflisch-mythischer Herrscher erstehen, stammt aus der altjüdischen Literatur (vgl. schon Jes 14,4–21). Zunächst dachte man diese Rolle Antiochus IV. Epiphanes (reg. 175–164 v. Chr.) zu (Dan 7,8.24–26; 8,9–14), doch wird immer mehr der römische Kaiser zum endzeitlichen Gegenspieler des Messias (AssMos 8; syrBar 39,7; 40,1–3; vgl. Sib 5,33f. 214–227. 363–385). Seine Zeit freilich ist begrenzt; den antimessianischen Bösewicht »Armilos« (wohl: Romulus) wird dereinst der Messias ben David mit dem Wort seines Mundes töten (Targum zu Jes 11,4 v. l. u. ö. [Bill. III, S. 637–640]; vgl. 2 Thess 2,8; Apk 19,15.21). Für Johannes endet die Herrschaft des Tieres aus dem Meer nach 42 Monaten (13,5), d. h. nach dreieinhalb Jahren und damit in befristeter Zeit (vgl. 11,2.9.11; 12,6.14). Dass auch in der Joh.-Apokalypse mit dem Reich des Antichrists Rom gemeint ist, belegt die ausführliche zeitgeschichtliche Deutung Apk 17: Die sieben Köpfe des zweiten Drachen (13,1), des Reittiers der Hure (17,3), sind sowohl die Berge der Sieben-Hügel-Stadt Rom (17,9) als auch sieben römische Kaiser, zu denen auch Nero gehört (17,8–10). *Nero redivivus* (»der wiederbelebte Nero«) ist das getötete und wieder geheilte Haupt (13,3; 17,11; vgl. Sueton, Nero 57), der Antichrist schlechthin (vgl. Sib 5,363; AscJes 4,2–12).

Die antithetischen Analogien zwischen Christus und dem Antichrist sind augenfällig. Christus ist der Sonnengott (1,12–16), der sich als Mithras ausgebende Imperator dagegen ein Fürst der Tiefe und Finsternis (13,1; vgl.

9,11; 11,7; 17,8). Wie Christus Gottes Sohn ist (2,18; vgl. 21,22f.; 22,3), so ist der Antichrist der spiegelbildlich ähnliche Sohn des Teufels (13,1). Wie Christus seine Macht von Gott empfängt (5,7–14), so der Antichrist die seine vom Satan (13,2). Tödlich verwundet (13,3) wie das Lamm (5,6), aber neu belebt (13,3) wie Christus (1,17f.), wird der Antichrist ebenso inthronisiert (13,2) wie das Lamm (5,12; 22,3). Die Namen der Gotteslästerung (13,1; vgl. 17,3) konkurrieren mit den Hoheitstiteln Jesu (vgl. 1,17; 5,8–12 u. ö.). Das Kennzeichen des »Tieres«, d. h. des Antichrists (13,16f.; vgl. 14,9–11; 16,2; 19,20; 20,4), korrespondiert dem Siegel des Christus- und Gottesnamens (7,3; 14,1; vgl. 3,12).

Das »andere Tier« (13,11–18), zufolge 16,13 der falsche Prophet, ist vermutlich die priesterliche Propaganda des römischen Kaiserkults in Kleinasien (vgl. 17,7–18; 20,10). In seiner Maskerade als Widder (13,11b) imitiert es das Christuslamm (vgl. 5,6; 6,16 u. ö.), verrät jedoch durch drachenhaftes Reden seine wahre, teuflische Identität (13,11c). Wie Gottes Heiliger Geist (11,11; vgl. Gen 2,7) schenkt das zweite Tier als falscher Prophet Leben (13,15); es lässt, wie einst der Prophet Elia (1 Kön 18,24.38; 2 Kön 1,10.12.14; vgl., vom Propheten Johannes dem Täufer, 11,5), Feuer vom Himmel fallen (13,13) und ahmt damit zugleich das Feuer des Heiligen Geistes (Apg 2,3) nach. Durch seine Fähigkeit zur Überredung (13,11–14) erinnert das zweite Tier an die belehrende Funktion des Heiligen Geistes (Joh 14,26; Gal 4,6; vgl. Apk 2,7.11.17 u. ö.). Wie die falschen Christi und Pseudopropheten (Mt 24,24 par. Mk 13,22) wirkt das zweite Tier durch seine Worte und überirdischen Wundertaten als antichristlicher Verführer (13,13f.; 19,20; vgl. 2 Joh 7). Mit dem »Standbild des Tieres« (13,14f.) ist eine Statue des Antichrists, eines römischen Kaisers (Nero?) gemeint; das »Tier«, das zugleich Mensch ist und dessen gematrischer Zahlenwert 666 (wohl: NERON QESAR) beträgt (13,18), ist auf *Nero redivivus* zu deuten.

Nicht nur die Machenschaften des Teufels (Kap. 12), sondern auch die blasphemischen Ansprüche des römischen Kaisers als des Antichrists (13,1–10) und die Macht der offiziellen, religiös begründeten Kaiserverehrung (13,11–18) haben die Leser der Johannes-Offenbarung selbst erfahren; trickreich »belebte« Kaiserstatuen (13,14f.; vgl. Dan 14,1–22) sowie Verfolgung und Ausgrenzung der sich dem Kaiserkult Verweigernden (13,15–17) gehören zum Arsenal des »zweiten Tieres«. Daher handelt es sich bei den Weissagungen von Kap. 13 um *Vaticinia ex eventu*, und auch Kap. 12 wird auf dieser Ebene zum beglaubigenden *Vaticinium ex eventu*[11].

11 Zum *Vaticinium ex eventu* siehe oben S. 47.

3. Wirkungsgeschichte

Die Wirkungen von Apk 12 und Apk 13 bestehen im wesentlichen in der 12f.
apotropäischen Verwendung der teuflischen Trinität, etwa am Südostportal
des Domes in Mainz (um 1100; Abb. 20) oder am mittleren Ostchorfenster
des Domes in Worms (um 1140; Abb. 13). Der beidemale von zwei Bestien
flankierte Widder (vgl. 13,11) darf nicht etwa positiv, beispielsweise als Op- 13,11
fertier (Christus, Christen), gedeutet werden, sondern er ist die zweite Person der satanischen Trias, der Antichrist (13,1–10). Den Antichrist zwi- 13,1–10
schen zwei tiergestaltigen Monstren stellt auch die rechte Seite der
Skulpturenwand dar, die das berühmte Schottenportal der ehemaligen Klo-
sterkirche St. Jakob zu Regensburg umgibt (Abb. 44); die um 1180 entstandene Skulptur zeigt den Antichrist in Menschengestalt als thronenden Herrscher und endzeitliches, negatives Pendant zur gleichfalls thronenden Maria
mit Kind (gegenüber, unten links). Dem apotropäischen Schutz des Taufbeckens dienen drei Bestien (Löwe, Bär, Widder[?]) als Sockel der (verlorenen) Kufe in Wörsdorf bei Idstein im Taunus (um 1300); der Bezug zum
Antichrist, jedoch nicht zur dämonischen Trias von Apk 12f. fehlt, wenn
drei gleichgestaltige Löwen die Taufkufe tragen, so in Friedberg (um 1280)
und bei den oberhessischen Löwentaufsteinen des späten 13. und frühen 14.
Jahrhunderts.

Seit der christlichen Spätantike wurde in den eschatologischen Spekulationen die Gestalt des Antichrists immer wichtiger. Sie gehört zu den Welt-
untergangsängsten der Zeit um 1000 ebenso wie zu den Dramatisierungen
dieser Ängste in den Mysterienspielen des hohen und späteren Mittelalters.
Bedeutsam für die Ikonographie des Antichrists als eines mächtigen, widergöttlichen Herrschers der Endzeit wurde vor allem der *Ludus de Antichristo*
(»Spiel vom Antichrist«), ein um 1160 in Tegernsee entstandenes lateini-
sches Festspiel vom Triumph Christi über die Herrschaft des Antichrists.
Immer wieder hat man missliebige theologische oder politische Gegner mit
dem Antichrist bzw. dem Tier aus dem Meer oder Abgrund gleichgesetzt –
von dem Stauferkaiser Friedrich II. über Päpste bis zu Napoleon, Hitler und
Stalin. Wo in der mittelalterlichen Bauplastik oder Graphik drei zusammengehörige oder auch dreiköpfige Ungeheuer vorkommen, handelt es sich um
die Bestien von Apk 12f. bzw., was dasselbe ist, um den Antichrist mit seinen
beiden Adjutanten. Ein Teil der Ketzereivorwürfe gegen die Ritter des 1307–
1312 gewaltsam ausgerotteten Templerordens dürfte hier seine Ursache haben.

Von der Verwandlungskunst des Teufels und seiner Dämonen war schon
das Neue Testament überzeugt (vgl. Mt 7,15; 2 Kor 11,14f.). Wie der antichristliche Widder (Apk 13,11) den Christus-Widder (Apk 5,6) imitiert, so 13,11
gilt in Antike und Mittelalter der Affe als Imitator des Menschen und der
Gottheit (*simia Dei*), zugleich als Bild des Bösen und Hässlichen. Der Phy-

siologus, eine seit etwa 1070 in deutscher Sprache vorliegende, spätantike, aber immer wieder christlich bearbeitete Beschreibung der Natur und ihrer Phänomene, sieht im Affen ein Abbild des Teufels. Ein affengestaltiger Teufel hat den Steinmetz von der Galerie des Ostchors des Domes zu Worms (um 1140) in seine Gewalt gebracht; er schützt das Kirchengebäude vor dämonischer Gefährdung, ebenso wie der sitzende Affe in der nördlichen Kapitellzone des Südostportals des Mainzer Doms (um 1100), der einen Apfel in der Hand hält. Dabei dürfte es sich um den »Apfel« des Sündenfalls (Gen 3,1–6) handeln, der in der Hand eines satanisch-apotropäischen Affen auch sonst gelegentlich begegnet (Aub [um 1260], ferner Schwarzrheindorf, Heisterbach, Erfurt, Goslar u. a.). Zu den apotropäischen Gestalten der Taufsteinsockel in Bingen (um 1470; jetzt Darmstadt) und Kallstadt (um 1500; jetzt Bad Dürkheim) gehört auch der Affe, und eine Affenskulptur am 1689 zerstörten mittelalterlichen Brückenturm in Heidelberg war zweifellos nicht scherzhaft, sondern zur magischen Abwehr feindlicher Eindringlinge gedacht.

Kapitel 14

1. Text

1 Und ich sah: Das Lamm stand auf dem Berg Zion, und bei ihm waren hundertvierundvierzigtausend; auf ihrer Stirn trugen sie seinen Namen und den Namen seines Vaters. 2 Dann hörte ich eine Stimme vom Himmel her, die dem Rauschen von Wassermassen und dem Rollen eines gewaltigen Donners glich. Die Stimme, die ich hörte, war wie der Klang der Harfe, die ein Harfenspieler schlägt. 3 Und sie sangen ein neues Lied vor dem Thron und vor den vier Lebewesen und vor den Ältesten. Aber niemand konnte das Lied singen lernen außer den hundertvierundvierzigtausend, die freigekauft und von der Erde weggenommen worden sind. 4 Sie sind es, die sich nicht mit Weibern befleckt haben; denn sie sind jungfräulich. Sie folgen dem Lamm, wohin es geht. Sie allein unter allen Menschen sind freigekauft als Erstlingsgabe für Gott und das Lamm. 5 Denn in ihrem Mund fand sich keinerlei Lüge. Sie sind ohne Makel.

6 Dann sah ich: Ein anderer Engel flog hoch am Himmel. Er hatte den Bewohnern der Erde ein ewiges Evangelium zu verkünden, allen Nationen, Stämmen, Sprachen und Völkern. 7 Er rief mit lauter Stimme: Fürchtet Gott, und erweist ihm die Ehre! Denn die Stunde seines Gerichts ist gekommen. Betet ihn an, der den Himmel und die Erde, das Meer und die Wasserquellen geschaffen hat.

8 Ein anderer Engel, ein zweiter, folgte und rief: Gefallen, gefallen ist Babylon, die Große, die alle Völker betrunken gemacht hat mit dem Zornwein ihrer Hurerei.

9 Ein anderer Engel, ein dritter, folgte ihnen und rief mit lauter Stimme: Wer das Tier und sein Standbild anbetet und wer das Kennzeichen auf seiner Stirn oder seiner Hand annimmt, 10 der muss den Wein des Zornes Gottes trinken, der unverdünnt im Becher seines Zorns gemischt ist. Und er wird mit Feuer und Schwefel gequält vor den Augen der heiligen Engel und des Lammes. 11 Der Rauch von ihrer Peinigung steigt auf in alle Ewigkeit, und alle, die das Tier und sein Standbild anbeten und die seinen Namen als Kennzeichen annehmen, werden bei Tag und Nacht keine Ruhe haben. 12 Hier muss sich die Standhaftigkeit der Heiligen bewähren, die an den Geboten Gottes und an der Treue zu Jesus festhalten. 13 Und ich hörte eine Stimme vom Himmel her rufen: Schreibe! Selig die Toten, die im Herrn sterben, von jetzt an; ja, spricht der Geist, sie sollen ausruhen von ihren Mühen; denn ihre Werke begleiten sie.

14 Dann sah ich eine weiße Wolke. Auf der Wolke thronte einer, der wie ein Menschensohn aussah. Er trug einen goldenen Kranz auf dem Haupt und eine scharfe Sichel in der Hand. 15 Und ein anderer Engel kam aus dem Tempel und rief dem, der auf der Wolke saß, mit lauter Stimme zu: Schick deine Sichel aus, und ernte! Denn die Zeit zu ernten ist gekommen: Die Frucht der Erde ist reif geworden. 16 Und der, der auf der Wolke saß, schleuderte seine Sichel über die Erde, und die Erde wurde abgeerntet.

17 Und ein anderer Engel trat aus dem himmlischen Tempel. Auch er hatte eine scharfe Sichel. 18 Vom Altar her kam noch ein anderer Engel, der die Macht über das Feuer hatte. Dem, der die scharfe Sichel trug, rief er mit lauter Stimme zu: Schick deine scharfe Sichel aus, und ernte die Trauben vom Weinstock der Erde! Seine Beeren sind reif geworden. 19 Da schleuderte der Engel seine Sichel auf die Erde, erntete den Weinstock der Erde ab und warf die Trauben in die große Kelter des Zornes Gottes. 20 Die Kelter wurde draußen vor der Stadt getreten, und Blut strömte aus der Kelter; es stieg an, bis an die Zügel der Pferde, eintausendsechshundert Stadien weit.

2. Kurzexegese

Nur scheinbar wirkt Kapitel 14, das letzte Stück der siebten Posaune (11,15–14,20), als abrupter Neueinsatz gegenüber den Kapiteln 12 und 13. In Wirklichkeit handelt es sich bei 14,1–13 um die von Kap. 12 und 13 »beglaubigte« echte Weissagung, um das bislang noch ausstehende *Vaticinium*. Wenn die Zeit der teuflischen Trinität abgelaufen ist, werden sich die 144 000 Mitglieder des neuen Zwölf-Stämme-Bundes (vgl. 7,4–8) auf dem Zionsberg um den Messias sammeln (14,1–5).

Als Auftakt dieser auf die Zukunft gerichteten »echten« Prophezeiung darf vermutlich 13,18 gelten, das Bindeglied zwischen Kap. 13 und Kap. 14: Der antichristliche Herrscher wird durch Entschlüsselung der Zahl 666 entlarvt als *Nero redivivus,* der Herrscher »Babylons«, d. h. Roms, dessen Fall in 14,6–13 angekündigt wird. Die 144 000 (14,1–5) sind die Soldaten des Messias im endzeitlichen »heiligen Krieg« (vgl. 19,11–21); als solche sind sie zur sexuellen Enthaltsamkeit verpflichtet (14,4; vgl. Dtn 23,10f.; 1 Sam 21,6; 2 Sam 11,9.11.13; 1 QM 7,3–6). Dabei legt sich der Gedanke an ein enkratitisches Taufgelübde nahe (vgl. 1 Tim 4,3; Act Thom 89–98; Epiphanius, haer. [Panarion] 47); zwischen ehelichem Geschlechtsverkehr und Unzucht wird so wenig unterschieden wie bei Tatian (Epiphanius, haer. 46,2,1). Daher wird man die von den 144 000 gemiedene »Befleckung« nicht ohne weiteres mit »Unzucht« im Sinne von Götzendienst (14,8; auch 9,21; 17,5; 18,3 in der Tradition von Jes 1,21; Jer 3,1–4,4; Ez 16,1–63; 23,1–49; Hos 1–4; 6,10 u. ö.) gleichsetzen können, auch wenn schon die altkirchliche Exegese den Beleg so verstanden hat. Eine möglicherweise aus syrischen Asketenkreisen stammende Sondertradition ist nicht mit Sicherheit auszuschließen. Zur Situation (Thron, vier Lebewesen, 24 Älteste; 14,3) ist 4,2–6 zu vergleichen, zum Lied 5,9f.: Jesu Streitmacht wird auf der Erde herrschen.

Das *Vaticinium* bleibt zukunftsbezogen. Drei Engel (14,6f.; 14,8; 14,9–13) rufen auf zur Anbetung des Schöpfers und zur Standhaftigkeit angesichts des bevorstehenden Gerichts. Rom, erstmals hier von Johannes als Hure Babylon bezeichnet (14,8; siehe weiter unten 16,19 und vor allem zu 17,1–6), wird stürzen (14,8; vgl. 18,2–24; 19,2f.). Der Ruf des dritten Engels bezieht sich zurück (zu 14,9 vgl. 13,14) und greift voraus (zu 14,10f. vgl. 19,3). Diesmal soll der Seher nicht »versiegeln« (10,4), sondern aufschreiben (14,13, wie 1,19; 2,1.8 usw.), denn die Zeit des Gerichts ist gekommen. Mit der dreifach gegliederten Schilderung des Zorngerichts (14,14–20) erreicht die Vision der siebten Posaune und des dritten »Wehe« Höhepunkt und Abschluß.

3. Wirkungsgeschichte

14,1–5 Für das Selbstverständnis der mittelalterlichen Ritter, insbesondere der Teilnehmer an den Kreuzzügen (1096–1291) und der Mitglieder der geistlichen Ritterorden (Templer, Johanniter/Malteser, Deutscher Orden), bedeutete Apk 14,1–5 eine biblische Begründung ihres Einsatzes als *Militia Christi* (»Heer Christi«). Wo das Lamm unter Sternen den Mittelpunkt des Gewölbes bildet, etwa als Mosaik in Ravenna (San Vitale, 6. Jh.), nehmen die darunter stehenden Gottesdienstbesucher die Stelle der 144 000 (Apk 14,1–5) ein. Wenn auf Wand- und Altargemälden Menschen das thronende Lamm umstehen (vgl. Gent, 1432; Tafel 2), ist kaum eindeutig festzustellen, ob an Apk 7,4–8, an Apk 7,9–11, an Apk 14,1–5 oder an Apk 21,23–27; 22,3 gedacht ist, zumal schon in der Textvorlage stets der himmlische Hofstaat mit vertreten ist.

Kapitel 15

1. Text

1 Dann sah ich ein anderes Zeichen am Himmel, groß und wunderbar. Ich sah sieben Engel mit sieben Plagen, den sieben letzten; denn in ihnen erreicht der Zorn Gottes sein Ende. 2 Dann sah ich etwas, das einem gläsernen Meer glich und mit Feuer durchsetzt war. Und die Sieger über das Tier, über sein Standbild und über die Zahl seines Namens standen auf dem gläsernen Meer und trugen die Harfen Gottes. 3 Sie sangen das Lied des Mose, des Knechtes Gottes, und das Lied zu Ehren des Lammes: Groß und wunderbar sind deine Taten, Herr, Gott und Herrscher über die ganze Schöpfung. Gerecht und zuverlässig sind deine Wege, du König der Völker. 4 Wer wird dich nicht fürchten, Herr, wer wird deinen Namen nicht preisen? Denn du allein bist heilig: Alle Völker kommen und beten dich an; denn deine gerechten Taten sind offenbar geworden. 5 Danach sah ich: Es öffnete sich der himmlische Tempel, das Zelt des Zeugnisses im Himmel. 6 Und die sieben Engel mit den sieben Plagen traten heraus; sie waren in reines, glänzendes Leinen gekleidet und trugen um ihre Brust einen Gürtel aus Gold. 7 Und eines der vier Lebewesen reichte den sieben Engeln sieben goldene Schalen; sie waren gefüllt mit dem Zorn des Gottes, der in alle Ewigkeit lebt. 8 Und der Tempel füllte sich mit dem Rauch der Herrlichkeit und Macht Gottes. Niemand konnte den Tempel betreten, bis die sieben Plagen aus der Hand der sieben Engel zu ihrem Ende gekommen waren.

2. Kurzexegese

Mit Kapitel 15 eröffnet der Visionär eine neue Siebenerreihe endzeitlicher Plagen (vgl. 6,1–8,1; 8,2–14,20): die Reihe der sieben Schalen des göttlichen Zorns (15,1–19,10). Mit den sieben Posaunenvisionen (8,2–14,20) haben die Schalenvisionen nicht nur die sieben Offenbarer-Engel gemeinsam, sondern auch das auf die Siebenzahl reduzierte Urbild der zehn Plagen vor dem Auszug Israels aus Ägypten (Ex 7,1–12,36). Der christliche Apokalyptiker will jedoch seine Hebdomaden nicht parallel gelesen wissen - etwa im Sinne einer »Rekapitulation« wie bei Victorin von Pettau –, sondern als zeitliche Abfolge. Angesichts der Häufigkeit und Ähnlichkeit erlebter oder vom Hörensagen bekannter Katastrophen haben die ersten Leser und Hörer Kriege und Naturkatastrophen nicht als Dubletten empfunden, sondern als *Vaticinia* auf das immer näher kommende Ende dieser Welt.

Der 15,1 angekündigten und gedeuteten Vision der sieben Engel (15,5ff.) ist als Auftakt die Szene der am »gläsernen Meer« musizierenden Sieger vorgeschaltet (15,2–4). Das »gläserne Meer«, das »mit Feuer durchsetzt war«, ist vermutlich das von oben gesehene, von Blitzen durchzuckte Himmelsgewölbe (vgl. 4,6). Das zu Ehren des Mose und des Lammes gesungene Lied (15,3f.) ist ein und dasselbe Lied; Jesus kann im Bild eines neuen Mose verehrt werden (vgl. 11,3–14; ferner Apg 3,22–26 nach Dtn 18,15.18). Zu alttestamentlichen Moseliedern (vgl. Ex 15,1–21; Dtn 31,30–32,44) bestehen keine inhaltlichen Bezüge, wohl aber zu Apk 13,1–10.14f. 18 (15,2). Noch einmal öffnet sich der Himmel (15,5; vgl. 4,1). Wie die sieben Strafengel der Posaunenvisionen (8,2–14,20) gemahnen die Engel der definitv »sieben letzten« Plagen (15,1) an die sieben Rachengel von Ez 9,1–11. Ihre Kleidung (15,6) erinnert an Apk 1,13 (vgl. Ez 9,2; Dan 7,9; 10,5): Wie Helios, so gehören auch die sieben Planeten zur himmlischen Lichtwelt. Nicht Dämonen der Finsternis, sondern Gottes Engel werden das Ende herbeiführen.

Wie in der Vision von den vier Apokalyptischen Reitern (6,1–8) haben auch hier die vier Lebewesen von Apk 4,6–8 die Funktion vornehmer Diener; eines von ihnen überreicht die sieben goldenen Schalen (15,7). Goldene Schalen voll Räucherwerk brachten die vier Lebewesen und die 24 Ältesten zufolge 5,8 als Huldigungsgabe dar; da sie die »Gebete der Heiligen« enthielten (5,8b), könnte daran gedacht sein, dass diese Gebete von genau denselben Schalen aus im strafenden Vollzug erfüllt werden sollen (vgl. 6,10; 8,3–5). Bei den φιάλαι ist mit Sicherheit nicht an verschließbare, krug- oder flaschenähnliche Gefäße gedacht, sondern an flache Schalen mit breitem Boden und geringer Tiefe, wie sie zum Trinken oder als Opferschalen (vgl. 5,8) benutzt wurden.

3. Wirkungsgeschichte

15,1–8 Bei den Holzschnitten, mit denen die Blockbücher des 15. Jahrhunderts den Text Apk 15,1–16,21 illustrieren, fällt auf, dass die Strafengel keine Schalen, sondern Flaschen auf die Erde, auf Meer, Flüsse, Städte und Menschen ausgießen. Als prominentes Beispiel sei die um 1460 entstandene Apokalypse der Sammlung Este in Modena[12] genannt; die Holzschnitte zeigen übereinstimmend, wie die Flaschen richtiggehend, den Flaschenboden zuoberst, leerlaufen[13] (vgl. unsere Abb. 51).

Diese Ungenauigkeit gegenüber dem griechischen Originaltext kann nur daher kommen, dass die Vulgata φιάλη nicht übersetzt, sondern die Transkription *phiala* als Lehnwort beibehalten hat. Das ließ sich leicht als die Phiole (*fiala, fiola*), die Flasche der Chemiker und Alchimisten, verstehen, für die der lange, enge Hals charakteristisch ist.

Dieser schmale Hals fehlt zwar in den Illustrationen der Blockbücher zu Apk 15f.; er könnte jedoch namengebend für die Fialen der gotischen Ar-

---

12   Jetzt Biblioteca Estense Universitaria, Modena, Sign. α. D. 5.22.
13   Vgl. die Faksimile-Ausgabe von Sergio Samek Ludovici und Cesare Angelini, Parma/ Genf 1974, S. 153–163.

chitektur gewirkt haben. Diese als Flankierungen der Wimperge oder Bekrönungen der Strebepfeiler auftretenden, schlanken, zumeist krabbenbesetzten Türmchen lösen den horizontalen Umriss des Gebäudes vielfach ins Vertikale auf; sie werden bis heute ausschließlich als Ziermotiv gedeutet. Wenn aber den Baumeistern des Mittelalters noch die aus dem Himmel den Dächern und Fenstern drohende Gefahr – etwa durch Sturm, Blitzschlag und Hagel – bewusst war, dann sind auch die Fialen, nicht anders als die Wasserspeier und sonstigen Dämonenskulpturen am Außenbau, apotropäisch gemeint: als Spiegelzauber gegen die Plagen von Apk 15f.

Kapitel 16

1. Text

1 Dann hörte ich, wie eine laute Stimme aus dem Tempel den sieben Engeln zurief: Geht und gießt die sieben Schalen mit dem Zorn Gottes über die Erde! 2 Der erste ging und goss seine Schale über das Land. Da bildete sich **ein böses und schlimmes Geschwür an den Menschen, die das Kennzeichen des Tieres trugen und sein Standbild anbeteten.**

3 Der zweite Engel goss seine Schale über das Meer. Da wurde es zu Blut, **das aussah wie das Blut eines Toten; und alle Lebewesen im Meer starben.**

4 Der dritte goss seine Schale über die Flüsse und Quellen. Da wurde **alles zu Blut. 5 Und ich hörte den Engel, der die Macht über das Wasser hat, sagen: Gerecht bist du, der du bist und der du warst, du Heiliger; denn damit hast du ein gerechtes Urteil gefällt. 6 Sie haben das Blut von Heiligen und Propheten vergossen; deshalb hast du ihnen Blut zu trinken gegeben, so haben sie es verdient. 7 Und ich hörte eine Stimme vom Brandopferaltar her sagen: Ja, Herr, Gott und Herrscher über die ganze Schöpfung. Wahr und gerecht sind deine Gerichtsurteile.**

8 Der vierte Engel goss seine Schale über die Sonne. Da wurde ihr Macht **gegeben, mit ihrem Feuer die Menschen zu verbrennen. 9 Und die Menschen verbrannten in der großen Hitze. Dennoch verfluchten sie den Namen Gottes, der die Macht über diese Plagen hat. Sie bekehrten sich nicht dazu, ihm die Ehre zu geben.**

10 Der fünfte Engel goss seine Schale über den Thron des Tieres. Da kam **Finsternis über das Reich des Tieres, und die Menschen zerbissen sich vor Angst und Schmerz die Zunge. 11 Dennoch verfluchten sie den Gott des Himmels wegen ihrer Schmerzen und ihrer Geschwüre; und sie ließen nicht ab von ihrem Treiben.**

12 Der sechste Engel goss seine Schale über den großen Strom, den Euphrat. Da trocknete sein Wasser aus, so dass den Königen des Ostens der **Weg offen stand. 13 Dann sah ich aus dem Maul des Drachen und aus dem**

Maul des Tieres und aus dem Maul des falschen Propheten drei unreine Geister hervorkommen, die wie Frösche aussahen. 14 Es sind Dämonengeister, die Wunderzeichen tun; sie schwärmten aus zu den Königen der ganzen Erde, um sie zusammenzuholen für den Krieg am großen Tag Gottes, des Herrschers über die ganze Schöpfung. 15 Siehe, ich komme wie ein Dieb. Selig, wer wach bleibt und sein Gewand anbehält, damit er nicht nackt gehen muss und man seine Blöße sieht. 16 Die Geister führten die Könige an dem Ort zusammen, der auf hebräisch Harmagedon heißt. 17 Und der siebte Engel goss seine Schale über die Luft. Da kam eine laute Stimme aus dem Tempel, die vom Thron her rief: Es ist geschehen. 18 Und es folgten Blitze, Stimmen und Donner; es entstand ein gewaltiges Erdbeben, wie noch keines gewesen war, seitdem es Menschen auf der Erde gibt. So gewaltig war dieses Beben. 19 Die große Stadt brach in drei Teile auseinander, und die Städte der Völker stürzten ein. Gott hatte sich an Babylon, die Große, erinnert und reichte ihr den Becher mit dem Wein seines rächenden Zornes. 20 Alle Inseln verschwanden, und es gab keine Berge mehr. 21 Und gewaltige Hagelbrocken, zentnerschwer, stürzten vom Himmel auf die Menschen herab. Dennoch verfluchten die Menschen Gott wegen dieser Hagelplage; denn die Plage war über die Maßen groß.

2. Kurzexegese

Wie in Apk 8,2–14,20 die sieben Engel nacheinander ihre Posaunen blasen, so gießen sie in Apk 16,1–21 nacheinander ihre Schalen aus. Dass auch die Plagen der Schalenengel aus Ex 7,1–12,36 stammen, jedoch teilweise andere als die der Posaunenengel sind, zeigt, dass die Redaktionen der ägyptischen Plagen für Apk 8,2–14,20 und für Apk 15,1–19,10 unabhängig voneinander vorgenommen wurden, unserem Visionär also bereits Traditionsstücke vorlagen. Kleinere Unterschiede sowohl zwischen Ex 7–12 und Apk 16 einerseits als auch zwischen Apk 16 und Apk 8–11 andererseits (Umstellungen in der Reihenfolge!) können hier nicht behandelt werden; Versuche, einzelne Katastrophen als *Vaticinia ex eventu* zeitgeschichtlich zu bestimmen, sind angesichts des traditionellen Charakters auch der Schalenplagen zum Scheitern verurteilt.

Die sechste Schalenplage (16,12–16) entspricht der sechsten Posaunenplage (9,13–11,14); das alttestamentliche Vorbild ist Ex 8,1–11. Aus den »Gewässern Ägyptens« (Ex 8,2) ist der Euphrat geworden (16,12; so auch 9,14), aus der ganz Ägypten überziehenden Froschplage eine Trias von drei Fröschen, die aus den Mäulern von Drache, Tier und falschem Prophet hervorgehen (16,13). Ausdrücklich werden die Monstren von Apk 12f. gemeinsam genannt (vgl. 20,10). Die Frösche sind gleichsam die zweite Generation der »teuflischen Trinität«. Ihre Herkunft aus Mündern weist darauf hin, dass ihre frevlerische Wirksamkeit im Reden besteht (vgl. schon 13,5f.11–

18). Die froschgestaltigen Dämonen überreden die Könige der ganzen Erde (vgl. 16,12) zum endzeitlichen Krieg in »Harmagedon« (16,14.16). Dieser Ortsname ist eine Kontamination aus *Har* (»Berg«) und Megiddo (vgl. u. a. Jos 12,21; 17,11; Ri 1,27; 5,19; Sach 12,11); die endzeitliche Entscheidungsschlacht findet am Weltenberg und zugleich an einem geschichtlich berühmten Kriegsschauplatz statt.

Mit der Zerstörung »Babylons«, d. h. Roms (16,17–21) hatte die Vorlage des Apokalyptikers offenbar geendet. Johannes erweiterte die Vision der siebten Schale um 17,1–19,10; dadurch erscheint der Untergang »Babylons« als Dublette (18,1–24) bzw. 16,19 als Ausblick auf die sehr viel ausführlicheren Visionen 17,1–19,10. Bereits die siebte Posaunenvision hatte der Apokalyptiker über den ursprünglichen Bestand (11,15–19) hinaus erweitert (12,1–14,20); dadurch entstand eine doppelte Gerichtsvision (14,14–20 par. 20,11–15). Die romfeindliche Tendenz von 16,17–19,10 dürfte aus der Vorlage der sieben Schalenvisionen stammen; aus dem blutigen Massaker an den Ägyptern (Ex 12,28–36) wurde in der siebten Posaunenvision ein blutiges Weltgericht (14,14–20), in der siebten Schalenvision der Untergang Roms und der Tod seiner Anhänger (18,1–24; 19,2f.; vgl. 19,19–21).

3. Wirkungsgeschichte

Auch im volkskundlichen Bereich haben es Frösche bzw. Kröten mit dem Reden zu tun. Im Märchen »Die drei Männlein im Walde« (Brüder Grimm, Kinder- und Hausmärchen, Nr. 13) springt bei jedem Wort, das die Tochter der bösen Stiefmutter spricht, aus ihrem Mund eine Kröte hervor (vgl. Apk 16,13). Als dämonische Unglücksbotin erscheint die Kröte in der Rübezahlsage; dem Laubfrosch schreibt der Volksglaube noch heute die Fähigkeit zu, künftiges Wetter »vorherzusagen«.

In der mittelalterlichen Kunst behält der Frosch die Rolle des beredten Verführers. »Frau Welt«, eine Statue im Umfeld des gotischen Südportals des Wormser Domes (um 1300), auf ihrer Vorderseite verehrt von einem knienden Ritter, zeigt auf ihrer Rückseite die Symbole ihrer Verführungskunst: Frösche und Schlangen. Auf dem Handlauf der Kanzeltreppe (um 1510) des Domes St. Stephan zu Wien kriechen steinerne Frösche und Echsen (Salamander?) zum Kanzelkorb empor. Bedrohen sie den Prediger? Wollen sie ihn zu ketzerischen Äußerungen verführen? Wahrscheinlich handelt es sich bei diesen ikonographisch singulären Skulpturen, wie bei Dämonenmasken und Wasserspeiern, um apotropäischen Spiegelzauber. Im Wissen um die Verführbarkeit des Predigers wollen ihn die Symbole teuflischer Beredsamkeit vor Sünden der Zunge (vgl. Jak. 3,5–10) bewahren.

16,13f.

79

Kapitel 17

1. Text

1 Dann kam einer der sieben Engel, welche die sieben Schalen trugen, und sagte zu mir: Komm, ich zeige dir das Strafgericht über die große Hure, die an den vielen Gewässern sitzt. 2 Denn mit ihr haben die Könige der Erde Unzucht getrieben, und vom Wein ihrer Hurerei wurden die Bewohner der Erde betrunken. 3 Der Geist ergriff mich, und der Engel entrückte mich in die Wüste. Dort sah ich eine Frau auf einem scharlachroten Tier sitzen, das über und über mit gotteslästerlichen Namen beschrieben war und sieben Köpfe und zehn Hörner hatte. 4 Die Frau war in Purpur und Scharlach gekleidet und mit Gold, Edelsteinen und Perlen geschmückt. Sie hielt einen goldenen Becher in der Hand, der mit dem abscheulichen Schmutz ihrer Hurerei gefüllt war. 5 Auf ihrer Stirn stand ein Name, ein geheimnisvoller Name: Babylon, die Große, die Mutter der Huren und aller Abscheulichkeiten der Erde. 6 Und ich sah, dass die Frau betrunken war vom Blut der Heiligen und vom Blut der Zeugen Jesu. Beim Anblick der Frau ergriff mich großes Erstaunen.

7 Der Engel aber sagte zu mir: Warum bist du erstaunt? Ich will dir das Geheimnis der Frau enthüllen und das Geheimnis des Tieres mit den sieben Köpfen und zehn Hörnern, auf dem sie sitzt. 8 Das Tier, das du gesehen hast, war einmal und ist jetzt nicht; es wird aber aus dem Abgrund heraufsteigen und dann ins Verderben gehen. Staunen werden die Bewohner der Erde, deren Namen seit der Erschaffung der Welt nicht im Buch des Lebens verzeichnet sind. Sie werden bei dem Anblick des Tieres staunen; denn es war einmal und ist jetzt nicht, wird aber wieder da sein. 9 Hier braucht man Verstand und Kenntnis. Die sieben Köpfe bedeuten die sieben Berge, auf denen die Frau sitzt. Sie bedeuten auch sieben Könige. 10 Fünf sind bereits gefallen. Einer ist jetzt da, einer ist noch nicht gekommen; wenn er dann kommt, darf er nur kurze Zeit bleiben. 11 Das Tier aber, das war und jetzt nicht ist, bedeutet einen achten König und ist doch einer von den sieben und wird ins Verderben gehen. 12 Die zehn Hörner, die du gesehen hast, bedeuten zehn Könige, die noch nicht zur Herrschaft gekommen sind; sie werden aber königliche Macht für eine einzige Stunde erhalten, zusammen mit dem Tier. 13 Sie sind eines Sinnes und übertragen ihre Macht und Gewalt dem Tier. 14 Sie werden mit dem Lamm Krieg führen, aber das Lamm wird sie besiegen. Denn es ist der Herr der Herren und der König der Könige. Bei ihm sind die Berufenen, Auserwählten und Treuen.

15 Und er sagte zu mir: Du hast die Gewässer gesehen, an denen die Hure sitzt; sie bedeuten Völker und Menschenmassen, Nationen und Sprachen. 16 Du hast die zehn Hörner und das Tier gesehen; sie werden die Hure hassen, ihr alles wegnehmen, bis sie nackt ist, werden ihr Fleisch fressen

und sie im Feuer verbrennen. 17 Denn Gott lenkt ihr Herz so, dass sie seinen Plan ausführen: Sie sollen einmütig handeln und ihre Herrschaft dem Tier übertragen, bis die Worte Gottes erfüllt sind. 18 Die Frau aber, die du gesehen hast, ist die große Stadt, die die Herrschaft hat über die Könige der Erde.

2. Kurzexegese

Obwohl mit 16,21 die siebte Schalenvision abgeschlossen sein könnte (16,17–21), subsumiert der Autor noch die Entfaltung eines großen Themas – angeregt durch 16,19 – unter die bis 19,10 ausgedehnte Vision des siebten Schalenengels (17,1): Beschreibung, Deutung, Fall und Strafe der »Hure Babylon«, d. h. der Stadt Rom und der römischen Herrschaft (17,1– 19,10). Johannes verfährt mit der siebten Schalenvision wie mit der siebten Posaunenvision, die er nach einem scheinbaren Abschluss (11,19) um die Visionen der teuflischen Trinität einschließlich der Erscheinung, Gefährdung und Errettung der Himmelsfrau (12,1–13,18) sowie um die Schau der 144000 und des Gerichts (14,1–20) erweitert. Durch diesen kompositorischen Kunstgriff werden die jeweils ersten sechs Visionen der Posaunen und der Schalen zu *Vaticinia ex eventu* für das echte *Vaticinium*: dort wird die Weissagung des Endes der teuflischen Trinität im Gericht (14,6–20) beglaubigt, hier der Untergang Roms mitsamt der Klage seiner Anhänger auf Erden und dem Jubel seiner Gegner im Himmel (17,1–19,10). Schon die Komposition der Johannes-Apokalypse verrät, dass Himmelsfrau/Jerusalem (12,1–18) und Hure Babylon/Rom (17,1–19,10), jeweils in der siebten Posaunen- und Schalenvision auftretend, einander antithetisch entsprechen.

Den Namen der »großen Hure« nennt 17,5: Babylon (vgl. schon 14,8; 16,19 und dann 18,2.10.21). Schon in altjüdischer Tradition kann eine widergöttlich-dämonische Weltmacht »Babylon« heißen (vgl. Jer 50,1–51,58; Ez 21,24–32; 24,2; JosAnt 10,131–141; CD 1,6). Die metaphorische Umschreibung Roms durch das seit dem Babylonischen Exil (587–539 v. Chr.) negativ qualifizierte »Babylon« ist jüdischen Ursprungs (Sib 5,143.158–161; MidrSchir 1,6 [89a] u. ö.); dass »Babylon« Rom bedeutet, war auch den Lesern des Neuen Testaments geläufig (vgl. 1 Petr 5,13). Seit Hosea (Hos 1–4) ist Hurerei ein Deckwort für Götzendienst (vgl. Jes 1,21; Jer 3,1–4,4; Ez 16,1–63; 23,1–49). So ist Rom, ein Zentrum des heidnischen Götzendienstes, für Juden und Christen die »Hure Babylon«.

Ganz bewusst zeichnet der Apokalyptiker die Hure Babylon als Gegenbild zur Himmelsfrau (außer Apk 12 vgl. Apk 19.21f.). Wie das erste Auftreten der Himmelsfrau den Höhepunkt der siebten Posaune bildet (12,1f.), so das erste Auftreten der Hure Babylon den Höhepunkt der siebten Schale (17,1–6). Beide Frauen sind Allegorien einer Hauptstadt (πόλις, 17,18; 21,10): Babylon ist Rom, die Stadt auf den sieben Hügeln (17,9.18); ihr entspricht im Gegenbild Jerusalem, die Tochter Zion (12,1–6.13–17). »Babylon« = Rom steht für das Imperium Romanum, »Jerusalem« für das (neue) Israel aus den zwölf Stämmen (12,1; vgl. 7,5–8), nämlich die Kirche aus sieben Gemeinden (1,11.20; 2,1–3,22), die den sieben Hügeln Roms (17,9) vergleichbar sind. Gekrönte Herrscherinnen sind beide (12,1; 17,5); beide haben Vasallen und Untertanen (17,2.15.18; 21,3.24). Der reichen, am Vorbild der heidnischen Herrscherin orientierten Tracht der Hure, bestehend aus kostbaren roten Stoffen (Purpur, Scharlach), aus Gold, Edelsteinen und Perlen (17,4), entspricht antithetisch die schlichte, reine, weiße Leinwand der zur Hochzeit mit dem Messias bereiten Braut, d. h. der Kirche (19,7f.).

Das Reittier der Hure ist das siebenköpfige, zehnfach gehörnte Ungeheuer (17,3), das zufolge 12,18; 13,1 als Spiegelbild des teuflischen Drachen (12,3–18) aus dem Meer aufgestiegen ist; daher sitzt die prächtige Reiterin – wie Rom am Tiber – »an den vielen Gewässern« (17,1). Das Monstrum von 13,1–10 ist die zweite Person der »teuflischen Trinität«, der Anti-Christus und Antipode des erhöhten Herrn (vgl. 1,12–17). Ihn erkannte der Visionär im römischen Kaiser; Rom und sein Herrscher gehören zusammen. Die *Dea Roma* reitet auf dem karikierten Imperator und gleicht damit den vorderasiatischen Göttinnen heidnischer Fruchtbarkeitskulte (z. B. der *Magna Mater*).

Wie wenig festgelegt die Symbole des visionären Grundbestands gegenüber den Deutungen des Apokalyptikers sind, zeigt der Umstand, dass der Deuteengel die sieben Köpfe zunächst auf die sieben Berge Roms, dann aber auch auf sieben römische Herrscher beziehen kann (17,9). Offenbar verbergen sich in 17,9–14 gleich zwei *Vaticinia ex eventu*. Von den sieben Kaisern (17,9) sind fünf bereits tot; einer regiert, und der siebte, der nur kurze Zeit regieren wird, steht noch aus (17,10). Das antichristliche Tier jedoch wird als achter Kaiser regieren; *Nero redivivus* ist einer der sieben (17,11): Nero (reg. 54–68 n. Chr.) zumindest gehört also der Vergangenheit an. Leider wissen wir nicht, mit welchem von sieben römischen Kaisern die Reihe beginnen soll und wie viele Regenten des Jahres 69 n. Chr. (Galba, Otho, Vitellius) mitgezählt worden sind; so lässt sich aus den eigentlich auflösbaren Angaben des *Vaticinium ex eventu* das Entstehungsdatum der Johannes-Offenbarung nicht mehr bestimmen. Unklar bleibt auch die apokalyptische Aktualisierung der zehn Hörner von Dan 7,7f.20.24 (vgl. schon Apk 12,3; 13,1) durch eine Deutung auf zehn römische Vasallenkönige (17,12–14), die den Lesern zumindest teilweise bekannt gewesen sein dürften. Aus 17,15–18 geht hervor, dass der Visionär ihnen eine Rolle im letzten Krieg um Rom zugedacht hat, wie er sich in 19,11–21 und 20,7–10 spiegelt.

3. Wirkungsgeschichte

17,1–6 Anders als ihr antithetisches Pendant (Apk 12,1–17) hat die Hure Babylon auf die kirchliche Kunst keine nennenswerten Einflüsse ausgeübt. Zur isolierten Darstellung, etwa als Skulptur in Art eines Andachtsbildes, war die große Hure thematisch ungeeignet. Allenfalls im Rahmen eines endzeitlichen Figurenprogramms konnte sie einen typologischen Platz beanspruchen. So hat die Deutung einer Skulpturengruppe östlich neben dem Nordportal von St. Jakob zu Regensburg (um 1180) auf Babylon und den antichristlichen König – als Gegenbild zur benachbarten Figur der Himmelsfrau (Maria, Kirche) – eine hohe Wahrscheinlichkeit; vielleicht bedeutet das Liebespaar rechts neben der Himmelskönigin den Messias und seine Braut (Apk 19,7–9; Abb. 44).

Denkbar ist, dass das literarisch stets bekannte Bild der auf dem vielköpfigen Ungeheuer reitenden Frau (Apk 17,1–6) die um 1190 aufkommende Darstellung der Ecclesia auf dem Tetramorph (z. B. in Worms, vgl. Apk 4,6–8 und Abb. 7) angeregt oder zumindest begünstigt haben könnte.

Luther sah in der Hure Babylon das Papsttum; daher trägt die reitende Hure auf den Holzschnitten sowohl des Septembertestaments (1522; Abb. 53) als auch der deutschen Vollbibel Luthers (1534) zu Apk 17 eine Tiara (vgl. die Holzschnitte zu Apk 11); das von der illustrierten Lutherbibel abhängige Wandgemälde des Athos-Klosters Dionysíou (1547) hat die dreistufige Papstkrone, offenbar in polemischer Absicht, noch um zwei weitere Kronen erhöht.

Den Sieg der Kirche über die teuflische Welt hat das Mittelalter nicht als Untergang Babylons dargestellt, sondern als Sieg Michaels über den Drachen (Apk 12,7–9; Abb. 17 und 18).

Kapitel 18

1. Text

1 Danach sah ich einen anderen Engel aus dem Himmel herabsteigen; er hatte große Macht, und die Erde leuchtete auf von seiner Herrlichkeit. 2 Und er rief mit gewaltiger Stimme: Gefallen, gefallen ist Babylon, die Große! Zur Wohnung von Dämonen ist sie geworden, zur Behausung aller unreinen Geister und zum Schlupfwinkel aller unreinen und abscheulichen Vögel. 3 Denn vom Zornwein ihrer Unzucht haben alle Völker getrunken, und die Könige der Erde haben mit ihr Unzucht getrieben. Durch die Fülle ihres Wohlstands sind die Kaufleute der Erde reich geworden.

4 Dann hörte ich eine andere Stimme vom Himmel her rufen: Verlass die Stadt, mein Volk, damit du nicht mitschuldig wirst an ihren Sünden und von ihren Plagen mitgetroffen wirst. 5 Denn ihre Sünden haben sich bis zum Himmel aufgetürmt, und Gott hat ihre Schandtaten nicht vergessen. 6 Zahlt ihr mit gleicher Münze heim, gebt ihr doppelt zurück, was sie getan hat. Mischt ihr den Becher, den sie gemischt hat, doppelt so stark.

7 Im gleichen Maß, wie sie in Prunk und Luxus lebte, lasst sie Qual und Trauer erfahren. Sie dachte bei sich: Ich throne als Königin, ich bin keine Witwe und werde keine Trauer kennen. 8 Deshalb werden an einem einzigen Tag die Plagen über sie kommen, die für sie bestimmt sind: Tod, Trauer und Hunger. Und sie wird im Feuer verbrennen; denn stark ist der Herr, der Gott, der sie gerichtet hat.

9 Die Könige der Erde, die mit ihr gehurt und in Luxus gelebt haben, werden über sie weinen und klagen, wenn sie den Rauch der brennenden Stadt sehen. 10 Sie bleiben in der Ferne stehen aus Angst vor ihrer Qual und sagen: Wehe! Wehe, du große Stadt Babylon, du mächtige Stadt! In einer einzigen Stunde ist das Gericht über dich gekommen. 11 Auch die Kaufleute der Erde weinen und klagen um sie, weil niemand mehr ihre Ware kauft: 12 Gold und Silber, Edelsteine und Perlen, feines Leinen, Purpur, Seide und Scharlach, wohlriechende Hölzer aller Art und alle möglichen Geräte aus Elfenbein, kostbarem Edelholz, Bronze, Eisen und Marmor; 13 auch Zimt und Balsam, Räucherwerk, Salböl und Weihrauch, Wein und Öl, feinstes Mehl und Weizen, Rinder und Schafe, Pferde und Wagen und sogar Menschen mit Leib und Seele. 14 Auch die Früchte, nach denen dein Herz begehrte, sind dir genommen. Und alles, was prächtig und glänzend war, hast du verloren; nie mehr wird man es finden. 15 Die Kaufleute, die durch den Handel mit dieser Stadt reich geworden sind, werden aus Angst vor ihrer Qual in der Ferne stehen, und sie werden weinen und klagen: 16 Wehe! Wehe, du große Stadt, bekleidet mit feinem Leinen, mit Purpur und Scharlach, geschmückt mit Gold, Edelsteinen und Perlen. 17 In einer einzigen Stunde ist dieser ganze Reichtum dahin. Alle Kapitäne und Schiffsreisenden, die Matrosen und alle, die ihren Unterhalt auf See verdienen, machten schon in der Ferne halt, 18 als sie den Rauch der brennenden Stadt sahen, und sie riefen: Wer konnte sich mit der großen Stadt messen? 19 Und sie streuten sich Staub auf den Kopf, sie schrien, weinten und klagten: Wehe! Wehe, du große Stadt, die mit ihren Schätzen alle reich gemacht hat, die Schiffe auf dem Meer haben. In einer einzigen Stunde ist sie verwüstet worden. 20 Freu dich über ihren Untergang, du Himmel – und auch ihr, Heilige, Apostel und Propheten, freut euch! Denn Gott hat euch an ihr gerächt.

21 Dann hob ein gewaltiger Engel einen Stein auf, so groß wie ein Mühlstein; er warf ihn ins Meer und rief: So wird Babylon, die große Stadt, mit Wucht hinabgeworfen werden, und man wird sie nicht mehr finden. 22 Die Musik von Harfenspielern und Sängern, von Flötenspielern und Trompetern hört man nicht mehr in dir. Einen kundigen Handwerker gibt es nicht mehr in dir. Das Geräusch des Mühlsteins hört man nicht mehr in dir. 23 Das Licht der Lampe scheint nicht mehr in dir. Die Stimme von Braut und Bräutigam hört man nicht mehr in dir. Deine Kaufleute waren die

Großen der Erde, deine Zauberei verführte alle Völker. 24 Aber in ihr war das Blut von Propheten und Heiligen und von allen, die auf der Erde hingeschlachtet worden sind.

2. Kurzexegese

Die Aussagen Apk 18,1–19,10 stehen an einer Stelle, wo man die Schilderung des Untergangs der Hure, d. h. Roms, im Präsens des Visionärs erwarten sollte. Diese Erwartung des Lesers wird durch den hymnisch strukturierten Text nicht befriedigt. Mehrfach wird der Eindruck erweckt, als sei die Zerstörung der Stadt schon erfolgt (18,1–3.9–24; 19,2f.). Aus 18,4–8 wird jedoch deutlich, dass »Babylons« Ende noch bevorsteht. Die Trauer der mit Rom verbündeten Könige (18,9f.) und der mit Rom Handel treibenden Kaufleute, Kapitäne und Matrosen (18,11–19) ist ein Blick in die Zukunft; dasselbe gilt für den Jubel im Himmel (18,20; 19,1–10). Selbst der Wurf des mühlsteingroßen Steins ins Meer (18,21) bleibt eine prophetische Symbolhandlung, die den Untergang Babylons allenfalls einleitet, aber noch nicht vollzieht (vgl. Jer 51,63f.). Dieser Schwebezustand hängt damit zusammen, dass erst in 19,11–21 die endzeitliche Entscheidungsschlacht berichtet wird, an deren Ende der Sieg über das »Tier« – das antichristliche Tier (13,1–10) und Reittier der Hure Babylon (17,3.7–14) – und den falschen Propheten (13,11–18) stehen wird (19,20; vgl. 20,10). Hier ist von der Hure Babylon = Roma nicht mehr eigens die Rede; sie ist wohl beim Untergang ihres Reittiers mitgedacht.

Mit der zentralen, auf die Zukunft gerichteten, durch vorgeschaltete *Vaticinia ex eventu* (16,1–21) ausführlich beglaubigten Weissagung auf den Sturz Roms (18,1–19,10) reiht sich Johannes bewusst in die Schar der alttestamentlichen Propheten ein. Daher ist die Zahl wörtlich zitierter oder assoziativ umschriebener Belege aus dem Alten Testament in Apk 18 ungewöhnlich groß. Das angekündigte Strafgericht über Rom steht in der Tradition des Gerichts über gottfeindliche Städte: Babylon (Jes 47,1–15), Tyrus (Jes 23,15–18) und Ninive (Nah 3,5–7; vgl. Jon 3,4.10; 4,11). Dass Ruinenstätten von Gespenstern bewohnt werden (18,2), weiß schon Jes 13,21f. und noch der moderne Volksglaube. Die Grenzen zwischen bloßen Handelsbeziehungen (18,11–19) und Verstrickung in heidnischen Götzendienst sind fließend (vgl. 18,23b); das erkannten bereits die alttestamentlichen Propheten (Jes 23,14–18; Nah 3,1–7; vgl. Ez 16,26). Zur Klage der Anhänger Babylons (18,9–19) ist Ez 26,15–27,36 (Tyrus) zu vergleichen, zum Drohwort gegen Babylon (18,21) Ez 26,19–21 (Tyrus) und Dan 4,26–29 (Nebukadnezar). Der Topos vom Verschwinden der Musik, der Handwerker, des Mühlsteingeräuschs, des Lichts der Lampe und der Stimme von Braut und Bräutigam (18,22f.) stammt fast wörtlich aus der Exilsandrohung Jer 25,10.

Auch die Aussage vom berauschenden Wein der Hure (18,3) besitzt einen altprophetischen Anknüpfungspunkt: »Babel« war ein goldener, die ganze

Erde berauschender Becher mit Wein für die Völker (Jer 51,7). Der neutestamentliche Visionär verwandelt unversehens den Wein der Unzucht Babylons (außer 18,3 vgl. 14,8; 17,2.4) in den tötenden Wein des göttlichen
Zorns (vgl. 14,10; 16,19; auch: 19,15). Der gemeinsame Genuss des tötenden
Weins aus dem goldenen Becher (17,4; vgl. Jer 51,7) verbindet die Götzendiener zu einer antichristlichen Gemeinde; er ist eine Art Anti-Sakrament
wie der dem Judas von Jesus gereichte Bissen (Joh 13,26f.30).

3. Wirkungsgeschichte

18,1–8 Aus den zu Apk 17 ausgeführten Gründen konnte es nicht zu plastischen
Darstellungen der thronenden Hure mit dem goldenen Becher (vgl. Apk
18,3.6) kommen. Bei den Holzschnitten im Septembertestament Luthers
(1522; Abb. 53) und in seiner Vollbibel (1534) zu Apk 17 fällt die den Kelch
gleichsam sakramental präsentierende Haltung der Hure auf, was vielleicht
einen antipäpstlichen, gegen das römische Sakramentsverständnis gerichteten Hintergedanken belegt. Der Maler des 16. Jahrhunderts im Athos-Kloster Dionysíou hat diese Armhaltung zu einer regelrechten Elevation verstärkt. Übrigens haben alle älteren Bibel-Illustratoren, soweit ich feststellen
18,21 konnte, die Szene Apk 18,21 nicht im Bereich einer visionären Symbolhandlung (»so groß wie« ... »ins Meer«) belassen, sondern realistisch dargestellt,
wie der Engel einen Mühlstein auf die Stadt hinabwirft, die daraufhin in
Flammen aufgeht (vgl. Apk 8,5; 16, 17–21; Abb. 54).

Kapitel 19

1. Text

**1 Danach hörte ich etwas wie die laute Stimme einer großen Schar im Him-
mel: Halleluja! Das Heil und die Herrlichkeit und die Macht ist bei unserm
Gott. 2 Seine Urteile sind wahr und gerecht. Er hat die große Hure gerichtet, die mit ihrer Unzucht die Erde verdorben hat. Er hat Rache genommen
für das Blut seiner Knechte, das an ihren Händen klebte. 3 Noch einmal
riefen sie: Halleluja! Der Rauch der Stadt steigt auf in alle Ewigkeit. 4 Und
die vierundzwanzig Ältesten und die vier Lebewesen fielen nieder vor Gott,
der auf dem Thron sitzt, beteten ihn an und riefen: Amen, halleluja! 5 Und
eine Stimme kam vom Thron her: Preist unsern Gott, all seine Knechte und
alle, die ihn fürchten, Kleine und Große! 6 Da hörte ich etwas wie die
Stimme einer großen Schar und wie das Rauschen gewaltiger Wassermassen und wie das Rollen mächtiger Donner: Halleluja! Denn König geworden ist der Herr, unser Gott, der Herrscher über die ganze Schöpfung. 7 Wir
wollen uns freuen und jubeln und ihm die Ehre erweisen. Denn gekommen
ist die Hochzeit des Lammes, und seine Frau hat sich bereit gemacht. 8 Sie**

durfte sich kleiden in strahlend reines Leinen. Das Leinen bedeutet die gerechten Taten der Heiligen. 9 Jemand sagte zu mir: Schreib auf: Selig, wer zum Hochzeitsmahl des Lammes eingeladen ist. Dann sagte er zu mir: Das sind zuverlässige Worte, es sind Worte Gottes. 10 Und ich fiel ihm zu Füßen, um ihn anzubeten. Er aber sagte zu mir: Tu das nicht! Ich bin ein Knecht wie du und deine Brüder, die das Zeugnis Jesu festhalten. Gott bete an! Das Zeugnis Jesu ist der Geist prophetischer Rede.

11 Dann sah ich den Himmel offen, und siehe, da war ein weißes Pferd, und der, der auf ihm saß, heißt »Der Treue und Wahrhaftige«; gerecht richtet er und führt er Krieg. 12 Seine Augen waren wie Feuerflammen, und auf dem Haupt trug er viele Diademe; und auf ihm stand ein Name, den er allein kennt. 13 Bekleidet war er mit einem blutgetränkten Gewand; und sein Name heißt »Das Wort Gottes«. 14 Die Heere des Himmels folgten ihm auf weißen Pferden; sie waren in reines, weißes Leinen gekleidet. 15 Aus seinem Mund kam ein scharfes Schwert; mit ihm wird er die Völker schlagen. Und er herrscht über sie mit eisernem Zepter, und er tritt die Kelter des Weines, des rächenden Zornes Gottes, des Herrschers über die ganze Schöpfung. 16 Auf seinem Gewand und auf seiner Hüfte trägt er den Namen: »König der Könige und Herr der Herren«.

17 Dann sah ich einen Engel, der in der Sonne stand. Er rief mit lauter Stimme allen Vögeln zu, die hoch am Himmel flogen: Kommt her! Versammelt euch zum großen Mahl Gottes. 18 Fresst Fleisch von Königen, von Heerführern und von Helden, Fleisch von Pferden und ihren Reitern, Fleisch von allen, von Freien und Sklaven, von Großen und Kleinen!

19 Dann sah ich das Tier und die Könige der Erde und ihre Heere versammelt, um mit dem Reiter und seinem Heer Krieg zu führen. 20 Aber das Tier wurde gepackt und mit ihm der falsche Prophet; er hatte vor seinen Augen Zeichen getan und dadurch alle verführt, die das Kennzeichen des Tieres angenommen und sein Standbild angebetet hatten. Bei lebendigem Leib wurden beide in den See von brennendem Schwefel geworfen. 21 Die übrigen wurden getötet mit dem Schwert, das aus dem Mund des Reiters kam; und alle Vögel fraßen sich satt an ihrem Fleisch.

2. Kurzexegese

Unübersehbar ist die Tatsache, dass Apk 19 in zwei verschiedene Teile zerfällt; die von der sekundären Kapiteleinleitung verdeckte Fuge liegt zwischen 19,10 und 19,11. Apk 19,1–10 liefert das Pendant zur Klage der Anhänger Babylons auf Erden (18,9–19), indem der Visionär in einem fünffach gegliederten Hymnus den Jubel der Himmlischen (vgl. 4,4–11) über Babylons Fall beschreibt. Damit schließt er die siebte Schalenvision im Umfang seiner Endredaktion (16,17–19,10) mit einem doxologischen Höhepunkt ab. Wie die Klage von 18,9–19 noch aussteht, so ist auch der Jubel im Himmel (19,1–10) noch als bevorstehend gedacht; der Visionär wagt eine echte Weissagung. Wir erfahren, dass der Sturz Roms eine Strafe für den Mord an Gottes Knechten sein wird (19,2) und dass die Qual der bestraften Hure niemals enden wird (19,3; vgl. 20,10). Die auf das Hochzeitsmahl mit dem Messias wartende Braut (19,7; vgl. 21,9) ist die Kirche, keine andere als die Tochter Zion und Himmelsfrau von Apk 12 und damit das Gegenbild der Hure Babylon von Apk 17f. Zu den antithetischen Entsprechungen zwischen »Babylon« und der Kirche gehört, nächst der unterschiedlichen Kleidung (17,4; 19,8), der Gegensatz zwischen der Unzucht mit vielen Freiern (17,2; 18,9–19) und der treuen Liebe der Braut (19,7–9). An diesem Punkt hat sich das visionäre Bild verschoben: »Jerusalem« ist 12,17 die Mutter, 19,7–9 die Braut des Messias[14]. Dass zu den Freuden der Endzeit ein fröhliches Festmahl gehört (19,9; vgl. 7,16 und aus dem Neuen Testament noch Mt 8,11 par. Lk 13,28f.; Mk 14,25 parr.; Lk 14,15), ist fester Bestandteil jüdisch-chiliastischer Hoffnungen[15]. Die Metapher vom messianischen Bräutigam (19,7–9) begegnet auch im Munde des Täufers (Joh 3,28–30; vgl. Mk 2,19f. parr.); zufolge Eph 5,23 ist Christus das Haupt der Kirche nach Analogie des Verhältnisses von Mann und Frau in der Ehe. Zwischen der siebten Schale und dem Neueinsatz 19,11 schiebt der Visionär eine Warnung vor der Verehrung der Engel ein (19,10; vgl. 22,8f.; Kol 2,18), die vermutlich einem gnostisierenden Judenchristentum gilt.

Mit 19,11 beginnt der Apokalyptiker den letzten großen Teil seines Buches: das Kapitel über die Letzten Dinge (19,11–22,5). Ursprünglich bildete 19,11–21 den Abschluss des Mythos von Geburt, Gefährdung und Rettung des Kindes der himmlischen Sonnenfrau (12,1–16). Jetzt kehrt der junge Sonnengott, gleichgesetzt mit dem Messias der Christen, zurück, um seine Gegner zu besiegen; Tier und falscher Prophet (vgl. 13,1–10.11–18; 16,13) werden einer ewigen Strafqual zugeführt (19,20), ihr Gefolge vernichtet. Mit der Schilderung des endzeitlichen Kriegs (vgl. 16,14–16; 20,7–10) greift Johannes noch einmal hinter 18f. zurück, denn erst 19,20f. erfolgt der Sieg über die teuflischen Mächte, d. h. Rom und seine Herrschaft.

Der Reiter auf dem Schimmel, nur durch einen traditionsgeschichtlichen Zufall an den Dämon des Völkerkriegs in der ersten Siegelvision (6,1f.) erinnernd, ist ohne Zweifel der Messias; vom Blut seiner Feinde ist sein Gewand getränkt (19,13). Sein nur ihm und den Lesern der Johannes-Offenbarung bekannter Name (19,12f.) lautet ὁ λόγος τοῦ θεοῦ (»das Wort Gottes«), ist also fast identisch mit dem Namen des präexistenten Christus im Johannes-Evangelium (ὁ λόγος, »das Wort«, Joh 1,1). Obwohl die

14 Vgl. Ps 45; Hhld 4,8–12 usw. in der altjüdischen Exegese.
15 Vgl. äthHen 62,14; slHen 42,3–5; Test Isaak 8,11.20; 10,12.

altjüdische Literatur gleichfalls die Personifizierung des allmächtigen Gotteswortes zum kriegerischen Kämpfer kennt (SapSal 18,15), lässt die Verwandtschaft von Apk 19,13 mit Joh 1,1 doch auch auf eine gemeinsame, »johanneische« Tradition schließen.

Die dem Logosreiter folgenden, gleichfalls weiß gekleideten und auf Schimmeln reitenden »Heere des Himmels« sind im ererbten Kontext des Mythos vermutlich die »himmlischen Heerscharen« (Ps 103,21; Lk 2,13), d. h. die der Sonne unterstehenden Sterne; im vorliegenden Zusammenhang sind sie identisch mit den 144000 Gefolgsleuten des messianischen Lammes bzw. Widders (14,1–5; vgl. 7,4–8). Das tötende Schwert aus dem Munde des messianischen Reiters (19,15.21; vgl. 1,16; 2,12.16) steht in der Tradition des feurigen Hauches Gottes, mit dem dieser die Gottlosen vernichtet (Jes 11,4; vgl. Hi 4,9; 2 Thess 2,8). Zugleich ist an die durchdringende Kraft des Wortes Gottes gedacht (19,13; vgl. Hebr 4,12 und dazu Jes 49,2; Jer 23,29; SapSal 18,15). Auf den Messias verweist der Topos vom eisernen Zepter (19,15; vgl. 2,27; 12,5; Ps 2,9; PsSal 17,26); zum Bild des Keltergerichts (19,15b; vgl. 14,19f.) ist Jes 63,2f. zu vergleichen. Die Identität des Logosreiters 19,11–16 mit dem Lamm bzw. Widder, dessen Sieg über die Hure Babylon und ihre Anhänger in 17,9–18 geweissagt wurde, beweist der christologische Titel »König der Könige und Herr der Herren« (19,16 wie 17,14).

Alttestamentliche Zitate und Anspielungen prägen auch den kurzen Abschnitt über den Untergang der teuflischen Mächte. Die Einladung an die Raubvögel, das Fleisch der Könige, Heerführer und Helden zu fressen (19,17f.), setzt Ez 39,4.17–20; Dan 7,5 voraus. Der große Leichenfraß (19,21) ist ein makabres Gegenbild zum großen endzeitlichen Hochzeitsmahl (19,7.9; vgl. Mt 25,1–13; Mk 2,18–20 parr.). Von den Gegnern bleibt der Teufel selbst noch unangetastet; nur »Tier« und »falscher Prophet« (19,20; vgl. 13,1–10.11–18) werden lebendigen Leibes in den brennenden Schwefelsee, den Strafort des Judentums (Gehenna), geworfen (vgl. Dtn 32,22; Mt 10,28 par. Lk 12,5; Mt 11,23 par. Lk 10,15; Mt 23,33; 2 Petr 2,4). Auch der Teufel und seine Diener werden schließlich in der Gehenna ihr Ende finden (20,10.14; 21,8; vgl. TestJud 25,3; Mt 25,41).

3. Wirkungsgeschichte

Mit nennenswerten Auswirkungen auf die kirchliche Kunst war für Apk 19,11–21 so wenig zu rechnen wie für Apk 14,1–5. Hier wie dort fühlten sich die Christen als *Militia Christi* im Gefolge des siegreichen Messias; wie er »gerecht richtet und Krieg führt« (*cum iustitia iudicat et pugnat*, Apk 19,11 Vulg.), so ist auch der Krieg der Seinen – etwa der Kreuzzug – ein *bellum iustum*, ein »gerechter Krieg«. Der Logosreiter als Anführer seiner Soldaten ist ein Thema vor allem der Buchmalerei; mittelalterliche Beispiele hat Gertrud Schiller gesammelt[16]. Die Holzschnitte zu Apk 19 in Luthers Septembertestament (1522) und in der Vollbibel (1534) zeigen kämpfende Ritterheere, deren messianischer Anführer 1522 sein Schwert zieht, 1534 jedoch aus dem Munde hervorgehen lässt[17]; zeitgenössische Anspielungen sind nicht auszuschließen[18].

19,11–16   Dennoch hat eine Entdeckung in jüngster Zeit eine längst bekannte Skulptur überzeugend mit Apk 19,11–16 in Verbindung bringen können: Hannes Möhrings Deutung des »Bamberger Reiters« (ca. 1235; Abb. 21) als des berittenen Messias von Apk 19,11–16[19]. Die relativ kleine Sandsteinplastik (2,33 m Höhe), hoch oben am nördlichen Eingangspfeiler des Ostchors, des sog. Georgenchors, des Domes zu Bamberg angebracht und dort in originaler Einbindung in das Mauerwerk am ursprünglichen Platz erhalten, hat bereits zahlreiche Deutungen erfahren; diese reichen von Kaiser Konstantin über König Stephan den Heiligen von Ungarn und den Stauferkaiser Friedrich II. bis zur Idealgestalt des arischen Herrenmenschen.

Die Unkenntnis der Johannes-Apokalypse hat zu solchen Fehlinterpretationen geführt. In Wahrheit kommt der Reiter aus dem Osten und vom Himmel; das lehrt der Ort seiner Anbringung. Er trägt keine Waffen, denn sein Mund ist geöffnet zum siegreichen Hauch, zum »Schwert« des Gottesworts (Apk 19,13.15.21). Das Pferd war nach Resten alter Farbgebung weiß bemalt (Apk 19,11); rote Farbreste des Mantels zeigen das Blut der Besiegten (Apk 19,13). Die Haare waren übrigens dunkel, nicht etwa blond. Eschatologisch-apokalyptisch ist auch das Programm der anderen Skulpturen des Bamberger Georgenchors (Posaunenengel, Sibylle, schwangere Maria) sowie des benachbarten Fürstenportals. So besteht kein Zweifel an der Erkenntnis Möhrings, dass der Bamberger Reiter den Messias von Apk 19,11–16 darstellt. Dabei können durchaus Gedanken an den Stauferkaiser Friedrich II. (reg. 1220–1250) und Hoffnungen auf die Niederschlagung des Islams in die Darstellung des »Königs der Könige« (19,16) eingeflossen sein. Dagegen dürfte das ältere Seitenstück zum Bamberger Reiter, die bald nach 1100 in das Gewölbe der Krypta von St.-Étienne in Auxerre gemalte Gestalt des – durch seinen Kreuznimbus eindeutig identifizierten – reitenden Christus zwischen den »Evangelistensymbolen« (Tafel 6) ausschließlich auf chiliastische Vorstellungen (siehe unten zu Apk 20) zurückgehen.

16   Schiller (Lit.-Verz. Nr. 24), II, Abb. 673–695.
17   Beide Holzschnitte u. a. bei Peter Martin, Martin Luther und die Bilder zur Apokalypse, Hamburg 1983 (Vestigia Bibliae 5), S. 83 (1522) und S. 194 (1534).
18   Der sein Schwert ziehende, geharnischte Ritter von 1522 könnte immerhin auf Franz v. Sickingen gedeutet werden: Otto Böcher, Martin Luther und die Offenbarung des Johannes, in: Blätter für pfälzische Kirchengeschichte und religiöse Volkskunde 51, 1984, S. 179–206 (S. 205).
19   Möhring (Lit.-Verz. Nr. 18).

Kapitel 20

1. Text

1 Dann sah ich einen Engel vom Himmel herabsteigen; auf seiner Hand trug er den Schlüssel zum Abgrund und eine schwere Kette. 2 Er überwältigte den Drachen, die alte Schlange – das ist der Teufel oder der Satan –, und er fesselte ihn für tausend Jahre. 3 Er warf ihn in den Abgrund, verschloss diesen und drückte ein Siegel darauf, damit der Drache die Völker nicht mehr verführen konnte, bis die tausend Jahre vollendet sind. Danach muss er für kurze Zeit freigelassen werden.

4 Dann sah ich Throne; und denen, die darauf Platz nahmen, wurde das Gericht übertragen. Ich sah die Seelen aller, die enthauptet worden waren, weil sie an dem Zeugnis Jesu und am Wort Gottes festgehalten hatten. Sie hatten das Tier und sein Standbild nicht angebetet, und sie hatten das Kennzeichen nicht auf ihrer Stirn und auf ihrer Hand anbringen lassen. Sie gelangten zum Leben und zur Herrschaft mit Christus für tausend Jahre. 5 Die übrigen Toten kamen nicht zum Leben, bis die tausend Jahre vollendet waren. Das ist die erste Auferstehung. 6 Selig und heilig, wer an der ersten Auferstehung teilhat. Über solche hat der zweite Tod keine Gewalt. Sie werden Priester Gottes und Christi sein und tausend Jahre mit ihm herrschen.

7 Wenn die tausend Jahre vollendet sind, wird der Satan aus seinem Gefängnis freigelassen werden. 8 Er wird ausziehen, um die Völker an den vier Ecken der Erde, den Gog und den Magog, zu verführen und sie zusammenzuholen für den Kampf; sie sind so zahlreich wie die Sandkörner am Meer. 9 Sie schwärmten aus über die weite Erde und umzingelten das Lager der Heiligen und Gottes geliebte Stadt. Aber Feuer fiel vom Himmel und verzehrte sie. 10 Und der Teufel, ihr Verführer, wurde in den See von brennendem Schwefel geworfen, wo auch das Tier und der falsche Prophet sind. Tag und Nacht werden sie gequält, in alle Ewigkeit.

11 Dann sah ich einen großen weißen Thron und den, der auf ihm saß; vor seinem Anblick flohen Erde und Himmel, und es gab keinen Platz mehr für sie. 12 Ich sah die Toten vor dem Thron stehen, die Großen und die Kleinen. Und Bücher wurden aufgeschlagen; auch das Buch des Lebens wurde aufgeschlagen. Die Toten wurden nach ihren Werken gerichtet, nach dem, was in den Büchern aufgeschrieben war. 13 Und das Meer gab die Toten heraus, die in ihm waren; und der Tod und die Unterwelt gaben ihre Toten heraus, die in ihnen waren. Sie wurden gerichtet, jeder nach seinen Werken. 14 Der Tod und die Unterwelt aber wurden in den Feuersee geworfen. Das ist der zweite Tod: der Feuersee. 15 Wer nicht im Buch des Lebens verzeichnet war, wurde in den Feuersee geworfen.

2. Kurzexegese

Kapitel 20 gehört zu den Schlussvisionen, mit denen der Apokalyptiker die Letzten Dinge schildert und dadurch den vorangegangenen Katastrophenreihen, zuletzt den sieben Schalenvisionen (15,1–19,10), das alles überbietende Ende zuweist. In 19,11–22,5 erlebt er zunächst die Parusie des kriegerischen Messias, den eschatologischen Krieg sowie das Ende des »Tieres« und des »falschen Propheten« (19,11–21). Daran schließt sich das Tausendjährige Reich an (20,1–6), der Aufstand von Gog und Magog und das Ende des Teufels (20,7–10) sowie schließlich die allgemeine Totenauferstehung und das Weltgericht (20,11–15). Das Heilsgut der göttlichen neuen Welt ist Inhalt des den Visionsteil abschließenden Kapitels 21,1–22,5.

Während die klassische altjüdische Eschatologie, etwa zufolge Ez 37–48, eine durch den Sieg über die Gottesfeinde ermöglichte, unbefristete Heilszeit im neuen Jerusalem erwartet, schaltet die Johannes-Apokalypse ein tausendjähriges heilvolles Zwischenreich ein, in dem der Teufel keine Macht hat (20,1–3), während die Märtyrer und todbereiten Bekenner (die sog. Konfessoren) in ihm, nach einer ersten Totenauferstehung, als ständige Gerichtsbeisassen sowie als »Priester Gottes und des Messias« mit diesem tausend Jahre lang thronen und herrschen werden (20,4–6). Nur wer die Versuchungen von 13,12–17 bestanden hat, wird der »ersten Auferstehung« gewürdigt (20,5); wer bei der Parusie noch lebt, dem bleibt der (erste) Tod erspart (vgl. 1 Thess 4,15–17), und er muss auch den »zweiten Tod« (20,6) nicht erleiden.

Auch die Vorstellung einer auf 1000 Jahre befristeten Heilszeit vor dem Ende dieses Äons stammt aus dem antiken Judentum. Nach Analogie der Weltschöpfung in sieben Tagen, deren letzter ein Sabbat war (Gen 1,1–2,4), schreibt man der Welt einen Bestand von sieben Jahrtausenden zu – denn für Gott sind tausend Jahre wie der gestrige Tag (Ps 90,4) –, wobei die letzten 1000 Jahre den »Weltensabbat« darstellen (vgl. 4 Esr 7,28–38; syrBar 24–32; TestIsaak 8,11.20; 10,12; slHen 33,1f. u. ö.). Spuren dieser altjüdischen Erwartung finden sich auch sonst im Neuen Testament, z. B. Joh 5,17; 9,4. Der Messias der tausendjährigen Herrschaft (20,4b) ist für den christlichen Apokalyptiker natürlich kein anderer als der erhöhte Jesus von Nazareth. Da die Zeit der Martyrien noch andauert (mit 20,4a vgl. 6,11), ist die Vision 20,1–6 eindeutig eine Zukunftsweissagung; die Sorgen und Hoffnungen der Adressaten von Apk 20 dürften die gleichen gewesen sein wie diejenigen der Christen in Thessalonike (1 Thess 4,13f.). Ein präsentischer Chiliasmus (siehe unten), der das Millennium mit Jesu Geburt (oder auch Jesu Tod, vgl. Mt 27, 52f.) beginnen ließ, hätte sich nicht auf Apk 20 berufen dürfen.

Nach dem Ende der 1000 Jahre wird der Satan wieder befreit (20,7). Wie die froschgestaltigen Dämonen von 16,13–16 die Menschen zum Krieg verführen (16,14.16), so holt auch der Teufel alle Völker für den Kampf um »Gottes geliebte Stadt«, d. i. Jerusalem, zusammen (20,8f.). Aus dem heidnischen Fürsten Gog des Landes Magog (Ez 38f.) ist das mythisch-dämonische Paar »Gog und Magog« geworden. Die verhüllte Nennung Jerusalems (20,9) erweist, dass »Jerusalem« bereits als Hauptstadt des Tausendjährigen Reiches gedacht ist; die zumindest quellenmäßige Zusammengehörigkeit von 16,13-16 und 20,7-9 vorausgesetzt, ist »Harmagedon« (16,16) ein Deckname für den Zion als den Weltenberg und den Ort einer zweiten Schlacht von Megiddo (vgl. Ri 5,19). Jetzt endlich wird auch der Teufel besiegt und seinen dämonischen Helfern »Tier« und »falscher Prophet« (vgl. 19,20) zur ewigen Bestrafung zugesellt (20,10). Apk 20,7-10 wirkt wie die ursprüngliche Fortsetzung von 19,11-21, das Tausendjährige Reich (20,1-6) wie ein sekundärer Einschub. In der vorliegenden Gestalt ist der Sieg über Rom (19,11-21) ebenso eine auf die Zukunft gerichtete Heilsweissagung an die verfolgten Christen wie das Tausendjährige Reich (20,1-6) und die unwiderrufliche Entmachtung des Teufels (20,7-10).

Erst jetzt erfolgt das große Weltgericht (20,11-15). Seine Voraussetzung ist eine zweite, diesmal allgemeine Totenauferstehung (20,12f.) Das Gericht ergeht nach den Werken (20,13b). Tod und Hades (vgl. 6,8) werden entmachtet (20,13a) und, zusammen mit den nicht im Lebensbuch Verzeichneten (20,15; vgl. 17,8), ebenfalls dem Feuersee (vgl. 20,10) überantwortet; dies ist der »zweite Tod« (20,14f.; vgl. 2,11; 21,8). Als »erster Tod« hat wohl der natürliche, alters- und krankheitsbedingte Tod zu gelten, vielleicht aber auch der Ausschluss von der »ersten Auferstehung« (20,5f.). Nur für die im Gericht Freigesprochenen wird das neue, ewige Jerusalem seine Tore öffnen (21,2-22,17).

Die verschiedenen altjüdischen Vorstufen und Parallelen zum Gerichtsgemälde von Apk 20 können hier nur skizziert werden. Erstmals das Buch Daniel hat die Beendigung der gegenwärtigen Bedrängnis durch ein göttliches Gericht erwartet, dem eine Totenauferstehung sowohl der Frommen als auch der Frevler vorausgeht (Dan 12,1f.). Von der Auferstehung der Toten nach äthHen 51,1 bleiben zufolge äthHen 46,6; 48,9f. die Frevler ausgeschlossen. 4 Esr 7,26-38 rechnet mit einer allgemeinen Totenauferstehung zum Zwecke der Belohnung oder Bestrafung. Der Johannes-Apokalypse am ähnlichsten ist die syrische Baruch-Apokalypse; wie Apk 20,1-15 rechnet sie mit einer doppelten Auferstehung. Zufolge syrBar werden zunächst nur die verstorbenen Gerechten belebt (syrBar 30,1b-3), damit sie am messianischen Zwischenreich Anteil erhalten (syrBar 30,1-32,4); die zu diesem Zeitpunkt lebenden Gottlosen finden ihren Untergang (syrBar 30,4f.). Vor der ewigen Heilszeit erstehen dann alle Toten auf, damit Gottes Gericht den Frevlern schreckliche Pein, den Frommen jedoch herrliches Heil zusprechen kann (syrBar 50,2-52,7).

Das endzeitliche Gericht über Gute und Böse ist, abgesehen von Apk 20,11-15, auch sonst im Neuen Testament mehrfach bezeugt. Der Täufer verkündet ein strafendes Feuergericht für die Frevler (Mt 3,10.12 par. Lk 3,9.17; vgl. Mk 1,7f. parr.); Jesus erwartet ein vom Menschensohn vollzogenes Weltgericht mit doppeltem Ausgang (Mt 25,31–46; Mk 8,38 parr.). Paulus predigt ein künftiges Gericht Gottes über Gute und Böse, über Juden und Heiden, über Lebende und Tote (Röm 2,1–11; 14,9–12; 2 Kor 5,10); er rechnet sogar mit der Mitwirkung der vom Tode erweckten Christen beim Gericht (1 Kor 6,3; vgl. Apk 20,4).

3. Wirkungsgeschichte

20,1–6   Nicht hoch genug einzuschätzen ist die Wirkung, die Apk 20,1–6 in theologie-, kunst-, kirchen- und kulturgeschichtlicher Hinsicht entfaltet hat. Der *Chiliasmus* (auch: *Millennarismus*), die Lehre vom Tausendjährigen Reich, in seiner doppelten Gestalt – in der Deutung der Gegenwart als tausendjähriger Heilszeit, die mit dem Weltgericht enden wird (Apk 20,11–15; sog. präsentischer Chiliasmus), oder in der Erwartung einer tausendjährigen Heilszeit, von der die Frevler ausgeschlossen bleiben (Apk 20,5; sog. futurischer Chiliasmus) – hat mit seinen Ängsten und Hoffnungen nahezu zwei Jahrtausende der Kirchengeschichte geprägt.

Gleichwohl gilt unser Interesse nicht den an Apk 20f. ausgerichteten Revolutionen und Sozialutopien des Mittelalters und der Neuzeit (Kreuzzüge, Joachim von Fiore, Flagellanten, Fratizellen, Täufer, Sekten, Nationalsozialismus), sondern ausschließlich den Auswirkungen des Chiliasmus auf Bau und Ausstattung der Kirchen. Einerlei, ob die chiliastischen Ängste der um die Wende vom ersten zum zweiten Jahrtausend Lebenden mit dem Ende des Tausendjährigen Reiches und damit dem bevorstehenden Weltgericht (präsentischer Chiliasmus) oder mit dem bevorstehenden Beginn des Tausendjährigen Reiches und damit dem drohenden Ausschluss von der ersten Auferstehung (futurischer Chiliasmus) rechneten – in jedem Fall galt es, die Strukturen der organisierten Kirche zu ordnen und durch längst notwendige Reformen Orden, Pfarreien und Bistümer auf die Ankunft des Messias und Weltrichters vorzubereiten.

Daher erfuhren im 10. und 11. Jahrhundert asketische Strömungen einen spürbaren Auftrieb. Zwischen 900 und 1100 kam es zu mehreren Reformen des Benediktiner-Ordens (Cluny, Hirsau, Cîteaux) und zu zahlreichen Neugründungen von Klöstern. Kathedralen wurden errichtet, die zum Jahre 1000 hätten vollendet sein sollen (Speyer, Worms, Mainz), und die Bischöfe ordneten die Sprengel ihrer Metropolen und Diözesen (Worms, Mainz). Der bislang fast vergessene letzte Apostel, Matthias (Apg 1,13–26), erfuhr um das Jahr 1000 neue Hochschätzung; Matthias-Patrozinien vollendeten die Kirche als das irdische Abbild der künftigen Himmelsstadt (Trier; vgl. Apk 21,14). Als das ersehnte Geschichtsende sich immer mehr verzögerte, kam man zu der Überzeugung, man müsse, um die Herabkunft des himmlischen Jerusalem zu ermöglichen, zuvor das irdische Jerusalem von der Herrschaft des Islam befreien. Die doppelte Bindung der hochmittelalterlichen Eschatologie an »Jerusalem« ist daran schuld, dass jedes christliche Gotteshaus, noch intensiver als in der Zeit zwischen 300 und 1000 n. Chr., an Einzelheiten von Apk 21 ausgerichtet wurde, um den Gläubigen einen möglichst authentischen Eindruck von dem zu vermitteln, was ihnen mit der Erfüllung von Apk 21,1.10–22,5 bevorstand.

Das Weltgericht (Apk 20,11–15) findet seine furchterregende Darstellung auf zahlreichen mittelalterlichen Reliefs, vor allem als Tympanon der Kirchenportale und auf der Außenseite der Lettner. Gedacht als Mahnung der Getauften und Bedrohung der Frevler und Außenstehenden, trennen die Gerichtsportale der Kirchengebäude die Draußenbleibenden (vgl. Apk 21,27; 22,15) von den Gottesdienstbesuchern. Der Lettner scheidet den Chor- und Altarbereich vom Kirchenschiff und damit die Kleriker von den Laien; seine drastischen Gerichtsreliefs waren nicht nur als Ausschluss der Profanität gedacht, sondern auch als Warnung der Geistlichen vor Sünde und Häresie; selten fehlen unter den »Verdammten« Päpste, Bischöfe, Priester und Mönche (z. B. in Bamberg und Mainz, Abb. 22 und 23). Bezüglich des ikonographischen Programms sind zwei Typen von Gerichtsdarstellungen zu unterscheiden. Typ A, eine gleichsam abgekürzte Fassung, zeigt den thronenden Richter mit dem Buch des Lebens zwischen wenigen fürbittenden Beisassen, zu denen fast stets Maria, oft verbunden mit einer Figur Johannes des Täufers (sog. Deesis), gelegentlich auch die Kirchenpatrone sowie kniende Gestalten bischöflicher Stifter gehören (Worms, ursprüngliches Tympanon des Dom-Südportals, um 1165; Gelnhausen, Marienkirche, Portal des nördlichen Seitenschiffs, um 1200). Das Buch Christi ist das »Buch des Lebens« (Apk 20,12); es trägt in Worms die Inschrift EGO SUM VIA VERITAS et VITA[20].

Die große Fassung des Weltgerichts (Typ B) umgibt die Gestalt des Thronenden mit einer Vielzahl von Gestalten: Erlöste, Verdammte, Engel, Teufel, bis hin zur Darstellung der Hölle, in die Teufel die Verdammten an schweren Ketten abschleppen. Zu diesem Typ gehören die berühmten Portalreliefs der französischen Spätromanik und Gotik, etwa in Vézelay (Ste. Madeleine, Vorhalle, um 1130), Chartres (um 1210), Paris (Notre Dame, um 1225), Amiens (um 1230) und Reims (Notre Dame, Nordquerhaus, um 1230). Hier ist auch das Fürstenportal des Bamberger Doms (um 1235; Abb. 22) zu nennen. Von Lettnerreliefs des Weltgerichts des Typs B seien die Fragmente des Mainzer Westlettners (um 1240; Abb. 23) und der Lettner der Marienkirche

20,11–15

---

20   »Ich bin der Weg, die Wahrheit und das Leben« (Joh 14,6); der Evangelist Johannes ist
      für das Mittelalter kein anderer als der Autor der Johannes-Offenbarung, vgl. unten
      S. 135 mit Anm. 40 zu Abb. 51.

in Gelnhausen (um 1250; teilweise erneuert) genannt. Dem Weg der Frommen und gar der Kleriker unter der Gerichtsdarstellung hindurch zum Altar entspricht der Eintritt der Erlösten in die Himmelsstadt (Apk 21,27; 22,14); das Gericht ist auch in seiner Bildgestalt ein Durchgang aus dieser Welt in die göttliche Herrlichkeit (vgl. Apk 20,11–15; 21,1–22,5).

Kapitel 21

1. Text

1 Dann sah ich einen neuen Himmel und eine neue Erde; denn der erste Himmel und die erste Erde sind vergangen, auch das Meer ist nicht mehr. 2 Ich sah die heilige Stadt, das neue Jerusalem, von Gott her aus dem Himmel herabkommen; sie war bereit wie eine Braut, die sich für ihren Mann geschmückt hat. 3 Da hörte ich eine laute Stimme vom Thron her rufen: Seht, die Wohnung Gottes unter den Menschen! Er wird in ihrer Mitte wohnen, und sie werden sein Volk sein; und er, Gott, wird bei ihnen sein. 4 Er wird alle Tränen von ihren Augen abwischen: Der Tod wird nicht mehr sein, keine Trauer, keine Klage, keine Mühsal. Denn was früher war, ist vergangen.

5 Er, der auf dem Thron saß, sprach: Seht, ich mache alles neu. Und er sagte: Schreib es auf, denn diese Worte sind zuverlässig und wahr. 6 Er sagte zu mir: Sie sind in Erfüllung gegangen. Ich bin das Alpha und das Omega, der Anfang und das Ende. Wer durstig ist, den werde ich umsonst aus der Quelle trinken lassen, aus der das Wasser des Lebens strömt. 7 Wer siegt, wird dies als Anteil erhalten: Ich werde sein Gott sein, und er wird mein Sohn sein. 8 Aber die Feiglinge und Treulosen, die Befleckten, die Mörder und Unzüchtigen, die Zauberer, Götzendiener und alle Lügner – ihr Los wird der See von brennendem Schwefel sein. Dies ist der zweite Tod.

9 Und es kam einer von den sieben Engeln, die die sieben Schalen mit den sieben letzten Plagen getragen hatten. Er sagte zu mir: Komm, ich will dir die Braut zeigen, die Frau des Lammes. 10 Da entrückte er mich in der Verzückung auf einen großen, hohen Berg und zeigte mir die heilige Stadt Jerusalem, wie sie von Gott her aus dem Himmel herabkam, 11 erfüllt von der Herrlichkeit Gottes. Sie glänzte wie ein kostbarer Edelstein, wie ein kristallklarer Jaspis. 12 Die Stadt hat eine große und hohe Mauer mit zwölf Toren und zwölf Engeln darauf. Auf die Tore sind Namen geschrieben: die Namen der zwölf Stämme der Söhne Israels. 13 Im Osten hat die Stadt drei Tore und im Norden drei Tore und im Süden drei Tore und im Westen drei Tore. 14 Die Mauer der Stadt hat zwölf Grundsteine; auf ihnen stehen die zwölf Namen der zwölf Apostel des Lammes.

15 Und der Engel, der zu mir sprach, hatte einen goldenen Messstab, mit dem die Stadt, ihre Tore und ihre Mauer gemessen wurden. 16 Die Stadt war viereckig angelegt und ebenso lang wie breit. Er maß die Stadt mit dem Messstab; ihre Länge, Breite und Höhe sind gleich: zwölftausend Stadien. 17 Und er maß ihre Mauer; sie ist hundertvierundvierzig Ellen hoch nach Menschenmaß, das der Engel benutzt hatte. 18 Ihre Mauer ist aus Jaspis gebaut, und die Stadt ist aus reinem Gold, wie aus reinem Glas. 19 Die Grundsteine der Stadtmauer sind mit edlen Steinen aller Art geschmückt; der erste Grundstein ist ein Jaspis, der zweite ein Saphir, der dritte ein Chalzedon, der vierte ein Smaragd, 20 der fünfte ein Sardonyx, der sechste ein Sardion, der siebte ein Chrysolith, der achte ein Beryll, der neunte ein Topas, der zehnte ein Chrysopras, der elfte ein Hyazinth, der zwölfte ein Amethyst. 21 Die zwölf Tore sind zwölf Perlen; jedes der Tore besteht aus einer einzigen Perle. Die Straße der Stadt ist aus reinem Gold, wie aus klarem Glas. 22 Einen Tempel sah ich nicht in der Stadt. Denn der Herr, ihr Gott, der Herrscher über die ganze Schöpfung, ist ihr Tempel, er und das Lamm. 23 Die Stadt braucht weder Sonne noch Mond, die ihr leuchten. Denn die Herrlichkeit Gottes erleuchtet sie, und ihre Leuchte ist das Lamm. 24 Die Völker werden in diesem Licht einhergehen, und die Könige der Erde werden ihre Pracht in die Stadt bringen. 25 Ihre Tore werden den ganzen Tag nicht geschlossen – Nacht wird es dort nicht mehr geben. 26 Und man wird die Pracht und die Kostbarkeiten der Völker in die Stadt bringen. 27 Aber nichts Unreines wird hineinkommen, keiner, der Gräuel verübt und lügt. Nur die, die im Lebensbuch des Lammes eingetragen sind, werden eingelassen.

2. Kurzexegese

Innerhalb der den Letzten Dingen gewidmeten Schlussvisionen der Johannes-Apokalypse (19,11–22,5) bildet 21,1–22,5 den krönenden End- und Höhepunkt. Wie schon der Untergang »Babylons«, d. h. Roms als der Gegenspielerin Jerusalems (18,1–24), so liegt auch die Herabkunft des neuen Jerusalem (21,1–22,5) in der Zukunft. Von 18,1 an wagt der Apokalyptiker, ohne jeden Rückgriff auf *Vaticina ex eventu*, die konsequente Weissagung künftigen Heils.

Gleichsam als Überschrift sind die Verse 21,1f. vorangestellt. Der Visionär schaut – nach dem Verschwinden des alten Himmels, der alten Erde und des Meeres – die bereits 3,12 erwartete Herabkunft des neuen Jerusalem aus dem Himmel. Ein Verheißungswort Gottes stellt sicher, dass Gott in seiner Stadt unter seinem Volk wohnen und die Seinen mit Lebenswasser tränken wird, während alle Frevler – aufgezählt in einem Lasterkatalog (21,8) – von der Stadt ausgeschlossen bleiben und in den brennenden Schwefelsee geworfen werden (21,3–8; vgl. 20,10.14f.).

Erst jetzt folgt die ausgeführte Vision der Herabkunft der heiligen Stadt aus dem Himmel und ihre detaillierte Beschreibung (21,9–22,5). Die wie ein Jaspis glänzende Stadt ist umgeben von einer hohen Mauer mit zwölf Toren; auf den Toren stehen die Namen der zwölf Stämme Israels, auf den Grundsteinen aus zwölferlei Edelsteinen die Namen der zwölf Apostel. Die Tore, aus riesigen Perlen geschnitten, werden bewacht von zwölf Engeln; sie stehen Tag und Nacht offen, doch müssen Frevler und Unreine draußen bleiben. Einen Tempel gibt es nicht. Gott und der Messias wohnen in der Stadt und spenden ihr Licht; die Völker bringen ihnen ihre Schätze dar (21,9–27). Vom Thron Gottes und des Lammes fließt der Strom des Lebenswassers durch die Stadt; er wird gesäumt durch Obstbäume, die zwölfmal im Jahr Frucht bringen (22,1f.).

Die Anleihen von Apk 21 bei der alttestamentlich-frühjüdischen Prophetie bzw. Apokalyptik sind ungewöhnlich umfangreich. Bereits die Zionslieder haben eine neue Gottesstadt auf dem Zion erwartet, in deren Mitte Gott wohnt und den Tribut der Völker entgegennimmt (Ps 46.48.76). Das von Gott selbst erbaute neue Jerusalem (Jes 28,16f.) besitzt Mauern aus Edelsteinen (Jes 54,11f.; Tob 13,16f. [al. 13,20f.]); zwölf Edelsteine auf dem Brustschild des Hohenpriesters sind inschriftlich den zwölf Stämmen Israels zugeordnet (Ex 28,15–21; 39,8–14). Für jeden der rückkehrenden Stämme wird das neue Jerusalem ein Stadttor besitzen (Ez 48,30–35). Ein vom Tempel ausgehender Strom weist auf beiden Ufern Obstbäume auf, die allmonatlich frische Früchte tragen (Ez 47,1–12). Zufolge den Büchern des 4. Esra und des syrischen Baruch wird die präexistent im Himmel verborgene ewige Stadt dereinst auf die Erde herabschweben (4 Esr 7,26–44; 8,52; 9,26–10,60; 13,1–36; syrBar 4,3–6; vgl. 32,2–6; 59,4). Die Identität der Tochter Zion in Gestalt einer Frau (4 Esr 10,25f.) mit der Zionsstadt auf gewaltigen Fundamenten (4 Esr 10,27.40–50; vgl. äthHen 90,28f.; 91,13 u. ö.) beweist, dass die neue Himmelsstadt von Apk 21 identisch ist mit der Zionstochter und Himmelsfrau von Apk 12.

So wird man Apk 21 im Vergleich mit Apk 12 behandeln müssen. Beide Kapitel besitzen im Aufbau des Buches eine herausragende Stellung; während Kap. 12 ziemlich genau die Mitte einnimmt, steht Kap. 21 am Ende der Visionen. Auch bei der Frau handelt es sich um »Jerusalem« bzw. Israel, wobei zwischen altem (Mutter des Messias, 12,2.5) und neuem Israel (Mutter der Christen, 12,17) nicht unterschieden wird. Das Diadem der Frau (12,1), bestehend aus zwölf Sternen, d. h. den zwölf Sternbildern des Tierkreises, entspricht der Stadtmauer mit zwölf Perlentoren und Fundamenten aus zwölf namentlich aufgeführten Edelsteinen (21,19–21). Symbole der Stämme Israels (21,12) sind diese Edelsteine schon auf dem Brustschild des Hohenpriesters (Ex 28,15–21; 39,8–14); sie werden sowohl von Philo (Vit-Mos 2,124.126.133; SpecLeg 1,87) als auch von Josephus (Ant 3,186) auf die zwölf Tierkreiszeichen gedeutet. Aus Gen 37,9; 49,3–27 haben rabbinische Autoritäten auf die Identität von Tierkreiszeichen und Stämmen Israels geschlossen (BerR 100 [64b] bei Bill. III, 214). Das neue Jerusalem ist umgeben von den Symbolen seiner zur astralen Welt gehörenden neuen Stämme, für deren Einzug die Tore offen stehen (21,12f.). Freilich ist ein gewichtiger Unterschied zwischen Apk 12 und Apk 21 nicht zu übersehen. Durch die Verbindung mit der Geburt des messianischen Kindes (12,2.5) wird die Vision der Schwangeren zum *Vaticinium ex eventu,* während die Herabkunft der Stadt (21,1–22,5) als Beginn einer realistisch geweissagten ewigen Heilszeit (vgl. 21,4–8; 22,3–5) verstanden sein will. Die in 12,14 prophezeite, auf die Geburt des Messiaskindes folgende Wüstenzeit der Kirche (vgl. Hebr 3f.; 12,18–21) endet, wenn das himmlische Jerusalem den Frommen seine Tore öffnet (21,12f.25–27; vgl. Hebr 12,22–24). Apk 21 greift, in der traditionellen Umformung der Frau zur Stadt, Apk 12 wieder auf und verweist auf das unmittelbar bevorstehende Ende der auf dreieinhalb »Zeiten« befristeten Verfolgung der Kirche (12,14–17).

Zufolge alttestamentlich-jüdischer Tradition wehren die Edelsteine dämonische Mächte ab und verleihen dem durch Edelsteine Geschützten Reinheit und Heiligkeit, so dem Hohenpriester (Ex 28,6–12.15–21; 39,2–14) und dem – mit dem »Urmenschen« gleichgesetzten – König von Tyrus (Ez 28,13–16). Daher hält die apotropäische Kraft der Edelsteinmauern alle Feinde fern (vgl. Jes 54,11–15); auch wenn die Stämme durch ehemalige Heiden aufgefüllt werden (Apk 21,12; vgl. 7,4–8 und schon Ez 47,22f.), dürfen Frevler die Stadt nicht betreten (Apk 21,8.27; vgl. 22,14f.). Da die ganze Stadt von Licht und Reinheit bestimmt ist, bedarf sie keines eigentlichen Tempels (21,22a; vgl. aber 3,12). Gott und der Messias wohnen in ihr (21,22b.23). Die Würfelgestalt der Gottesstadt (21,16) erinnert an das Allerheiligste (Adyton) des Tempels in Jerusalem (1 Kön 6,20). Den quadratischen Grundriss hat man sich als streng auf der Zwölfzahl basierende Konstruktion vorzustellen[21]. Den zwölf Stadttoren entsprechen die Stämme, Apostel, Edelsteine und Tierkreiszeichen; Gott und der Messias als »Sonne« und »Mond« thronen in der Mitte des Stadt-Tempels. Verwandt mit dieser rationalen, u.a. die Astrologie einbeziehenden Eschatologie sind altjüdischen Synagogenfußböden, u.a. in Bet Alfa und Tiberias; vielleicht steht hinter Apk 21 eine schriftliche bzw. gezeichnete Vorlage, wie sie die Schöpfer der Synagogenböden benutzt haben dürften. Die Wächterengel auf den Toren (21,12) stammen aus Jes 62,6; möglicherweise sollen sie mit den zwölf Aposteln gleichgesetzt werden, deren Namen den Edelsteinen des Fundaments (vgl. Eph 2,19–22) ebenso eingraviert sind (21,14) wie die Stämme-

---

21   Vgl. unsere Zeichnung oben S. 20.

namen den Edelsteinen des altbiblischen Hohenpriesters (Ex 28,15–21; 39,8–14).

Die – namentlich nicht genannten – Apostel (21,14) sind der einzige schriftliche Beweis für die Tatsache, dass der ansonsten lückenlos der altjüdischen Eschatologie zugehörige Text Apk 21 aus christlicher Überlieferung stammt. Dass das thronende messianische »Lamm« (21,22.27) kein anderes ist als das geschlachtete und wiederbelebte Lamm von Apk 5,6–13 sowie der Jesus von Apk 22,16.20f., darf man immerhin voraussetzen. Den Aposteln zugeordnet sind die zwölf Stämme des (neuen) Israel (vgl.12,1.17); die mit den Namen der Stämme beschrifteten Tore (21,12) stehen den 144000 Getauften von Apk 7,4–8 offen: Die Kirche ist der neue Stämmebund (vgl. Jak 1,1).

Spezifisch christlich ist auch die Möglichkeit, die Strukturen der künftigen Gottesstadt auf die Kirche der Gegenwart zu deuten. Seit der Geburt des Kindes (12,1–5) steht die Kirche schon jetzt unter dem Vorzeichen der Himmelsstadt (12,13–17; vgl. Hebr 12,18–24). Erbaut auf dem Fundament der Apostel (21,14), lebt sie in Reinheit, Schönheit und Harmonie (21,16), vor Frevel und Häresie geschützt durch die zwölf Edelsteine des altbiblischen Priestertums (21,19–21.27; vgl. 22,14f.). Lebenswasser und Manna (22,1f.; siehe unten) sind nicht nur die Durst und Hunger stillenden Gnadengaben der ewigen Gottesstadt, sondern auch die Sakramente der Kirche, Taufe und Eucharistie. Dem »Unreinen« drohen nicht nur Gericht und ewige Verdammnis am Ende der Zeit (20,15; 21,8), sondern, im Rahmen gegenwärtiger Kirchenzucht, Ausschluss von Kirche und Sakrament (22,15.19); Apk 22,19 ist der vermutlich älteste Beleg für die Strafe der Exkommunikation. Wenn Apk 21,1f.10f. vom Ende dieser Weltzeit erhofft, die bislang im Himmel verborgene »Idee« der Gottesstadt werde auf den Zionsberg herabschweben und sich mit der irdischen Realität vermählen, dann ist in der sichtbaren Kirche diese Hoffnung zumindest ansatzweise erfüllt.

3. Wirkungsgeschichte

21,1–22,5 Kein anderer Text der Johannes-Offenbarung hat so stark auf Architektur und Ausstattung des christlichen Kirchengebäudes eingewirkt wie Apk 21,1–22,5. Wahrscheinlich gibt es dafür einen doppelten Grund. Zum einen fordert die Anschaulichkeit der Schilderung der Gottesstadt (Apk 21,10–27) den Versuch heraus, einen irdischen Nachbau der himmlischen Herrlichkeit zu wagen; andererseits legitimiert der eschatologische Schwebezustand des »Noch nicht – schon jetzt« eine Deutung des Lebens der Kirche (im Sinne des neuen Israel) auf ein vorwegnehmendes Wohnen in ihrer Stadt (vgl. Gal 4,25f.; Phil 3,20; Hebr 12,22–24) und damit auch eine Ausrichtung ihres Bauens an den Vorgaben von Apk 21,1–22,5: Die Kirche (als Gebäude) wird zum – vorläufigen – Himmlischen Jerusalem.

Da auch das neue Jerusalem sich auf dem Zionsberg erheben wird (Apk 21,2.10
21,2.10; vgl. Ez 40,2; äthHen 90,28f.; Hebr 12,22; Apk 14,1), verwandelt die
Errichtung eines Kirchengebäudes das bebaute Grundstück in den »Berg
Zion« (Suger, De consecratione 57). Gleichwohl liegt es nahe, für einen ge-
planten Kirchenbau einen hoch gelegenen Bauplatz auszuwählen; in den
Mauern einer bereits existierenden Stadt begnügt sich das Mittelalter mit
der höchsten Stelle des ansonsten flachen Areals (Dome in Straßburg,
Speyer, Worms, Mainz, Köln u. a.). Im Idealfall ist der Kirchgang eine Wall-
fahrt »hinauf nach Jerusalem« (Mk 10,32f. parr.). Bekannte Beispiele ein-
drucksvoller Bergkirchen sind die Stiftskirche Groß-Comburg (1078ff.;
Tafel 7), der Mont-Saint-Michel (11./12. und 15. Jh.; Tafel 5) und der Dom
zu Limburg (um 1245; Abb. 24). Zum Kirchenportal führen – möglichst
zahlreiche – Stufen hinauf, so bei der Stadtpfarrkirche St. Michael in Schwäbisch Hall (Treppenanlage 1507; Abb. 25) und noch bei der barocken Lutherkirche in Wuppertal-Ronsdorf (wo das die Treppe theologisch sinnvoll
abschließende Portal nach 1945 törichterweise zugemauert wurde). Im Kircheninneren erheben sich auch Chorraum und Altar über mehreren Stufen,
die in evangelischen Kirchen neuerdings entfernt werden, um einen »behin-
dertengerechten« Zugang zum Abendmahl zu schaffen; wie wäre es, wenn
man diese Stufen erhielte und dem Rollstuhlfahrer das Sakrament aus »Jerusalem« hinunter ins Kirchenschiff brächte?

Bereits die Verwandtschaft von Apk 21,12–16 sowohl mit Ez 48,30–35 als 21,12–16
auch mit Ps 46 hat bewirkt, dass Dome, Stifts- und Klosterkirchen als Got-
tesburgen konzipiert wurden. Die Himmelsstadt ist eine Höhenburg, eine
uneinnehmbare Festung. Türme, Tore, gewaltige Mauerflächen, häufig auch
echte Wehrmauern lassen das Gotteshaus als Festungsgebäude erscheinen,
das sowohl irdische als auch dämonische Feinde abweist (Abb. 26). Auch die
Dorfkirchen im befestigten Friedhof (Siebenbürgen, aber auch z. B. Dörren-
bach [Pfalz] oder Undenheim [Rheinhessen]) sind Wehrkirchen in irdischer und überirdischer Hinsicht. Daher kann im Burgenbau die Kapelle
den Schutz des Burgtors übernehmen (Gelnhausen, Landeck, Lichtenberg,
Krautheim, Ebernburg u. ö.). Martin Luthers Lied »Ein feste Burg ist unser
Gott« (EG 362) hat den Reformator nicht nur mit der Wartburg der Studen-
ten von 1817, sondern auch mit der Himmelsburg von Apk 21 verbunden
(Rudolf Schäfer, 1933; Abb. 27).

Gleichwohl blieb die Herkunft »Jerusalems« aus dem Himmel den Kirchenbesuchern immer bewusst. Dafür sorgten nicht nur die Michaelskir-
chen auf Bergen (s. o. mit Tafel 5 und Abb. 25) und die Marienleuchter (nach
Apk 12, siehe dort; vgl. Abb. 16), sondern vor allem die riesigen Radleuchter
aus ottonischer und romanischer Zeit, etwa im Dom zu Hildesheim (Tafel 8), im Aachener Münster oder in der Stiftskirche Groß-Comburg (Tafel 9). Literarisch bezeugt ist ein um 1070/1080 entstandener, 1793 zerstör-

ter Radleuchter mit langer Inschrift in der ehemaligen Abteikirche und jetzigen katholischen Pfarrkirche im elsässischen Weißenburg (Wissembourg). In der »Stadtmauer« des Metallreliefs finden sich zwölf Torhäuser, auf oder in denen die Engel von Apk 21,12a und die Patriarchen als Repräsentanten der zwölf Stämme von Apk 21,12b stehen. Detaillierte Inschriften aus Apk 21 sichern den Bezug zur ekklesiologischen Deutung. Freilich verzichten die erwähnten Lichtkronen zugunsten der Kreisform auf den von Apk 21,16 genannten quadratischen Grundriss des himmlischen Jerusalem. Das Licht der – nach Apk 21,2 – von der Kirchendecke herabschwebenden Himmelsstadt erleuchtet das irdische Kirchengebäude und seine Besucher (vgl. Apk 21,11).

21,14   Unmittelbar in Architektur umgesetzt wurde Apk 21,14, wenn man zwölf Grundsteine mit den Namen der Apostel beschriftete. Von der um 1265 errichteten, 1865 abgebrochenen Augustinerkirche in Speyer ist der dreizehnteilige Grundstein erhalten (Speyer, Historisches Museum der Pfalz; Abb. 29); die zwölf Backsteine mit Bild und Namen je eines Apostels umgaben in den vier Himmelrichtungen, analog den Toren von Apk 21,13 (vgl. Mt 8,11 par. Lk 13,29), ein quadratisches Sandsteinplättchen mit Maria und Jesuskind, eine Variante des Thrones von Apk 21,22; 22,3. Mindestens zwölfteilig war auch der Grundstein der St. Michaelskirche in Hildesheim; hier wurde beim Wiederaufbau des 1945 schwer beschädigten südwestlichen Treppenturms 1949 im Fundament ein kleiner Sandsteinquader entdeckt, dem, außer der Jahreszahl (MX=1010) und dem abgekürzten Namen des Bauherrn (B + EP = Bernwardus Episcopus), die Namen S. BENIAMIN und S. MATHEVS A[postolus] eingemeißelt sind (Abb. 28). Offensichtlich gab es zu diesem Stein elf Seitenstücke, die entweder verloren oder noch in den Fundamenten verborgen sind. Die Kombination der Apostel mit den israelitischen Stämmen (bzw. ihren zu christlichen Heiligen gewordenen Patriarchen) geht auf Apk 21,12–14 zurück; da Benjamin der zwölfte Patriarch ist, dürfte mit »Matheus« der zwölfte Apostel, Matthias (Apg 1,15–26), gemeint sein. Wie die Kirchen in Speyer und Hildesheim waren und sind vermutlich unzählige mittelalterliche Gotteshäuser wortwörtlich »auf das Fundament der Apostel und Propheten« bzw. Patriarchen gebaut (mit Apk 21,14 vgl. Eph 2,20).

Suger deutet die zwölf Säulen des Mittelschiffs als Symbole der zwölf Apostel, die Säulen oder Wandpfeiler der Seitenschiffe dagegen als Symbole der Propheten (De consecratione 58). Daher verweisen auch bei anderen Kirchengebäuden die – nach Möglichkeit – zwölf Pfeiler des Inneren auf die Apostel als das Fundament der Kirche; bei großen Gotteshäusern kann die Zahl der Pfeiler auch verdoppelt werden (vgl. Apk 4,4.10). Aufgemalte oder als Skulpturen an den Pfeilern befestigte Apostelzyklen unterstreichen diese Symbolik, etwa in der Sainte Chapelle in Paris, im Freiburger Münster, in der Dom- und Schlosskirche zu Halle und in S. Giovanni in Laterano zu Rom. Den zwölf Pfeilern der kurz vor 1250 erbauten Liebfrauenkirche in Trier wurden noch kurz vor 1500 Bilder der zwölf Apostel aufgemalt (Abb. 31). Reliefs mit Halbfiguren der zwölf Apostel schmücken die Turmbalustrade der lutherischen Dreifaltigkeitskirche (voll. 1725) in Worms (Abb. 32). Auch die zwölf Weihekreuze, an denen der Bischof die Kirche mit geweihtem Öl konsekriert, und die häufig darüber angebrachten zwölf Apostelleuchter, die während der Konsekration und alljährlich am Kirchweihtag brennen, gehen auf Apk 21,14 zurück (z. B. in Ottobeuren; Abb. 30). Dagegen nimmt es der mittelalterliche Kirchenbau mit der Zwölfzahl der Tore (Apk 21,12) nicht so genau. Immerhin führen Portale aus der profanen Außenwelt ins Innere des Gotteshauses, und häufig trennte oder trennt ein Lettner mit mehreren Durchlässen zusätzlich das Schiff der Laien vom Sanktuarium (vgl. oben zu Apk 20,11–15). Die Vielzahl der »Tore« in Galerien und Nischenreihen jedoch denkt wohl eher an die gnadenweise den Erlösten offenstehenden Tore von Apk 21,25–27; 22,14).

Auch die Apk 21,16 bezeugte Würfelgestalt der Himmelsstadt wurde   21,16 nicht unmittelbar in Architektur umgesetzt. Als Symbol idealer Harmonie und als Maßeinheit behielt der Kubus jedoch immer eine hohe Bedeutung. Die romanische Basilika des Gebundenen Systems[22] setzt sich nach Grund- und Aufriss aus würfelförmigen Blöcken zusammen (Abb. 33). Das Innere der Pfarrkirche U. L. Frau in Oberwesel (um 1340) ist, abzüglich der Turmhalle und des Chorraums, je 25 Meter lang, breit und hoch, und die Liebfrauenkirche in Trier (kurz vor 1250) ist nach Grund- und Aufriss gänzlich aus dem Quadrat konstruiert. Echte Würfel sind die ehemalige Schloss- und heutige Universitätskirche in Bonn (voll. 1779) und die St. Nikolaikirche in Potsdam (Unterbau ohne Kuppel, voll. 1837). Einen Edelsteinwürfel als Symbol des himmlischen Jerusalem (Apk 21,16.19f.) und damit der Kirche hat der Künstler Hermann Jünger (Pöring-Zorneding) im Jahre 1985 geschaffen (Tafel 10). Vermutlich geht auch der sakrale Zentralbau auf Apk 21,16 zurück. »Länge, Breite und Höhe sind gleich« (Apk 21,16b) – auch bei einem Kirchengebäude mit Mittelkuppel über dem Grundriss eines griechischen Kreuzes, ja, sogar bei einem zylinderförmigen Turm, dessen Höhe dem Durchmesser seines kreisförmigen Grundrisses entspricht. Auch die frühmittelalterlichen Radleuchter (vgl. Tafel 8) mit ihren zum Ring geschmiedeten Reifen verstehen sich (gegen Apk 21,16a) zweifellos als legitime Abbilder der Himmelsstadt. Für die Ostkirche ist der zentrale Kuppel-

22   Die Maßeinheit des Gebundenen Systems ist das Quadrat als Element des Grundrisses (sog. quadratischer Schematismus). Vier Seitenschiffquadrate nehmen die Fläche eines Mittelschiffquadrats ein; ein Joch des Seitenschiffs ist halb so breit und halb so lang wie ein Joch des Mittelschiffs.

bau konstitutiv; er fand in Renaissance und Barock seinen Weg auch in den Westen. Die ideale Kirche bzw. Himmelsstadt auf der Lehrtafel der Prinzessin Antonia (*Turris Antonia*, voll. 1663) in Bad Teinach[23] hat Turmgestalt (Tafel 11). Ein Zentralbau mit beherrschender Kuppel ist sowohl die Frauenkirche in Dresden (voll. 1743; Abb. 34) als auch die Clemenskirche in Münster i. W. (voll. 1754). Durchweg in kubischen Proportionen (vgl. Apk 21,16) bleiben die polygonalen Baldachine, die sich im 13. und frühen 14. Jahrhundert als mehrgeschossige Kleinarchitekturen mit nach unten offenen Toren (vgl. Apk 21,25; 22,14) über Heiligenfiguren finden, u. a. in Bamberg (Abb. 21), Mainz (Dom, Fragmente des Westlettners), Naumburg, Münster i. W. (Dom, Paradies), Freiburg i. Br. und Worms. Als Modelle »Jerusalems« bezeugen sie das Bürgerrecht der Dargestellten an der Himmelsstadt.

21,19f. Die zwölferlei Edelsteine vom Fundament der Stadtmauer der Himmelsstadt (Apk 21,19f.) haben die kirchliche Kunst über Jahrtausende hinweg angeregt und geprägt. Allerdings konnte sich nur der Herrscher die Auskleidung ganzer Kirchenwände mit Edelsteinen und Halbedelsteinen leisten, so Karl IV. (reg. 1346–1378) im Falle der Katharinenkapelle auf Burg Karlstein bei Prag (Abb. 35). In wörtlicher Aufnahme des Bildes von den Fundamenten aus Edelsteinen legen zufolge Suger von St.-Denis um 1140 fromme und reiche Stifter »aus Liebe und Ehrerbietung vor Jesus Christus« echte Edelsteine in den Mörtel des Kirchenfundaments (De consecratione 52f.).

Als Edelsteinwände der irdischen Gottesstadt gelten jedoch auch die bunten Glasfenster, vor allem der Spätromanik und Gotik, sowie die farbige Auskleidung der Kirchenwände mit Mosaiken, Malereien und Tapisserien. Bei den Glasgemälden der Gotik war das Fenstermaßwerk die »Fassung« der bunten »Edelsteine«. Für die theologische Hochschätzung der Kirchenfenster spricht die Tatsache, dass Abt Suger von Saint-Denis sich selbst auf einem Fenster in Saint-Denis hat abbilden lassen, wie er ein Glasgemälde mit dem Jesse-Baum (vgl. Apk 22,2.16 nach Jes 11,1.10) präsentiert (Mitte 12. Jh.; Tafel 12). Den Edelsteinen von Apk 21,19f. am ehesten entsprechen die buntglänzenden Steinchen der Mosaiken, deren Verwendung als thematische Dekoration der Wände des Kircheninneren bis ins 4. Jahrhundert zurückreicht. Aus dem frühen 5. Jahrhundert stammt ein Apsismosaik der Kirche Santa Pudenziana in Rom, das den thronenden Christus im himmlischen Jerusalem zeigt, umgeben von den vier Evangelistensymbolen und den zwölf Aposteln und überhöht von einem edelsteingeschmückten Kreuz.

23 Vgl. Betz (Lit.-Verz. Nr. 2). Zur zeitgenössischen Deutung der *Turris Antonia* siehe die *Pictura docens* des Johann Lorenz Schmidlin (1626–1692) in der Ausgabe von Fritz Felgentreu und Widu-Wolfgang Ehlers (Stuttgart-Bad Cannstatt 2007) und dazu meine Rezension in: Blätter für pfälzische Kirchengeschichte und religiöse Volkskunde 74, 2007, S. 430–432.

Das neue Jerusalem im Schutz seiner mit Edelsteinen und Perlen reich be- (21,19f.)
setzten Stadtmauer stellt ein Wandmosaik des 6. Jahrhunderts in der Basilika Santa Maria Maggiore in Rom dar. Die Mittelschiffwände von S. Apollinare Nuovo in Ravenna (6. Jh.; Tafel 1) vereinen die mosaizierten Heiligen
und Engel mit den Gläubigen der Arkadenzone zum Gottesdienst in der
Himmelsstadt. Auch die Ausmalung des Kircheninneren besitzt edelstein-
gleiche Würde. Die von Ludwig IX., dem Heiligen (reg. 1226–1270), in Paris
erbaute Sainte Chapelle (1243–1248; Tafel 13) weist alle aus Apk 21 herge-
leiteten Elemente des Kirchenbaus auf, nicht zuletzt, außer prächtigen Fen-
stergemälden, eine reiche Bemalung der Wände und Gewölbe. Die Sainte
Chapelle war bestimmt zur Aufnahme zahlreicher Christusreliquien, u. a.
der Dornenkrone Jesu, eines Fragments des »wahren Kreuzes« und einiger
Stücke der »heiligen Lanze«; sie ist also ein riesiges Reliquiar, zu dessen
Schmuck seit alters die Edelsteine gehören (siehe unten). Auch weniger pro-
minente Kirchen Europas besaßen opulente Wandgemälde und Glasfenster
sowie Edelsteine in den Nimben gemalter Heiliger; in den weitaus meisten
Fällen sind die Farben der Wandgemälde verblasst und die Edelsteine Kir-
chenräubern zum Opfer gefallen, so beim Heiligenschein des Christophorus im Wormser Dom (spätes 12. Jh.). Zur gelegentlichen Verkleidung des
Kircheninneren durch großformatige Tapisserien sei auf die Folge der Apo-
kalypse-Teppiche in Angers verwiesen (um 1380; vgl. Tafel 4).

Freilich konnten gegenüber den genannten Surrogaten die echten Edelsteine – einschließlich der Halbedelsteine und des Bernsteins – ihre überra-
gende Bedeutung stets behaupten. Nur durch den Verzicht auf edelsteinge-
schmückte Pretiosen vermochten begüterte Vornehme ihren Anteil am Bau
der Gottesstadt unter Beweis zu stellen. Abt Suger von Saint-Denis berichtet
vom Opfer der Edelsteine zur Grundsteinlegung (De consecratione 53) und
zur Ausschmückung der Märtyrergräber (De consecratione 60–64); die Bereitschaft, sich von Edelsteinen zu trennen, führt Suger auf das Eingreifen
der Märtyrer selbst zurück (De consecratione 62–64). Wer edle Steine stif-
tet, weiß, dass er am neuen Jerusalem – und das heißt: an der Kirche in ihrer
sichtbaren Gestalt – baut. Schon die Bereitschaft, die geopferten Edelsteine
im Fundamentmörtel verschwinden zu lassen (Suger, De consecratione
52f.), macht deutlich, dass der Gebrauch der Edelsteine in der kirchlichen
Kunst mit Eitelkeit und Prunkbedürfnis ursprünglich wenig zu tun hat. Das
gilt auch für die sichtbar montierten Edelsteine, die dem Kircheninneren
strahlenden Glanz verleihen (vgl. Apk 21,11) und zugleich den himmlischen Schutz der Heiligen erwirken wollen. Mit eingelegten oder aufgemalten Edelsteinen schmückt man die Krone der Himmelskönigin Maria (nach
Apk 12,1), etwa in Nürnberg (Sebalduskirche, um 1435), Worms (Dom,
Mitte des 15. Jahrhunderts) oder Gelnhausen (Marienkirche, um 1490;
Edelsteine durch Diebe ausgebrochen). Auch der Heiligenschein des als Ta-

(21,19f.) gesschutzpatron verehrten Christophorus wurde gelegentlich aus in die Wand eingelassenen Glanzsteinen gebildet, so bei einem riesigen Wandgemälde des späten 12. Jahrhunderts im Nordquerhaus des Wormser Doms (Steine ausgebrochen). Geistlicher Mittelpunkt der Gottesstadt (vgl. Apk 21,22f.; 22,3) ist der **Altar**. Hier verarbeiten die Goldschmiede zahlreiche Edelsteine, z. B. am Tragaltar Kaiser Heinrichs II. (reg. 1002–1024), der zwischen 1014 und 1024 entstand und heute in der Schatzkammer der Münchener Residenz aufbewahrt wird; die Anzahl der großen Edelsteine des Außenrahmens beträgt 36, also 3 (Trinität!) mal 12 (vgl. Apk 21,19f.). Das getriebene und mit Edelsteinen reich geschmückte Antependium (um 1130) des Hochaltars der ehemaligen Stiftskirche Groß-Comburg bei Schwäbisch Hall (Tafel 14) zeigt Christus als Kosmokrator in der Mandorla zwischen zwölf Aposteln. Durchweg werden die aus Metall getriebenen Altarretabel des 12. und 13. Jahrhunderts mit zahlreichen Edelsteinen oder Grubenschmelzplatten geschmückt. Solche Auszeichnung widerfährt nicht nur den Hochaltären, sondern auch den – besonders in Klöstern und Stiften zahlreichen – Seitenaltären. Ihr Edelsteinschmuck ist eine Folge der Hochschätzung der Heiligen, deren Reliquien in ihnen »beigesetzt« sind. Die Seitenaltäre sind gemeint mit den überreich durch Gold und Edelsteine gezierten, auf verschiedene Kapellen der Kirche verteilten Ruhestätten »unserer Schutzherren, der hochheiligen Märtyrer und der anderen Heiligen« (Suger, De consecratione 59–64). Die Heiligen sind gleichsam Fundamente der Kirche (vgl. Apk 21,14.19f.); ihre Reliquien vergewissern die irdischen Sünder des himmlischen Beistands im Weltgericht (vgl. Apk 20,11–15).

Diese heilbringende Kraft wird auch den **Reliquiaren** und **Reliquienschreinen** zugeschrieben. Auch sie repräsentieren die Kirche als *Communio sanctorum* und damit als das himmlische Jerusalem (vgl. Apk 6,9–11; 20,4; 21,27; 22,14). Jedes Reliquiar, jeder Reliquienschrein gilt als Bauelement der neuen Gottesstadt. Daher haben echte und imitierte Edelsteine (nach Apk 21,18–21) auch hier ihren angestammten Platz. Den höchsten Rang beanspruchen Reliquien und Reliquiare mit christologischen Hintergrund. Ein Reliquiar war ursprünglich die **Reichskrone** des deutschen Kaisers, die wohl nicht ottonisch ist, sondern vermutlich auf Konrad II. (reg. 1024–1039) zurückgeht (Tafel 15). Die acht Platten, der Bügel und die Vorderseite des Stirnkreuzes der heute im Kunsthistorischen Museum zu Wien befindlichen goldenen Krone sind überreich mit Edelsteinen und Perlen besetzt; ein Span des Kreuzes Christi dürfte dem kleinen Stirnkreuz eingefügt worden sein. Der bewusste Bezug zu Apk 21,18–21 ist evident, zumal immer wieder mit der Zwölfzahl gearbeitet wird; Stirn- und Nackenplatte sind in je vier Reihen mit je drei Edelsteinen zwischen Perlen geschmückt. Hier handelt es sich um den absichtsvollen Rückgriff auf das Brustschild des Hohenprie-

sters (Ex 28,15–21; 39,8–14), aber auch auf die zwölf Edelsteine der Stadt- (21,19f.)
mauer der Himmelsstadt (Apk 21,19f.) und damit auf den Tierkreis (vgl.
Apk 12,1). Auch der irdische Herrscher hat Teil an der Reinheit und Heiligkeit des neuen Jerusalem; ist Maria die Himmelskönigin, so beansprucht der
Kaiser die Herrschaft über die Erde. Er ist nicht nur Nachfolger der auf der
Krone dargestellten Könige David, Salomo und Hiskia, sondern auch des
altisraelitischen Hohenpriesters; er trägt die (niederen) Priesterweihen und
ist zuständig für die übrigen Reichskleinodien (Reichskreuz, Tischtuchreli-
quiar, heilige Lanze u. a.), die alle als Christusreliquien gelten und mit vielen
Edelsteinen geschmückt sind. Das **Reichskreuz** Kaiser Konrads II., um 1030
entstanden und gleichfalls im Kunsthistorischen Museum zu Wien aufbewahrt (Abb. 36), enthält bis heute eine Partikel des Kreuzes Christi. Die
Vorderseite des Reichskreuzes ist überreich mit Edelsteinen und Perlen besetzt; das Schaftstück zwischen Kreuzmitte und Kreuzfuß weist zweimal
sechs Steine zwischen Perlen auf. In der Regel freilich enthalten Altarkreuze
keine Reliquien, da sich im Altar selbst das Reliquiensepulkrum befindet
(vgl. Apk 6,9–11). Schon die im Kreuz sichtbare Erinnerung an den Tod des
Erlösers macht aus dem Altarkreuz ein kirchliches Ausstattungsstück von
höchster Würde; diese äußert sich nicht zuletzt in reichem Edelsteinschmuck. Das sogenannte **Tischtuch-Reliquiar** (Abb. 37), eine Nürnberger
Goldschmiedearbeit von 1518 (heute ebenfalls Wien, Kunsthistorisches
Museum), ist als Schau- und Vorzeigegefäß (Ostensorium) konzipiert; es
enthält das vorgebliche Tischtuch des letzten Mahls Jesu mit seinen Jüngern
(Mk 14,17–25 parr.), das zugleich auf das endzeitliche Hochzeitsmahl des
Messias mit seiner Kirche (Apk 19,7) hindeutet. Die Schauseite des Osten-
soriums weist zwischen Perlen (vgl. Apk 21,21) zwölf große Edelsteine
(nach Apk 21,19f.) auf, von denen heute einer fehlt.

Die Reliquien der **Titelheiligen** liegen zumeist im Sepulkrum ihrer
Altäre. Dennoch gibt es wertvolle, aus Edelmetall getriebene und mit Edelsteinen ausgestattete Reliquiare auch für Reliquien weniger prominenter
Heiliger. Kirchengründer oder -namengeber ruhen häufig in einem edelsteingeschmückten, als Modell eines Kirchengebäudes und damit des neuen
Jerusalem gestalteten Schrein. Von solchen Reliquienschreinen seien der
Dreikönigsschrein im Kölner Domschatz (12. Jh.) und der Elisabethschrein
in der Elisabethkirche zu Marburg (Mitte 13. Jh.) erwähnt. Schlichtere Re-
liquiare übernehmen von den zur Verehrung der Hostie gehörigen Mon-
stranzen (siehe unten) häufig die Form eines Schaugefäßes (Ostensorium).
Einen jeweils eigenen Typus vertreten die Büstenreliquiare (z. B. Cochem,
St. Martin, Ende des 15. Jahrhunderts; Tafel 16), die Kreuzreliquiare (z. B.
Würzburg, Burgkirche, um 1510) und die Scheibenreliquiare (z. B. Krakau,
Marienkirche, um 1515). Auch hier fehlen nirgends die von Suger, De
consecratione 59–64 genannten Edelsteine.

(21,19f.) Sofern die bisher behandelten, mit Edelsteinen geschmückten Geräte nicht nur aufgestellt, sondern im liturgischen Vollzug, etwa bei Krönungen oder Prozessionen, benutzt wurden (und werden), sind sie *Vasa sacra*, d. h. »heilige Gefäße«, im weiteren Sinne. Von ungleich höherer Heiligkeit sind jedoch diejenigen **Vasa sacra**, die im Dienst der Eucharistie bzw. des Altarsakraments stehen. Jesus Christus selbst begegnet den Kommunikanten in Brot und Wein, d. h. mit seinem real präsent geglaubten Fleisch und Blut. Die Behälter des Brots (Monstranzen, Ciborien, Patenen) und des Weins (Kelche, Kannen) sind die *Vasa sacra* im engeren, eigentlichen Sinne. Wo sie auf dem Altar stehen, wird aus diesem der »Thron Gottes und des Lammes« (Apk 22,3). Wie die Edelsteine des Altar-Antependiums, so dienen auch diejenigen der *Vasa sacra* nicht nur dem christolologischen Lobpreis, sondern, in apotropäischer Funktion, auch der Abwehr teuflischer Mächte, welche die Reinheit des Zelebranten und der Kommunikanten bedrohen.

Von **Monstranzen**, d. h. Schaugefäßen zum Vorzeigen der geweihten Hostie – etwa bei Prozessionen –, seien zwei Beispiele genannt: eine spätgotische Arbeit aus Nürnberg (um 1500), der katholischen Pfarrkirche St. Gertraud in Wachenroth gehörig und mit edelsteinförmigen Rotuli am Nodus sowie mit zwei Reihen getriebener oder gegossener »Steine« am Verbindungsstück unter dem Schaugefäß dekoriert (Abb. 38), und eine barocke Mainzer Arbeit in Assmannshausen (ca. 1700/1705), deren ovaler Vierpassfuß mit gefassten Edelsteinen besetzt ist. Der Aufbewahrung geweihter Hostien, jedoch nicht deren liturgischer Präsentation dient auch das **Ciborium** (Ziborium, Speisekelch), eine metallene Deckeldose, die auf einen Fuß nach Art gotischer oder barocker Kelchfüße montiert ist. Edelsteine bzw. Edelsteinimitationen schützen auch das Weihbrotgefäß vor dem Zugriff des Teufels, etwa dem Hostiendiebstahl zum Zwecke des Zaubers. Der katholischen Pfarrei Kirrweiler (bei Neustdt/Pfalz) gehört ein in Mainz gefertigtes Ciborium aus teilvergoldetem Silber (dat. 1725), dessen Nodus drei hochovale, glatte, gewölbte Spiegel in kartuschenartigen »Fassungen« aufweist, die an große Edelsteine erinnern.

Echte Edelsteine in großer Zahl schmücken und schützen bischöfliche **Messkelche;** hier sind es vor allem die Rotuli, die zumeist sechs aus dem Nodus hervortretenden Griffzapfen, deren Stirnseiten mit je einem gefassten Edelstein besetzt sind. Auch der Überfang der Kuppa und der Fuß können Edelsteine aufweisen. Als solche besonders prächtigen Kelche seien derjenige des Magdeburger Erzbischofs Ernst v. Sachsen (reg. 1479–1513), entstanden 1494 in Halle (heute Stockholm, Staatliches Historisches Museum), und derjenige des Mainzer Erzbischofs Albrecht v. Brandenburg (reg. 1514–1545), gleichfalls in Halle geschaffen (heute Uppsala, Domkirche; Tafel 17), genannt. Beide Kelche fallen durch ihren Reichtum an Edelsteinen und Perlen auf. Bei den weitaus meisten Messkelchen jedoch erset-

zen Edelstein-Imitationen die Verwendung echter Steine. Sehr oft erwecken (21,19f.)
die Rotuli den Eindruck gefasster Edelsteine durch farbigen Schmelzfluss,
der sowohl gläsern-transluzid (also äußerlich edelsteingleich) als auch un-
durchsichtig sein kann (Email); fast stets finden sich auf den Stirnseiten der
Rotuli eingelegte oder gravierte Buchstaben. Der Verzicht auf echte Edelsteine ist wohl nicht nur eine Folge der Sparsamkeit, sondern noch häufiger
ein Zeichen begründeter Angst vor rücksichtslosen Räubern. Bei einem
Kelch der St. Lorenzkirche in Nürnberg (Mitte 15. Jh.) waren die Stirnflä-
chen der sechs Rotuli – mit den Buchstaben JHESVS – ursprünglich email-
liert. Ein um 1450 in Nürnberg geschaffener Kelch (jetzt Wunsiedel, Museum) besitzt einen Wirbelnodus mit sechs transluzid blau emaillierten
Rotuli, von denen vier die Buchstaben i n r i aufweisen. Auch die Rotuli
eines in Nürnberg entstandenen Kelches aus Wildberg (jetzt Stuttgart,
Württ. Landesmuseum, dat. 1465) imitieren Edelsteine; fünf der sechs
Stirnseiten tragen je einen der fünf Vokale a e i o v. Imitierte und »echte«
Steine kombiniert ein Messkelch von ca. 1510 im Regensburger Domschatz;
die Rotuli der Nürnberger Arbeit weisen grünen Schmelzfluss auf, während
in die Zwischenfelder rote Steinchen eingesetzt sind. Ein Kelch aus der zweiten Hälfte des 16. Jahrhunderts im Mainzer Domschatz besitzt am Nodus
sogar acht übereck gestellte Rotuli mit Füllungen aus blauem Glasfluss.

In den Bereich der Eucharistiefeier gehören auch die **Pax-** oder **Kussta-
feln;** bei ihnen handelt es sich um kleine, tafelförmige Reliquiare, die bei der
Messfeier zunächst nur den Priestern, schließlich jedoch allen Kommunikanten zum Kuss dargeboten wurden. Auch hier finden sich zahlreiche
Edelsteine. Als Beispiele seien eine Pax-Tafel aus Essen (Mitte 11. Jh.) und
eine Nürnberger Kusstafel aus dem siebenbürgischen Bistritz (dat. 1500,
heute Budapest, Ungarisches Nationalmuseum) angeführt. Eucharistisch
begründet ist auch der hohe Rang der aus dem 9. Jahrhundert stammenden,
überreich mit Edelsteinen besetzten **Stephansbursa,** eines zu den Reichskleinodien gehörigen Reliquiars (jetzt Wien, Kunsthistorisches Museum),
das die Form der Tasche zur Aufbewahrung des Corporales, des Altartuchs
für Hostie und Kelch, besitzt. Die Stephansbursa ist thematisch verwandt
mit dem Tischtuch des letzten Abendmahls Jesu und dem sog. Tischtuch-
Reliquiar (siehe oben).

Vasa sacra im weitesten Sinne sind schließlich auch die metallgetrie-
benen, edelsteinbesetzten **Einbände der liturgischen Bücher,** der Mess-
bücher, Bibeln und Bibelteile, Perikopenbände, Evangeliare, Epistolare,
Lektionare und Breviere. Der nahezu quadratische »Grundriss« und die
Verwandtschaft des gebundenen Kodex mit dem Würfel lassen die heiligen
Bücher fast von selbst zu Modellen der würfelförmigen Gottesstadt (vgl.
Apk 21,16) werden. Nicht nur die Verwendung zahlreicher Edelsteine auf
dem vorderen bzw. oberen Einbanddeckel erinnert an den Edelsteinglanz

(21,19f.) der Gottesstadt (Apk 21,19f.); die Stadt selbst mit ihren Straßen (vgl. Apk 21,12) und mit ihren Gebäuden um das Zentrum des Thrones Gottes bzw. Christi (Apk 21,22f.; 22,3) innerhalb der Stadtmauer (Apk 21,12–14.21) ist modellhaft nachgebildet, und ein Blick von der Seite erlebt in den filigranen Fassungen Säulen, Tor- und Fenstergewände edelster Architektur. Zwei Beispiele seien genannt: der aus St. Emmeram in Regensburg stammende, um 870 entstandene Codex Aureus (jetzt München, Bayerische Staatsbibliothek; Tafel 18) und das Perikopenbuch Heinrichs II., geschaffen um 1007 oder 1012 (ebenfalls München, Bayerische Staatsbibliothek).

Mit der flächigen Gestaltung von Buchdeckeln verwandt und vermutlich von ihr angeregt ist das 1912 für die Wormser Lutherkirche gestaltete, der Kanzelwand vorgeblendete Altarkreuz von Ernst Riegel (1871–1939; Tafel 19); über einem goldnimbierten Kreuz aus Ebenholz, dessen Fuß von den goldenen Buchstaben A und Ω (vgl. Apk 21,6) flankiert wird, repräsentieren zwölf Felder die Himmelsstadt, von denen elf aus je vier Amethystwürfeln bestehen, während den Mittelpunkt – den Kreuzungspunkt der Kreuzarme und der »Straßen« der Stadt und damit den leuchtenden Thron Gottes und des Lammes (Apk 21,22f.; 22,3) – ein großer Bergkristall bildet. Dagegen ist die Würfelgestalt des himmlischen Jerusalem (Apk 21,16) ganz wörtlich genommen in einem 1985 von Hermann Jünger (Pöring-Zorneding) geschaffenen Kubus von 15 mal 15 mal 15 cm, der aus zwölf kleinen Bergkristallwürfeln besteht (Tafel 10). Im Zentrum des Kubus befindet sich eine vergoldete Silberkugel, Symbol des göttlichen Thrones von Apk 22,3; die Außenseiten des Würfels sind mit den zwölf Edelsteinen von Apk 21,19f. und mit zwölf Zuchtperlen (nach Apk 21,21) besetzt. Ein vergoldetes Silbergestänge hält alle Teile zusammen. Jüngers Jerusalem-Würfel ist ein in alter Tradition stehendes und dennoch sehr modernes Symbol einer eschatologisch fundierten Ekklesiologie von beeindruckender Kraft.

Schließlich gehören zu unserem Thema auch die Edelsteine der **Papst-, Bischofs-** und **Priestertracht.** Die Kleriker werden durch ihre Weihe, durch ihren ständigen Umgang mit Leib und Blut Christi und durch ihren regelmäßigen, häufigen Aufenthalt im Kirchengebäude weit über Kommunikanten und Predigthörer aus dem Laienstand hinausgehoben. Der Bischof steht in der Tradition des israelitischen Hohenpriesters; daher garantieren edle Steine der liturgischen Gewandung auch ihm Reinheit und Heiligkeit (vgl. Ex 28,15–21; 39,8–14). Der Ornat des Papstes ist grundsätzlich kein anderer als der des Bischofs; seine *Tiara*, eine durchweg goldene, mit Edelsteinen besetzte Dreifachkrone, gehört an die Seite der Kronen Marias und des Kaisers. Ring und Stab führt auch der Bischof; beide sind mit Edelsteinen geschmückt bzw., als Siegelring, aus einem Edelstein geschnitten. Die zur Messfeier gehörige Kasel trägt auch beim gewöhnlichen Priester seit gotischer Zeit gelegentlich – auf der Rückseite – Reliefstickerei und Edelsteinbesatz. Über den Edelsteinschmuck eines römisch-katholischen Bischofsornats im frühen 16. Jahrhundert informieren die ganzfigurigen Porträts des Mainzer Erzbischofs Albrecht v. Brandenburg (reg. 1514–1545), etwa auf den Tafelaltären in Aschaffenburg, München und Berlin. Wir folgen der Darstellung Albrechts als des heiligen Martin auf einer von Simon Franck vermutlich 1524 für Mainz gemalten Altartafel in Aschaffenburg (Tafel 20). (21,19f.) Die *Mitra* (Bischofsmütze, auch *Inful*, gedeutet als Weiterführung der priesterlichen Kopfbinde von Ex 29,9) ist überreich mit Edelsteinen besetzt; mehrfach begegnet die Zwölfzahl von Apk 21,19f.: der Mittelstreifen der Frontseite enthält zwölf, die beiden Seitenflächen je sechs und die beiden Randstreifen gleichfalls je sechs Edelsteine. Auch die Krümme des *Bischofsstabs* (*Pedum*) in Albrechts rechter Hand trägt zahlreiche (24?) Edelsteine. Die *Handschuhe* weisen je einen riesigen Edelstein als Applikation auf dem Handrücken auf. Einer der drei wesentlich kleineren steingeschmückten *Fingerringe* ist wohl der offizielle *Bischofsring*. Den Randteil (»Revers«) und Kragen des ansonsten goldglänzenden *Mantels* (*Pluviale*) zeichnen gleichfalls viele größere und kleinere Steine aus. Normalerweise ist auch die *Schließe des Pluviales* mit Edelsteinen geschmückt. Sie ist beispielsweise sichtbar auf einem Bildnis Albrechts als hl. Erasmus in der Stiftskirche zu Aschaffenburg; hier umgeben vier kleinere Edelsteine einen großen im Zentrum. Auf dem Mainzer Altarbild mit Albrecht als St. Martin ist jedoch die Mantelschließe unsichtbar. Sie wird verdeckt von einem Gebilde, das, aus dem Rund entwickelt, durch zwei Seitenstreifen in querrechteckige Form gebracht wird; dieses Objekt, offenbar aus vergoldetem Silber, ist reich mit Edelsteinen dekoriert und weist an der Unterkante sechs hängende Perlen auf. Zum Ornat des Bischofs gehört jedoch auch ein *Brustkreuz* (*Pektorale*), wie es Albrecht – als heiliger Bischof Erasmus – auf einer kleinen Altartafel (wohl aus Aschaffenburg, jetzt Berlin, Jagdschloss Grunewald; um 1525) an einer goldenen Halskette trägt. Der Vergleich mit diesem Kreuz lehrt eindeutig, dass es sich bei der prächtigen Scheibe auf der Mainzer, jetzt in Aschaffenburg befindlichen Tafel um ein Pektorale von ungewöhnlicher Form, Größe und Pracht handeln muss. Mit dem Pektorale des Albrecht-Porträts in Berlin-Grunewald hat das Scheibenkreuz die Grundstruktur gemeinsam: sechs kleinere Steine umgeben kreuzförmig einen großen als Mittelpunkt. Dazu kommen sechs weitere, verschiedenfarbige Edelsteine und, am unteren Rand, sechs Perlen. Ganz offensichtlich ist dieses Pektorale als Modell des himmlischen Jerusalem konzipiert: Der große Edelstein im Zentrum ist das Symbol des Gottesthrons von Apk 22,3, die diesem benachbarten Edelsteine erinnern an Christi Kreuz, aber auch an die vier Himmelsrichtungen (Apk 21,13); die insgesamt zwölf verschiedenen Steine sind diejenigen der Stadtmauer (Apk 21,19f.). Die sechs Perlen gehören zu den zwölf Perlen der Tore (Apk 21,21), so dass man vermuten darf, dass weitere

(21,19f.) sechs Perlen an der Oberkante unsichtbar bleiben oder verloren gegangen sind.

Zusammenfassend lässt sich feststellen, dass kein Vers der Johannes-Apokalypse eine so große Wirkungsgeschichte aufzuweisen hat wie Apk 21,19f. Auf den zwölf Edelsteinen der Himmelsstadt basieren alle genannten Beispiele kirchlicher Edelsteinkunst. Diese Beispiele, deren Zahl beliebig vermehrt werden könnte, haben eines gemeinsam: die eschatologische Ekklesiologie. Das irdische Gotteshaus wird mit dem himmlischen Jerusalem gleichgesetzt. Die vorläufig noch im Jenseits weilenden Bewohner des Himmels – Christus, Maria und die Heiligen – sind auch schon gegenwärtig: in der eucharistischen Feier, in Bildern und in Reliquien. Ist Maria (nach Apk 12,1) die Königin des Himmels, so ist der Kaiser (dessen Krone dieselben Edelsteine aufweist wie die Krone Mariens) der Herrscher der Erde. Gleichsam zwischen Himmel und Erde fungieren Bischöfe und Priester; im Altarsakrament vermitteln sie das Heil des erwarteten Christus an die Gläubigen der Gegenwart. Die Zusammengehörigkeit aller Ebenen beweisen und bewirken die zwölf Edelsteine von Apk 21,19f.; sie bilden die Fundamente der Kirche, zeichnen Altäre und Reliquiare aus, schmücken die Kronen himmlischer und irdischer Herrscher und reihen die Bischöfe durch ihren Ornat ein unter die Nachfolger der altisraelitischen Hohenpriester (vgl. Ex 28,15–21; 39,8–14).

21,23.25 Zufolge Apk 21,23.25; 22,5 gibt es im himmlischen Jerusalem keine Nacht mehr, denn Gott und Christus spenden selbst herrliches, unvergängliches Licht, das sogar Sonne und Mond überflüssig macht. Das vor dem Sanctissimum brennende »Ewige Licht« zeigt die Präsenz der konsekrierten Hostie an: Christus ist im Altarsakrament gegenwärtig; schon jetzt wohnt Gott in der Mitte seines Volkes (Apk 21,3; Tafel 2).

21,25–27 Die allezeit offen stehenden Tore (Apk 21,25–27; 22,14) sind keine anderen als die zwölf Tore von Apk 21,12f. Deshalb überrascht der Reichtum offener Tore, der erstmals auf der sog. Stadttorsarkophagen der christlichen Spätantike begegnet, etwa auf einem Sarkophag aus S. Ambrogio in Mailand (spätes 4. Jahrhundert; Abb. 39). Gleichsam unzählige »Tore« öffnen sich in den Zwerchgalerien der romanischen Dome (Pisa, Speyer, Worms, Mainz) oder auch am Torbau des Klosters Groß-Comburg; ihre Vielzahl orientiert sich nicht mehr an der Zwölfzahl der Stämme Israels (Apk 21,12f.), sondern an den 144000 Getauften (Apk 7,4–8), denen sie Einlass gewähren (Apk 21,27b; vgl. 22,14). Nach Apk 21,27a darf durch die allezeit offenen Tore nichts »Unreines« in die Stadt gelangen; »Hunde« (wohl: Häretiker), Zauberer, Götzendiener usw. bleiben »draußen« (Apk 22,15). An den Basen der Galeriesäulen des Wormser Domes (Ostchor um 1140, Westchor um 1180) verwehren daher apotropäische Dämonenskulpturen den teuflischen Mächten den Zutritt (Abb. 40 und 45). Ihre Funktion übernehmen in gotischer Zeit die Wasserspeier (nach Apk 12,15f.; Abb. 19). Gelegentlich begegnen am Außenbau torförmige Nischen. Die gequaderte Apsis des nördlichen Nebenchors der ehemaligen Johanniterkirche in Roth a. d. Our (Eifel; um 1170) weist fünf Reihen von Rundbogennischen auf, ähnlich den übereinander angeordneten Zwerchgalerien an Westfassade und Kampanile des Domes in Pisa (11./12. Jahrhundert). Damit verwandt sind die jeweils fünf gestaffelten Nischen in den Ostgiebeln der Dome von Speyer und Mainz (beide um 1100). Vielleicht darf man die Tatsache, dass diese »Tore« geschlossen sind, von Apk 21,27; 22,15 her auf die Vorstellung deuten, dass es für Dämonen und Frevler keinen Einlass in die Gottesstadt gibt, während die Getauften und Frommen an anderer Stelle genügend offene Tore finden. Gerade die höher gelegenen Zonen des Kirchengebäudes sind von den Dämonen gefährdet, als deren Bereich auch im Neuen Testament, nicht anders als im Volksglauben aller Zeiten, die Luft gilt (Eph 2,2; 6,12; vgl. Apk 12,7–9). Daher schützen Skulpturen der Mächte von Apk 21,27; 22,15 im apotropäischen Spiegelzauber die Zwerchgalerien; vermauerte »Himmelstore« täuschen und enttäuschen den »dummen Teufel«. Dagegen wird zur Abwehr der teuflischen Mächte vom Nordportal der Schottenkirche (um 1180) in Regensburg[24] ein ganzes Pandämonium aufgeboten (Abb. 44).

Kapitel 22

1. Text
1 Und er zeigte mir einen Strom, das Wasser des Lebens, klar wie Kristall; er geht vom Thron Gottes und des Lammes aus. 2 Zwischen der Straße der Stadt und dem Strom, hüben und drüben, stehen Bäume des Lebens. Zwölfmal tragen sie Früchte, jeden Monat einmal; und die Blätter der Bäume dienen zur Heilung der Völker. 3 Es wird nichts mehr geben, was der Fluch Gottes trifft. Der Thron Gottes und des Lammes wird in der Stadt stehen, und seine Knechte werden ihm dienen. 4 Sie werden sein Angesicht schauen, und sein Name ist auf ihre Stirn geschrieben. 5 Es wird keine Nacht mehr geben, und sie brauchen weder das Licht einer Lampe noch das Licht der Sonne. Denn der Herr, ihr Gott, wird über ihnen leuchten, und sie werden herrschen in alle Ewigkeit.

6 Und der Engel sagte zu mir: Diese Worte sind zuverlässig und wahr. Gott, der Herr über den Geist der Propheten, hat seinen Engel gesandt, um seinen Knechten zu zeigen, was bald geschehen muss. 7 Siehe, ich komme bald. Selig, wer an den prophetischen Worten dieses Buches festhält. 8 Ich, Johannes, habe dies gehört und gesehen. Und als ich es hörte und sah, fiel

---

24 Vgl. oben S. 83 zu Apk 17.

ich dem Engel, der mir dies gezeigt hatte, zu Füßen, um ihn anzubeten. 9 Da sagte er zu mir: Tu das nicht! Ich bin nur ein Knecht wie du und deine Brüder, die Propheten, und wie alle, die sich an die Worte dieses Buches halten. Gott bete an! 10 Und er sagte zu mir: Versiegle dieses Buch mit seinen prophetischen Worten nicht! Denn die Zeit ist nahe. 11 Wer Unrecht tut, tue weiter Unrecht, der Unreine bleibe unrein, der Gerechte handle weiter gerecht, und der Heilige strebe weiter nach Heiligkeit. 12 Siehe, ich komme bald, und mit mir bringe ich den Lohn, und ich werde jedem geben, was seinem Werk entspricht. 13 Ich bin das Alpha und das Omega, der Erste und der Letzte, der Anfang und das Ende. 14 Selig, wer sein Gewand wäscht: Er hat Anteil am Baum des Lebens, und er wird durch die Tore in die Stadt eintreten können. 15 Draußen bleiben die »Hunde« und die Zauberer, die Unzüchtigen und die Mörder, die Götzendiener und jeder, der die Lüge liebt und tut. 16 Ich Jesus, habe meinen Engel gesandt als Zeugen für das, was die Gemeinden betrifft. Ich bin die Wurzel und der Stamm Davids, der strahlende Morgenstern.

17 Der Geist und die Braut aber sagen: Komm! Wer hört, der rufe: Komm! Wer durstig ist, der komme. Wer will, empfange umsonst das Wasser der Lebens.

18 Ich bezeuge jedem, der die prophetischen Worte dieses Buches hört: Wer etwas hinzufügt, dem wird Gott die Plagen zufügen, von denen in diesem Buch geschrieben steht. 19 Und wer etwas wegnimmt von den prophetischen Worten dieses Buches, dem wird Gott seinen Anteil am Baum des Lebens und an der heiligen Stadt wegnehmen, von denen in diesem Buch geschrieben steht.

20 Er, der dies bezeugt, spricht: Ja, ich komme bald. – Amen. Komm, Herr Jesus! 21 Die Gnade des Herrn Jesus sei mit allen!

2. Kurzexegese

Das letzte Kapitel der Johannes-Apokalypse weist keinen einheitlichen Duktus auf. Die Verse 22,1–5 gehören noch zur 21,9 einsetzenden visionären Schilderung des neuen Jerusalem. Mit 22,6 beginnt der Schlussteil, der zunächst verschiedene Bezeugungen und Mahnungen aus dem Munde des offenbarenden Engels, des Propheten Johannes und des erhöhten Jesu Christus aneinander reiht (22,6–16), um dann in einen liturgischen Buchschluss einzumünden (22,17–21).

Zunächst führen die Verse 1–5 die Jerusalem-Vision zu Ende. Wie bereits die Schilderung der zwölf den Stämmen Israels zugewiesenen Tore (21,12f.) auf den Propheten Ezechiel zurückgeht (Ez 48,30–35), so stammt auch die Weissagung eines Lebenswasserstroms (22,1) und der an seinen Ufern wachsenden, einmal im Monat Früchte bringenden Bäume (22,2) aus Ezechiel (Ez 47,1-12). Sogar das Detail von der Heilkraft der Blätter (22,2b) findet sich bereits dort (Ez 47,12b). Auf 21,22 greift 22,3, auf 21,25b und 21,23 greift 22,5 zurück. Das Motiv vom Ende der Nacht im Eschaton stammt aus Jes 60,19f. (vgl. Sach 14,7). Nur entspringt hier (22,1) das von der prophetischen Eschatologie erwartete göttliche Heilswasser (vgl. Jes 44,3) als Strom lebendigen Wassers nicht im Tempel (wie Ez 47,1), sondern, da es keinen Tempel mehr gibt (21,22), dem »Thron Gottes und des Lammes« (vgl. Sach 14,8: »aus Jerusalem«). Dass es sich bei den Bürgern der Himmelsstadt um die Getauften handeln wird, stellt 22,4 sicher (vgl. 7,3f.). Das von Jesus ausgehende Lebenswasser (vgl. Joh 7,37f.) ist höchstwahrscheinlich das Taufwasser (vgl. 22,14.17). Auf eine allmonatliche Feier des Herrenmahls sind vermutlich die Früchte der Obstbäume am Ufer des Stroms zu deuten (22,2); ihre Frucht ist wohl das Manna (vgl. 2,17; Joh 6,48-51). Wasser und Manna können seit Paulus (1 Kor 10,1-4) auf die heilsgeschichtlich begründeten, eschatologisch qualifizierten und die gegenwärtige Kirche prägenden Sakramente der Taufe und des Herrenmahls gedeutet werden (Barn 11,10f.; vgl. auch Joh 19,34). Bemerkenswert ist, dass bereits Ez 47f. die Hoffnung auf ein neues Jerusalem mit der Hoffnung auf ein neues Paradies verbindet. Der alte Garten Eden mit dem einen Lebensbaum (Gen 2,9) und dem sich vierfach verzweigenden Strom (Gen 2,10-14) wird durch die Vielzahl der das ganze Jahr über fruchtbringenden Lebensbäume am mächtigen Gottesstrom genau so prächtig überboten wie das zerstörte Jerusalem durch seine himmlische Nachfolgerin. Seit Ez 47f. ist das Miteinander eines herrlich erneuerten Jerusalem und eines neuen, baum- und wasserreichen Gartens Eden konstitutiv für die altjüdische (4 Esr 7,26; syrBar 4,6; vgl. TestLev 18,10f.) und christliche Eschatologie (Apk 21,2-22,2). Die Verbindung von Herrenmahl und eschatologischem Mahl (vgl. Apk 2,7) findet sich auch Mt 8,11f. par. Lk 13,28f. (vgl. Apk 21,24-27). Was Gott strafweise Adam und Eva versagt hat (Gen 3,22-24), ermöglicht den Frommen das Freudenmahl der Endzeit, das in der Feier des Herrenmahls vorweggenommen wird. An die Heilkraft der Blätter der Lebensbäume (Ez 47,12b; Apk 22,2b) erinnert die Bezeichnung des Herrenmahls als einer Arznei der Unsterblichkeit (φάρμακον ἀθανασίας) bei Ignatius (IgnEph 20,2).

Die Verse 22,6-16 sind ein Nachwort nicht nur zu den vorangegangenen Schlussvisionen (19,11-22,5), sondern zum ganzen Buch mit allen 21 Kapiteln. Dieser Epilog, gerichtet an die Hörer der im Gottesdienst verlesenen Johannes-Offenbarung (vgl. 1,3.19; 22,10.18), macht in geradezu apodiktischer Prägnanz deutlich, worum es dem Visionär und Autor geht: um die Beglaubigung seines Auftrags, um die Würde des erwarteten Messias, um die Kürze der verbleibenden Zeit und um die Reaktion der zum Bürgerrecht der Himmelsstadt berufenen Hörer bzw. Leser. Die auffällig zahlreichen Verklammerungen von 22,6-16 mit Aussagen in den Kapiteln 1,1-22,5 sollen nicht nur den Zusammenhang des eher paränetisch ausgerichteten Schlussteils mit den Visionen sicherstellen, sondern sie dienen auch der Erinnerung an bereits Gehörtes oder Gelesenes.

So greift 22,6 mit dem Hinweis auf den Offenbarerengel, die »Knechte« (= Propheten) und die Nähe des Endes nahezu wörtlich auf 1,1 zurück. Die Beglaubigung des Visionärs (22,6.8.18) erinnert an 1,1–3.19 (u.ö.). Die Kürze der verbleibenden Zeit und das prophetische Wort (22,7.12) finden sich 1,3, das Verbot der Engelverehrung (22,8f.) ganz ähnlich schon 19,10. Die Verschriftlichung der Visionen wird ausdrücklich gefordert (22,10 wie 1,11.19). Alpha und Omega, jetzt der erhöhte Christus (22,13), umschrieben 1,8 noch Gott (vgl. 21,6). Das Waschen des Gewandes, gleichermaßen an das Martyrium als »Bluttaufe« wie an die Wassertaufe erinnernd (22,14), spielt schon 7,14 eine wichtige Rolle. Ebenfalls 22,14 finden sich (im Singular! vgl. 2,7) der Baum des Lebens und die offenen Tore der Stadt; hier spielt der Apokalyptiker auf 22,2 und 21,25 an. In der Aufzählung der »draußen« Bleibenden (22,15) verdeutlicht Johannes durch einen Lasterkatalog, wen er von der Himmelsstadt ausgeschlossen wissen will (vgl. 9,21; 21,8.27); unter den »Hunden« sind wohl die Irrlehrer zu verstehen (vgl. Phil 3,2; 2 Petr 2,22). Das inhaltlich einzig Neue dieses Abschnitts ist die Selbstbezeichnung des Erhöhten (22,16b) als »die Wurzel und der Stamm Davids« (vgl. Jes 11,1.10; TestJud 24,5; Röm 15,12, aber auch Apk 5,5 im Munde eines der 24 Ältesten) und als »der strahlende Morgenstern« (vgl. Num 24,17; metaphorisch Sir 50,6; 2 Petr 1,19; Apk 2,28).

Die Schlussverse (22,17–21) lassen den gottesdienstlichen Rahmen erkennen, in den die Verlesung des Buchs gehört. Gemeinsam mit dem Geist ruft die »Braut« (22,17; vgl. 19,7–9; 21,2), d. h. die versammelte Gemeinde der Gottesdienstbesucher (vgl. 1,10), dem zur Parusie erwarteten Bräutigam ihr »Komm« bzw. »Komm, Herr Jesus« zu (22,17.20b). Dieses Gebet stand am Ende der Herrenmahlfeier und wurde zufolge 1 Kor 16,22b; Did 10,6 – zumindest auch – in aramäischer Sprache ausgerufen (*Marana tha*, »Unser Herr, komm«, 1 Kor 16,22b). Sowohl die Androhung der Verfluchung (Apk 22,18f.; 1 Kor 16,22; Did 10,6 stattdessen Ruf zur Buße) als auch die Zusage der Gnade (Apk 22,21; 1 Kor 16,23; Did 10,6) hatten ihren festen Platz in der Liturgie. Die Bitte um baldige Parusie wird von Jesus – durch den Mund des Propheten Johannes – zustimmend beantwortet: »Ja, ich komme bald« (22,20).

Als Grund für die angedrohte Bestrafung nennt 22,18f. Veränderungen am Text der Johannes-Apokalypse. Von vornherein beansprucht Johannes für sein Buch kanonischen Rang. Wer dem Originaltext etwas hinzufügt, wird mit Krankheit oder Not (aus der Reihe der Katastrophenvisionen) gezüchtigt (22,18); wer jedoch Kürzungen wagen sollte, wird nach Art des antiken *Jus talionis*, das die Analogie von Vergehen und Strafe fordert (vgl.

etwa Gen 9,6; Ex 21,23-25), mit dem Ausschluss von Lebensbaum und Gottesstadt bedroht (22,19). Wenn man das Lebenswasser für die Durstigen (22,17) auf das Taufwasser für Taufwillige deuten kann (vgl. Joh 7,37f.), dann sind die Früchte des Lebensbaums das Brot (»Manna«) des Herrenmahls (vgl. außer 22,2 noch einmal Joh 6,48-51; 1 Kor 10,1-4). Als Strafe für Manipulationen am Text der Johannes-Offenbarung fordert der Autor offensichtlich die Exkommunikation (vgl. 2,7.17; 3,16). Seine hochgespannte Eschatologie, die mit dem baldigen Kommen Jesu rechnet (22,10.20), steht mit Strafbestimmungen der gegenwärtigen Kirchenordnung nicht im Widerspruch. Mit den Einschränkungen von 22,11-15.18f. beschließt eine allen Hörern und Lesern des Buches geltende liturgische Gnadenzusage die Offenbarung des Johannes (22,21).

3. Wirkungsgeschichte
Aus Apk 22,1f. hat die alte Kirche gelernt, dass zur himmlischen Gottesstadt 22,1f. auch der erneuerte Garten Eden gehört. Die Hoffnung auf ein jenseitiges oder zukünftiges Paradies in unmittelbarer Nachbarschaft des neuen Jerusalem bestimmt nicht nur die Eschatologie, sondern auch den Kirchenbau von der Spätantike bis ins Mittelalter und darüber hinaus. Die altchristliche Basilika erhält einen »Paradies« genannten Vorhof, in dem sich zwischen Grünflächen ein Brunnen für die Waschung vor dem Gottesdienstbesuch befindet (Rom, San Clemente). Der mittelalterliche Kirchenbau setzt diese Tradition fort (Mailand, San Ambrogio; Essen, Münster; Münster i. W., Dom). Das spätromanische Paradies in Maria Laach (1220/30) erhielt noch 1936 einen sprudelnden Löwenbrunnen, der nicht nur an den von zwölf Löwen getragenen Springbrunnen der Alhambra (13./14. Jh.) bei Granada erinnert, sondern vor allem an die Löwentaufsteine der südwestdeutschen Spätgotik (vgl. Worms, um 1485; Abb. 41). Bildliche Darstellungen des himmlischen Jerusalem aus dem 17. Jahrhundert zeigen die Gottesstadt entweder in vegetationsreicher, vom breiten Strom durchflossener Landschaft (Matthäus Merian d. Ä. [1625/30] zu Apk 21, 9-27; Abb. 55) oder – hier als turmartigen Zentralbau über kreisförmigem Grundriss – inmitten eines kunstvoll bewässerten Gartens (Bad Teinach, Lehrtafel der Prinzessin Antonia, voll. 1663; Tafel 11). Wenigstens genannt seien in diesem Zusammenhang auch die gemalten Paradiesgärten der Gotik (vgl. Gent, 1432; Tafel 2), etwa im Kontext der Mariologie (»Paradiesgärtlein«, *Hortus conclusus*).

Vom kultischen Reinigungswasser im Paradies der alten Kirche führt nur ein kurzer Schritt zum Taufwasser. Dem gesamten Mittelalter stand außer Frage, dass der Strom des Lebenswassers, der am Thron Gottes und Christi entspringt (Apk 22,1), nur das Taufwasser bedeuten könne. Als Quellort dieses Heil schenkenden Wassers im Inneren der Pfarrkirche galt das steinerne oder gegossene Taufbecken (»Fünte«, von lat. *fons*»Quelle«), das zumeist als Taufstein bezeichnet wird, auch wenn es aus Bronze oder Zinn besteht. Aus Furcht vor dem Teufel, der bis zur Taufe über den Täufling noch Gewalt besitzt, hat man den Taufstein durchweg in Portalnähe oder an der Nordseite aufgestellt. In ihm wurde – nach der Durchsetzung des Christentums und dem Ende der Erwachsenentaufe auch in Mittel- und Nordeuropa – der Säugling, analog zur Taufe des Erwachsenen im Fluss, gänzlich untergetaucht. Die Reinheit begründende Wirkung der Taufe (vgl. Apk 21,8.27; 22,15) führte früh zur apotropäischen Verteidigung der Reinheit des Taufsteins; teuflische Bestien im Sockelbereich schützen den Ort des Taufsakraments, so im 11. und 12. Jahrhundert in Keitum (Sylt), Nieblum (Föhr), Freudenstadt, Freckenhorst und Halberstadt sowie seit dem späten 13. Jahrhundert in Hessen (Friedberg, um 1280; Schotten, Anf. 14. Jh.), in Süddeutschland (Ulm, 1470) und in Südwestdeutschland. Schulbildende Wirkung entfaltete der Taufstein in der Nikolauskapelle des Wormser Doms mit einem Sockel aus Löwenskulpturen (um 1485; Abb. 41). Taufsteinsockel in bzw. aus Brensbach, Lorch, Bingen, Kallstadt und Bretzenheim a. d. Nahe, alle zwischen 1450 und 1505 entstanden, weisen neben anderen dämonischen Tieren auch den Hund (aus Apk 22,15) auf. Lateinische Inschriften des achtseitigen Wormser Taufsteins stellten den Bezug des Taufsakraments zum Lebenswasserstrom der alttestamentlichen Weissagungen her (z. B. *Fons vitae* nach Ps 36,10); diese aufgemalten Zitate wurden nach 1887 beseitigt.

Schon in romanischer Zeit konnte neben die ältere Walzen- bzw. Kufenform des Taufbeckens auch die Form eines großen Pokals treten, dessen Kuppa von einem schlankeren Schaft getragen wird (z. B. in Munkbrarup/Schleswig-Holstein, um 1200; hier auf der Kuppa ein apotropäisches Relief mit Simson/Samson und dem Löwen, vgl. Ri 14,5f.); seit der Spätgotik blieb diese Pokalgestalt, in der sich die ekklesiologische Zusammengehörigkeit von Taufe und Herrenmahl dokumentiert, die nahezu ausnahmslos herrschende. Zusätzlich überzieht der genannte Wormser Taufstein von ca. 1485 (Abb. 41) die Kuppa mit naturalistischem Astwerk, das ohne Zweifel von den Lebensbäumen zu beiden Seiten des Stromes (Apk 22,2) abgeleitet ist. Ein eucharistisches Verständnis dieser Bäume bzw. ihrer Früchte wird u. a. dadurch erwiesen, dass im sog. Jesse-Baum, der eine Kombination von Apk 22,16 und Apk 22,2 darstellt (siehe unten), Maria ihrem Sohn eine Traube reicht. Daher wird man auch die spätgotischen Astwerktaufsteine, von denen außer dem Wormser Exemplar noch 25 weitere (u. a. in Guntersblum, Klein-Bockenheim [jetzt Bockenheim] und Worms-Hochheim) bekannt sind, als Verbindung des Taufsakraments mit dem Herrenmahl im Rückgriff auf Apk 22,1f. verstehen dürfen. Wenn ein spätgotisches Weihwasserbecken in Gernsbach (Abb. 42) gleichfalls Wurzel-, Stamm- und Astwerkelemente zur Dekoration verwendet, wird das reinigende Weihwasser, das in seiner

Funktion an die Brunnen im Paradies der spätantiken Kirchengebäude erinnert, mit dem Taufwasser gleichgesetzt; auch hier steht Apk 22,1f. im Hintergrund.

Nicht in diesen Zusammenhang gehört die Baumsymbolik, die gelegentlich bei Kruzifixen (Astkreuz, Baumkreuz) und Monstranzen begegnet. Da hier das Element des Lebenswassers (Apk 22,1) fehlt, wird man an eine andere, deutlicher christologische Herkunft dieses Motivs denken müssen, etwa an Jesu Selbstbezeichnung als der wahre Weinstock (Joh 15,1.5). Dagegen ist der Jesse-Baum (»Wurzel Jesse«; Abb. 43) nicht nur von Apk 22,16b (siehe unten), sondern auch von Apk 22,2 geprägt. Der Stammbaum Jesu ist ein Lebensbaum für Christen und Völker (Apk 22,2b).

Innerhalb des Lasterkatalogs Apk 22,15 (vgl. Apk 21,8) werden erstmals »Hunde« genannt; mit ihnen sind aller Wahrscheinlichkeit nach die Irrlehrer gemeint (vgl. Phil 3,2; 2 Petr 2,22), die als durch den Teufel Verführte von der Gottesstadt ausgeschlossen bleiben. Daher finden sich unter den apotropäischen Skulpturen des Kirchenäußeren, etwa in Regensburg (Abb. 44) und Worms (Abb. 40 und 45), auch Hunde[25]. 22,15

Der Vers Apk 22,16 enthält zwei christologische Prädikationen, die im Neuen Testament keine wichtigen Parallelen aufweisen: »Wurzel und Stamm Davids« und »Morgenstern«. Nur Paulus kennt, im Rahmen eines größeren Jesaja-Zitats (Röm 15,12 nach Jes 11,10 LXX), die messianische Würde Jesu auf Grund seiner Abstammung von Isai, dem Vater Davids (1 Sam 17,12). Die lateinische Form des Zitats bei Paulus (*erit radix Jesse*, Röm 15,12 Vulg.) ist daran schuld, dass die bildliche Umsetzung dieses Motivs nicht »Isai-Baum«, sondern zumeist »Wurzel Jesse« heißt; man sollte sich für die Form »Jesse-Baum« entscheiden[26]. 22,16

Seine relativ große Bedeutung für die kirchliche Kunst erlangte der zunächst genealogisch-abstrakte Titel Jesu als des Nachkommen Isais erst durch seine Kombination mit Apk 22,2. Jesus Christus ist der Lebensbaum, der den Seinen im Herrenmahl seine »Früchte« spendet (vgl. Joh 15,1.5). Aus dem Lebensbaum am Strom des Lebenswassers wird der aus den Lenden Isais aufsteigende Stammbaum Jesu. Ursprünglich in der Buchmalerei beheimatet, dringt der Jesse-Baum zunächst in die Glasmalerei (St.-Denis, Fenster der Abteikirche, bald nach 1144; vgl. Tafel 12), seit der Mitte des 12. Jahrhunderts in die Bauplastik vor (Frankreich, Kathedralenportale). Um 1200 entstand das Deckengemälde des Jesse-Baumes in St. Michael zu 22,16

25   Vgl. oben S. 112 zu Apk 21,27.
26   Für die Beibehaltung der Vulgata-Form Jesse (statt Isai) spricht die Festlegung der kunstwissenschaftlichen und religiösen Tradition auf Jesse bzw. die »Wurzel Jesse« (vgl. auch das Gesangbuchlied »Wie schön leuchtet der Morgenstern«, EG 70, Strophe 1 nach Apk 22,16).

Hildesheim. Zwei Jesse-Baum-Fenster des späten 13. Jahrhunderts enthält der Kölner Dom.

Von den etwa 70 bekannten Exemplaren aus der Zeit nach 1460 (Maulbronn, Ulm, Nürnberg St. Lorenz, Maria Saal bei Klagenfurt, Riedlingen, Frankfurt a. M. u. a.) sei nur das bedeutendste Beispiel vorgestellt: das riesige, 1488 datierte Sandsteinrelief aus dem abgebrochenen Kreuzgang des Wormser Domes (jetzt im nördlichen Seitenschiff des Domes; Abb. 43). Das an der Basis 3,15 Meter breite, mit seiner Spitze 3,70 Meter hoch zum Scheitel des ehemaligen Schildbogens aufsteigende Relief zeigt den Jesse-Baum, der aus dem schlafenden Isai emporwächst und in seinen Ästen zwölf königliche Ahnen Jesu, darunter gleich links unten den König David, präsentiert (nach Mt 1,6–10; vgl. Lk 3,23–32). Die Spitze zeigt Maria mit dem Jesusknaben, dem seine Mutter eine Rotweintraube darreicht – Symbol des Todes Jesu wie auch der Eucharistie.

Nur wenige Jahre jünger als der steinerne Jesse-Baum in Worms ist der 1501 datierte sog. Sippenteppich im Mainzer Dom- und Diözesanmuseum, der einen vollständigen Jesse-Baum durch die Darstellung sämtlicher Nachkommen der hl. Anna zu einer detailreichen Tafel der Verwandten Jesu bzw. Mariens erweitert. Ein mariologischer Bezug dieses Themas begegnet auch in dem noch heute gesungenen, seit 1587/88 nachweisbaren Weihnachtslied »Es ist ein Ros entsprungen aus einer Wurzel zart« (erstmals gedruckt 1599 in Köln für ein Gesangbuch der Diözese Speyer). Wahrscheinlich ist der seit dem 15. Jahrhundert bezeugte Weihnachtsbaum ursprünglich eine lebensechte Variante des Jesse-Baums, die das immergrüne Geäst von Tannen oder Fichten (»Wintermaien«) zur Herstellung eines Lebensbaums benutzte. Auf das Herrenmahl verweist der Schmuck aus Gebäck (»Brot«) und Trauben (»Wein«), die später durch Äpfel ersetzt wurden, an die wiederum bunte Glaskugeln erinnern. Der Stern an der Spitze ist dann kein anderer als der »strahlende« Morgenstern von Apk 22,16, ein Symbol Jesu Christi, dessen Licht durch die brennenden Kerzen des Christbaums symbolisiert wird[27].

22,18f.   An die Bedrohung derer, die sich am Text der Johannes-Offenbarung vergehen könnten (Apk 22,18f.), lässt Abt Suger von Saint-Denis denken, wenn er (bald nach 1144) etwaigen Dieben der kostbaren Ausstattungsstücke die Ungnade des hl. Dionysius und den Tod vom Schwert des Heiligen Geistes (vgl. Apk 19,15.21) in Aussicht stellt (De consecratione 66).

---

27 Dazu vgl. Böcher (Lit.-Verz. Nr. 9), besonders S. 115–117.

5. Schlussfolgerungen

So gut wie alle Kapitel der Johannes-Offenbarung haben auf die christliche Kunst und Architektur eingewirkt; die weniger ergiebigen Kapitel 3 (als Fortsetzung von Kapitel 2), 7, 10, 14 und 18 (als Fortsetzung von Kapitel 17) bilden Ausnahmen, deren Gründe leicht einzusehen sind und oben jeweils dargelegt werden.

Bemerkenswert sind jedoch zwei Tatsachen. Zum einen sind die Wirkungen der einzelnen Kapitel der Apokalypse verschieden intensiv, was am Umfang der wirkungsgeschichtlichen Abschnitte unmittelbar abgelesen werden kann. Und zum zweiten ändern sich im Verlauf der Kirchengeschichte Gestalt und Funktion der von Apk 1–22 angeregten Kunstwerke in einem Maße, das nicht ausschließlich durch die kunstgeschichtliche Entwicklung erklärt werden kann.

Als Beispiele der erstgenannten Beobachtung seien Apk 4f., Apk 12f. und Apk 21f. genannt. Hier entfaltet sich die Wirkung zu erstaunlicher Breite; diese wird in den beiden erstgenannten Beispielen durch je eine exegetische Fehldeutung verstärkt: durch die Gleichsetzung der vier Wesen mit den Symbolen der vier Evangelisten und durch die Gleichsetzung der Himmelsfrau mit Maria, der Mutter Jesu. Primär ausschlaggebend für die Beliebtheit von Apk 4f. und Apk 21f. dürfte jedoch die Möglichkeit gewesen sein, einen Blick in den Himmel zu tun und diesen Himmel durch künstlerischen »Nachbau« auf die Erde zu holen.

Schon hier wird ein Aspekt sichtbar, der unsere zweite Beobachtung betrifft: der Einfluss des kirchen- bzw. frömmigkeitsgeschichtlichen Wandels. Zu den Ängsten und Hoffnungen des um und nach 1000 n. Chr. wirkenden Chiliasmus gehörte der Blick auf das irdische und das himmlische Jerusalem; unzählige Kathedralen, Pfarr-, Stifts- und Klosterkirchen wurden bis ins 12. Jahrhundert neu erbaut, und sie alle sind geprägt von den Strukturen der Gottesstadt nach Apk 21f. Dem auf Apk 21,2–22,5 zurückgehenden Detailreichtum gegenüber wirken die vormittelalterlichen Kirchengebäude, obwohl gleichfalls geostet und sowohl die Höhenlage wie auch die Zwölfzahl bevorzugend, deutlich weniger auf neutestamentliche Vorlagen fixiert. Die Entstehung der an Apk 12 orientierten Marienleuchter und Marienskulpturen setzt das Erstarken der Marienverehrung im 14. Jahrhundert voraus.

Die Furcht vor dämonischen Schädigern war im frühen und hohen Mittelalter stärker als nach 1500. Das lehren die apotropäischen Plastiken von den romanischen Fensterbänken bis zu den gotischen Wasserspeiern; ihnen war kein künstlerisches Nachleben beschieden. Analog verhält es sich mit der Verehrung der Heiligen als der mächtigen Schützer des Kirchengebäudes. Die naive Sorge Sugers von Saint-Denis um die größtmögliche Ausstattung der Heiligengräber durch kostbare – u. U. im Fundamentmörtel verschwindende – Edelsteine erweist noch eine realistische Frömmigkeit, mit der die spielerische Dekoration der Reliquiare und Ostensorien mit Edelsteinen im 18. Jahrhundert kaum mehr gemeinsam hat als den Ursprung in Apk 21,19f. Ein gewisses Prunkbedürfnis ist im Gebrauch der Edelsteine schon beim Ornat der Kirchenfürsten des 16. Jahrhunderts nicht mehr auszuschließen.

Der Taufstein, zunächst noch monumental, beherrschend in Portalnähe platziert, um den Teufel erst gar nicht ins Kircheninnere einzulassen, verliert nach 1520 seine apotropäischen Sockelfiguren, wird immer kleiner und in Taufkapellen oder in der Nähe des Altars aufgestellt. Schließlich genügt, vor allem bei den Protestanten, eine transportable, metallene Taufschüssel. Der exorzistische Charakter des Taufsakraments ist genauso vergessen wie die Funktion der Taufe als Eintrittsritual zur endzeitlichen Himmelsstadt. Der Lebensbaum in Gestalt der Wurzel Jesse verschwindet, abgesehen von wenigen Ausnahmen, nach 1600 so gut wie gänzlich aus der christlichen Kunst. Die Christologie bedurfte nicht mehr der genealogischen Legitimierung des Erlösers. Aus dem ehrfürchtigen Blick auf den thronenden Richter und seinen Hofstaat, wie ihn die Wand- und Gewölbebilder der Romanik ermöglichten, wird im Barock die Teilnahme am himmlischen, alle Heiligen und nicht zuletzt Maria einbeziehenden höfischen Zeremoniell, wie es die oft riesigen Deckengemälde des 18. Jahrhunderts vorführen. Der Wandlung der Frömmigkeit und der Jenseitshoffnung entspricht die Wandlung der Kunst; nur die Schriftgrundlage bleibt dieselbe (Apk 4f.).

Man wird annehmen dürfen, dass in nachmittelalterlicher Zeit den Bauherren, Architekten und Kirchenmalern kaum noch bewusst war, dass ihre Normen und Themen aus der Offenbarung des Johannes stammten. Längst führte man selbstverständlich gewordene Traditionen weiter, ohne nach ihrer Herkunft zu fragen. Insbesondere dem in beiden Konfessionen um 1850 einsetzenden Historismus kam es auf die Baugewohnheiten des Mittelalters, aber nicht auf deren biblisch-theologische Begründung an. Das berühmte »Eisenacher Regulativ« (1861)[28] fordert für den evangelischen Kirchenbau ausdrücklich die Ostung der Apsis und einen durch mehrere Stufen erhöhten Altar; dabei geht es ihm jedoch lediglich um den Anschluss an die »alte Sitte« (§1), d.h. um die Normen der altkirchlichen und mittelalterlichen Sakralarchitektur. Ein Interesse an theologischen oder gar biblischen Fragestellungen wird nirgendwo sichtbar.

---

28   Text bei Langmaack (Lit.-Verz. Nr. 15), S. 272–274.

Als das»Wiesbadener Programm« (1891)[29] die Herrschaft des»Eisenacher Regulativs« beendete, begründete es den Platz von Altar, Kanzel und Orgel erstmals wieder theologisch und im Blick auf die»feiernde Gemeinde«; die Zusammenordnung der genannten drei»Prinzipalstücke« an einer Schmalwand des Kircheninneren bestimmte fortan den vom Jugendstil geprägten evangelischen Kirchenbau. Das erste und namengebende Gotteshaus des»Wiesbadener Programms«, die 1892–1894 am Kaiser-Friedrich-Ring in Wiesbaden erbaute Reformationskirche, schon bald nur noch»Ringkirche« genannt, bedient sich jedoch noch immer historistischer Stilformen – hier der Neuromanik – ohne allerdings den Altar im»Chorraum« zu platzieren. Wo man, verführt von der»spätromanisch-frühgotischen« Außenarchitektur, den Altar vermuten sollte, nämlich in der mittleren der drei Konchen, befindet sich, im Duktus scheinbarer Chorumgänge, der Haupteingang. Ganz offensichtlich ist mit der Kenntnis von Apk 21f. auch das Wissen um die Funktionalität der mittelalterlichen Sakralarchitektur verloren gegangen. Die Wiesbadener Ringkirche entlarvt den Rückgriff auf Bauformen des Mittelalters als spielerische Attrappe. Während die katholische Sakralarchitektur, abgesehen von kleinen Veränderungen infolge der Liturgiereform des Zweiten Vatikanischen Konzils (1963), ihrer ererbten Tradition weiterhin die Treue hält, belegen das»Wiesbadener Programm« und die Wiesbadener Ringkirche das unbeabsichtigte Ende einer jahrhundertelangen Herrschaft der Johannes-Apokalypse über den Kirchenbau auch der Protestanten.

Spuren des Einflusses von Apk 21f. finden sich freilich nach 1900 auch noch im evangelischen Kirchenbau, wenn auch nur im Rahmen der Ausstattung. Der Jugendstilkünstler Ernst Riegel (1871–1939) schuf 1910, in sorgfältiger Umsetzung von Apk 1,12–16, einen siebenarmigen Leuchter für Bechtheim bei Worms (Abb. 2), den er 1912 ein zweites Mal für Friesoythe (Oldenburg/Niedersachsen) schmiedete. Von Riegel stammt auch das nach Apk 21,18–21 gestaltete Altarkreuz der Lutherkirche in Worms (1912; Tafel 19).

Erst von der Mitte des 20. Jahrhunderts an, angeregt durch die»apokalyptischen« Schrecken der beiden Weltkriege, entstanden in beiden Konfessionen Kirchengebäude, die sich als ganze an der Johannes-Apokalypse orientierten. Eher zufällig wurden dem Verfasser fünf solcher Gotteshäuser bekannt, die, ohne Anspruch auf Vollständigkeit, schon hier wenigstens genannt seien: Notre Dame de Toute Grâce in Plateau d'Assy (1937–1944); Dom St. Kilian zu Würzburg, Neugestaltung des Chorbereichs (1987/88); ehemalige Jesuitenkirche St. Michael zu Würzburg, Neugestaltung des gesamten Innenraums (1988–1995); Katholische Pfarrkirche St. Bernhard zu

---

29 Text ebd. S. 276.

Mainz-Bretzenheim (1992); Evangelische Pfarrkirche zu Mainz-Ebersheim (1999). Da die genannten Bauten nicht in den Traditionsstrom der spätantiken und mittelalterlichen Architektur gehören, sondern sich ganz neu und selbständig mit den visionären Bildern der Johannes-Offenbarung auseinandersetzen, sollen sie in einem eigenen Abschnitt des Anhangs kurz behandelt werden.

Ob in Weiterführung solcher Baugesinnung die Johannes-Apokalypse noch einmal generell den christlichen Sakralbau wird prägen können, bleibt abzuwarten, ist jedoch, angesichts des Fehlens einer lebendigen Endzeiterwartung, eher unwahrscheinlich. Vielleicht aber entfaltet der nach wie vor zum Kirchweihgottesdienst gelesene Text Apk 21,2–5 noch einmal die prägende Kraft präsentisch-eschatologischer Hoffnung: *Ecce tabernaculum Dei cum hominibus. – Seht, die Wohnung Gottes unter den Menschen!*

6. Anhang

a) Moderne Kirchenbauten unter dem Einfluss der Johannes-Apokalypse

Ein Kirchengebäude, das die Gottesdienstbesucher vom Hauptportal im Westen hinauf zum Hochaltar im Osten führt, entspricht der Eschatologie der Johannes-Offenbarung aufs Genaueste: Der Weg der Gemeinde führt durch die Bedrängnisse der Gegenwart zum himmlischen Jerusalem. In beiden Konfessionen hat der Barock den Kirchenbau nicht revolutioniert; auch Zentralbauten (vgl. Apk 21,16) platzierten durchweg den Altar im Osten (Dresden, Frauenkirche). Der romantische Historismus erlaubte dem klassischen Bauideal noch einmal für über sieben Jahrzehnte ein Weiterleben. Auch die protestantischen Kirchen im Geiste des »Eisenacher Regulativs« (1861) folgen, ohne es zu wissen, der auf Apk 21 beruhenden Tradition etwa des Suger von Saint-Denis.

Erst nach 1900 verzichtete der protestantische Kirchenbau auf eine konsequente Ostung der Gotteshäuser. Für die Wahl der Eingangs- und der Altarseite gab nicht selten die Situation des Bauplatzes und seine Anbindung an die Umgebung den Ausschlag. Seit dem »Wiesbadener Programm« (1891, herrschend seit ca. 1900) ist das Kirchengebäude der Protestanten ein »Versammlungshaus der feiernden Gemeinde« im Hier und Jetzt, nicht mehr ein Abbild des Weges einer sehnsuchts- und hoffnungsvollen Wanderung zum himmlischen Jerusalem (vgl. Hebr 12,22–24).

Beiden Konfessionen ist im 20. Jahrhundert die Tradition der selbstverständlichen Ausrichtung der Liturgie und des Kirchenbaus an der Johannes-Apokalypse verloren gegangen. Den Schrecken zweier Weltkriege korrespondiert vielfach die Verkümmerung der Eschatologie; wo die Engel aus der Präfation der eucharistischen Feier getilgt werden, ist das von der Gemeinde gesungene Heilig-Heilig-Heilig eine rein diesseitige Angelegenheit, nicht mehr der gemeinsame Gesang mit den Himmlischen (Apk 4,8–11).

Andererseits haben die Schlachtfelder und Bombenangriffe zweier Weltkriege auch Erinnerungen an die Visionen der Johannes-Offenbarung geweckt. Wo in moderner Kirchenausstattung, etwa in Türflügeln, Glasfenstern und Wandteppichen, Motive aus Apk 4f.; 12f.; 14; 16–18 oder 21f. aufgenommen werden, sind die Schrecken des Krieges durch die endzeitliche Heilshoffnung überwunden. Zu modernen Kirchenbauten, die grundsätzlich und in größerem Umfang Anregungen der Johannes-Apokalypse aufgreifen, ist es bisher jedoch nur ausnahmsweise gekommen. Die mir bekannt gewordenen Beispiele seien im Folgenden vorgestellt.

Während des Zweiten Weltkriegs schuf der Architekt M. Novarina im französischen *Plateau d'Assy* (Haute-Savoie) die Kirche *Notre Dame de Toute Grâce* (Abb. 46). Begonnen schon 1937 und noch vor Kriegsende vollendet (1944), stellt das Gotteshaus den Altar vor die offenen Tore der Himmelsstadt, die den Gläubigen den Zutritt zur Eucharistie gestatten (Apk 21,25–27). Berühmt sind das Fassadenfresko von Fernand Léger (1881–1955) und der Teppich von Jean Lurçat (1892–1966) über der Arkatur der Apsis. Unsere Abbildung lässt rechts die mit Maria gleichgesetzte Sonnenfrau mit dem Mond und zwölf Sternen erkennen (Apk 12,1), links den teuflischen Drachen mit sieben Köpfen und zehn Hörnern (Apk 12,3), dessen Schwanz die Sterne vom Himmel fegt (Apk 12,4).

Eine unmittelbare Folge der »apokalyptischen« Zerstörungen im Zweiten Weltkrieg ist die Neugestaltung des Chorbereichs im Inneren des *Würzburger Doms*[30]. Die seit 1967 den Frankenaposteln Kilian, Kolonat und Totnan geweihte Kathedrale des Bistums Würzburg, eine 1188 vollendete romanische Basilika, deren Innenraum im 17. und 18. Jahrhundert durchgreifend barockisiert worden war, brannte am 16. März 1945 nahezu völlig aus. Während der einst die Apsis beherrschende Hochaltar von 1704 ein Raub der Flammen wurde, blieben die Gewölbestukkaturen des Mailänder Bildhauers Pietro Magno aus den Jahren 1701–1704 im wesentlichen unversehrt; sie stellen, unterhalb der im Gewölbescheitel thronenden Trinität (vgl. Apk 21,22f.), Maria als Himmelskönigin dar, gekrönt mit einem Diadem aus zwölf goldenen Sternen (Apk 12,1) und umgeben von den Zwölf Aposteln (Apk 21,14).

Einem Vorschlag des Würzburger Dombaumeisters Hans Schädel folgend, entschloss man sich, die Stuckreliefs Magnos zu restaurieren und im Chorbereich die Aspekte des himmlischen Jerusalem noch stärker zu betonen. Die neue Apsisdekoration, theologisch strukturiert druch den Würzburger Bischof Paul-Werner Scheele, wurde ganz konsequent an Apk 4f. und Apk 20–22 ausgerichtet. Das 1987/88 von Hubert Elsässer geschaffene Wandretabel (Abb. 47) zeigt den aus der Sonne (vgl. Apk 21,23) hervorgehenden, wiederkommenden Christus (Apk 22,7.12) zwischen den 24 Ältesten (Apk 4,4–11; 20,4–6), darunter das thronende Lamm (Apk 5,6; 21,22f.) zwischen den zwölf Perlentoren der Himmelsstadt (Apk 21,21). Von Christus und dem Lamm geht der (goldene) Strom des Lebenswassers aus, flankiert von blühenden Lebensbäumen (Apk 22,1f.). Das Lebenswasser fließt hinab zu den schon jetzt in der Himmelsstadt Wohnenden, den Erlösten und vom Gericht Verschonten (Apk 20,11–15; vgl. 21,22–27; 22,3–5). Diese werden repräsentiert durch 39 »Heilige und Helfer« aus der Geschichte der Diözese Würzburg, die in Dreiergruppen unterhalb des Retabels und der

---

30   Dazu ausführlich Scheele (Lit.-Verz. Nr. 23).

Fenster des Sanktuariums aufgestellt sind. Unmittelbar unter dem Lamm und gleichsam im Flussbett des Lebenswassers steht der Bistumspatron, St. Kilian als Bischof mit Stab und Schwert, flankiert von den beiden anderen Frankenaposteln, Kolonat und Totnan. Die Statuen der »Heiligen und Helfer« wurden, gleichfalls in den Jahren 1987/88, von den Bildhauern Ernst Singer, Tilman Hornung, Willi Grimm, Lothar Forster und Heinrich Gerhard Bücker geschaffen.

Durch die nachdrückliche Ausgestaltung des Chorbereichs als himmlisches Jerusalem wird das Mittelschiff des Würzburger Doms zum Weg in die Sphäre endzeitlichen Heils. Dieser liturgische Prozessionsweg ist zugleich ein Gang durch die Johannes-Apokalypse. Dem Ziel im Osten nach Apk 21f. entspricht im Westen der Auftakt der apokalyptischen Visionen: der siebenarmige Leuchter (Apk 1,12f.), nach einem Entwurf von Andreas Moritz (1967) im Jahre 1981 aus Bronze gegossen und unterhalb der Orgelempore vor der Westwand aufgestellt. So ist der Würzburger Dom nach schwersten Schäden der Jahre 1945, 1946 und 1956 durch den geduldigen Wiederaufbau (1960–1988) in einem Maße, das über die generelle Tradition des mittelalterlichen Kirchenbaus weit hinausgeht, zu einem ganz besonderen Zeugnis der Johannes-Apokalypse als »Baubuch« geworden.

In Würzburg steht ein weiteres Kirchengebäude, das nach Kriegszerstörung und Wiederaufbau des Mauerwerks durch die Neugestaltung des Innenraums zum Abbild der Johannes-Offenbarung geworden ist: die ehemalige Jesuiten- und jetzige *Priesterseminarkirche St. Michael*. Auch dieses Gotteshaus brannte beim Bombenangriff auf Würzburg am 16. März 1945 aus; Altäre, Kanzel, Deckengemälde und Stuckierung, alles im Stil der Erbauungszeit (1765–1798), wurden zerstört. Der Wiederaufbau bis 1955 beschränkte sich auf Sicherung und Erhaltung der Architektur. Erst Jahrzehnte später, angeregt durch das Patrozinium des Erzengels Michael (vgl. Apk 12,7–9) und vermutlich beeinflusst durch die Neuausstattung des Würzburger Doms (voll. 1988), fasste man den Entschluss, die St. Michaels-Kirche im Inneren durchgängig am Leitfaden der Johannes-Apokalypse auszurichten[31]. In den Jahren 1988–1995 entstand unter den Händen des Bildhauers Heinrich Gerhard Bücker in Umsetzung zentraler Motive der Johannes-Offenbarung eine Fülle figuraler Plastiken aus Alabasterstuck.

Da die Kirche nicht geostet, sondern von altersher gewestet ist, dominieren architektonisch und theologisch die Westteile: Apsis, Apsisgewölbe und Vierungskuppel (Abb. 48). In der Apsis steht mit erhobener Rechten der erhöhte Christus mit den sieben Sternen (Apk 1,16); den Altar unter ihm

31 Zum Innenausbau von St. Michael zu Würzburg siehe Karl Hillenbrand, Schnittpunkt von Lebenslinien, Zur Neugestaltung der St.-Michaels-Kirche in Würzburg, in: Erdkreis 41, Heft 11, 1991, S. 523–536.

umstehen sieben Leuchter (Apk 1,12f.), hier als Einzelleuchter verstanden und nicht, wie z. B. im Würzburger Dom, zum Siebenarmigen Leuchter zusammengefasst. Inschriften kennzeichnen die Standleuchter als »die sieben Gemeinden« Ephesus, Smyrna, Pergamon, Thyatira, Sardes, Philadelphia und Laodizea (Apk 1,11.20). Das Apsisgewölbe zeigt den Grundriss des himmlischen Jerusalem nach Apk 21,12-14; das Lamm auf der Weltkugel mit den Initialen A und Ω (vgl. Apk 1,8; 21,22f.; 22,13) wird kreuzweise umgeben von vier Gruppen aus jeweils drei Toröffnungen, in denen zwölf Männer stehen (Apk 21,12-14). Hebräische und griechische Inschriften nennen – in hebräischen und griechischen Buchstaben – die Namen der zwölf Stämme Israels (Apk 21,12) und der zwölf Apostel (Apk 21,14). Oben lesen wir: Ruben/Petrus, Simeon/Andreas, Levi/Jakobus; links: Juda/Johannes, Issachar/Philippus, Sebulon/Bartholomäus; rechts: Benjamin/Thomas, Dan/Matthäus, Naphtali/Jakobus; unten: Gad/Thaddäus, Ascher/Simon, Joseph/Matthias. Die Namen der in Apk 21,14 nur pauschal genannten Apostel entstammen im wesentlichen der Liste Lk 6,14-16, die der Patriarchen bzw. Stämme Israels dem Jakobssegen (Gen 49,3-27), nicht der sachlich näher liegenden Aufzählung Apk 7,5-8, wo Gad durch Manasse (Apk 7,6) ersetzt ist. Die nach Apk 21,12-14 für das neue Jerusalem und d. h. für die Kirche konstitutive, bis zur Identität reichende Zusammengehörigkeit der Patriarchen und der Apostel, des alten und des neuen Israel wird augenfällig, gerade auch in den Originalbuchstaben des Alten und des Neuen Testaments.

Die Reliefs der Vierungskuppel zeigen die Verehrung Gottes nach Apk 4. Der alttestamentliche Gottesname, JHWH, steht in goldenen hebräischen Buchstaben in einem Dreieck, das offenbar an die Trinität erinnern soll. Zwölf singende und musizierende, sitzende (»thronende«) Gestalten huldigen der – ungegenständlich belassenen – Gottheit im Zentrum. Vermutlich ist an die 24 Ältesten (Apk 4,4.10; 5,8) gedacht, deren Zahl freilich um die Hälfte reduziert wurde, sicher nicht nur aus Platzgründen, sondern wegen der gesuchten Entsprechung zu den jeweils zwölf Stämmen, Patriarchen und Aposteln. In den Zwickeln der Kuppel sehen wir die mit den Evangelisten gleichgesetzten vier Wesen von Apk 4,6-8. Schließlich sei noch der drei großen, vielfigurigen Deckenmedaillons gedacht. Diese zeigen die Apokalyptischen Reiter (Apk 6,1-8), die Engel der sieben Posaunen (Apk 8,2-14,20) sowie die Himmelsfrau mit den zwölf Sternen (Apk 12,1), vor deren Augen Michael den siebenköpfigen Drachen besiegt (Apk 12,7-9) und so die Rettung des Kindes (Apk 12,5) vollendet. Die Würzburger Seminarkirche St. Michael wurde durch die Schöpfungen Heinrich Gerhard Bückers zu einer einzigartigen Dokumentation des Bilder- und Gedankenreichtums der Johannes-Apokalypse. Der Betrachter und Gottesdienstbesucher erlebt anschaulich die heilvolle Zukunft der Kirche, gerade nach den Zerstörungen im Zweiten Weltkrieg. Die steingewordene Predigt der Offenbarung des Johannes ist eine wirksamere »Wiedergutmachung«, als es die denkmalpflegerische Erneuerung der spätbarocken Ausstattung je hätte leisten können. Anders als Dom und St. Michaels-Kirche in Würzburg, die mit ihren von der Johannes-Apokalypse bestimmten Kunstwerken der Jahre 1981–1995 auf eine ältere, denkmalgeschützte Architektur Rücksicht nehmen mussten, handelt es sich bei der katholischen Pfarrkirche St. Bernhard zu Mainz-Bretzenheim (voll. 1992) um einen völligen Neubau[32]. Die Wahl des Patroziniums fiel auf Bernhard von Clairvaux (ca. 1090–1153); dadurch wurde die Frage nach den Strukturen des mittelalterlichen, insbesondere des zisterziensischen Kirchbaus nahegelegt. Als charakteristisch für die Gotteshäuser des Zisterzienser-Ordens gilt der Verzicht auf Türme sowie auf die Einwölbung des Langhauses, ferner die Schlichtheit der Baudekoration bei höchster Sorgfalt des zumeist kleinteiligen Mauerwerks, der im allgemeinen gerade geschlossene Chor und eine klar erkennbar, funktional bedingte Gliederung der einzelnen Gebäudeteile. Zu diesen auch an der Bretzenheimer St. Bernhards-Kirche erkennbaren Elementen kommt hier noch ein starker Bezug auf die Johannes-Apokalypse; auch er wurzelt in der Theologie Bernhards, der die Kirche als Braut Christi verstanden und beschrieben hat (Apk 19,7–9; 21,2; vgl. Hhld passim). Zufolge Apk 21,2 entspricht der geschmückten Braut das himmlische Jerusalem. So lag es nahe, im Sinne Bernhards in Bretzenheim an der neuen ewigen Stadt zu bauen.

Entsprechend der zisterziensischen Bautradition mit ihrer Forderung funktionsbezogener Schlichtheit spiegelt sich das neue Jerusalem vor allem in der Architektur. Das Kirchenschiff ist ein Kubus (Apk 21,16) unter einem offenen Dachstuhl. Ihm ist eine Vorhalle vorgelagert, die sich zur Taufkapelle öffnet und dadurch an Apk 22,1f. erinnert. Der aus verzinkten Stabeisen eigenwillig gestaltete Radleuchter der Taufkapelle verweist gleich mehrfach auf die Himmelsstadt, deren Bürgerrecht der Täufling erwirbt. Das in das Rund eingefügte Quadrat ist der Grundriss des neuen Jerusalem (Apk 21,16); zwölf Glasprismen symbolisieren die zwölf Edelsteine des Fundaments (Apk 21,14.19f.), zwölf von der Unterseite herabhängende kleine Lampen die zwölf Tore der Himmelsstadt (Apk 21,12f.21.25). Im Inneren des Kirchenschiffs erinnern die zwölf Weihekreuze und zwölf Apostelleuchter noch einmal an die Apostel als die Grundsteine der Kirche (Apk 21,14).

Als »Thron Gottes und des Lammes« (Apk 22,1.3; vgl. Apk 21,22f.) bildet der aus Bronze gegossene Altar das geistliche Zentrum des quadratischen Kirchenschiffs; zu seinen Ehren hat man die zisterziensische Zurückhaltung gegenüber der Baudekoration aufgegeben und seine sieben Seiten mit

32 Vgl.: In dedicatione ecclesiae, Festschrift zur Weihe der Pfarrkirche St. Bernhard Mainz-Bretzenheim am 10. Oktober 1992. Mainz-Bretzenheim 1992.

szenischen, kunstvoll durchbrochenen Reliefs geschmückt (Abb. 49). Der Altar ist siebeneckig, weil seine steinerne Mensa auf sieben mächtigen Engeln ruht, welche die sieben Gemeinden der kleinasiatischen Kirche repräsentieren (Apk 1,20; vgl. 2,1.8.12 usw.). Als sieben wie Flammensäulen gestaltete Standleuchter hinter dem Altar begegnen die sieben Gemeinden (Apk 1,20b) ein zweites Mal, jetzt durch kleine, reliefierte Symbole an den Sockeln gekennzeichnet und jeweils einem Kirchengebiet des Erdkreises zugeordnet, das als moderner Adressat eines der sieben Sendschreiben (Apk 2,1–3,22) verstanden werden soll (Ephesus/Japan und Ostasien, Smyrna/Mittel- und Lateinamerika, Pergamon/Russland, Thyatira/Afrika, Sardes/Nordamerika und UNO, Philadelphia/Indien und Südostasien, Laodizea/Europa). In die Bodenplatten am Fuß des Altars sind sieben Namen eingemeißelt, die Glaubenszeugen aus den sieben genannten Gebieten der Weltkirche nennen. Die sieben im Sockelbereich konkav eingezogenen Seiten des Altars zeigen, in der Reihenfolge des Gegenuhrzeigersinns, Reliefs mit Schlüsselszenen der Johannes-Apokalypse: die Beauftragungsvision des Sehers (Apk 1,9–20), das Lamm mit dem siebenfach versiegelten Buch (Apk 5,1–14), die Apokalyptischen Reiter (Apk 6,1–8), die Versiegelung der 144000 (Apk 7,1–8), die Sonnenfrau und die Gefährdung des Kindes durch den siebenköpfigen Drachen (Apk 12,1–5), den siegreichen Kampf Michaels mit dem Drachen (Apk 12,7–9) und das himmlische Jerusalem mit dem thronenden Lamm zwischen den kronengleich angeordneten 4 mal 3 Toren der Stadtmauer und dem Strom des Lebenswassers zwischen Früchte tragenden Lebensbäumen (Apk 21,9–22,5). Sowohl der Altar mit Engeln und Reliefs als auch die sieben Standleuchter stammen von Ulrich Henn. Was die zisterziensisch strenge Architektur der Bretzenheimer St. Bernhards-Kirche mit den zur Betrachtung und Meditation einladenden Bronzereliefs Henns verbindet, ist die zugleich präsentische und futurische Ekklesiologie der Johannes-Apokalypse. Schon die Kirche der Gegenwart wohnt in »Jerusalem«, dessen Gefährdung und Rettung die Visionen des Johannes beschreiben. Noch sind jedoch die Mahnungen der sieben Sendschreiben nicht erfüllt; wie einst Ephesus, Smyrna oder Pergamon christliche Diasporagemeinden aufwiesen, so ist der ganze Erdkreis noch heute Missionsfeld – auch das »christliche« Europa.

Auch die zu Ostern 1999 eingeweihte evangelische *Pfarrkirche zu Mainz-Ebersheim*[33] ist ein gänzlich neu konzipiertes und errichtetes Gebäude, übrigens für eine evangelische Gemeinde in einem bis zur Mitte des 20. Jahrhunderts geschlossen katholischen Ort. Wie in Mainz-Bretzenheim diente die Johannes-Offenbarung als »Baubuch«, und wie dort greifen gebaute Ar-

33 Vgl.: Evangelische Kirche und Evangelisches Gemeindezentrum Mainz-Ebersheim, eingeweiht am Ostersonntag, 4. April 1999. Mainz-Ebersheim 1999.

chitektur und gegenständlicher Bronzeguss ineinander. Anders als bei St. Bernhard und seiner zisterziensisch schlichten Verglasung tragen in Ebersheim auch die Fenster durch ihre Glasgemälde zur theologischen Aussage des Bauwerks bei.

Das eigentliche Kirchenschiff, durch eine verschiebbare Glastrennwand vom Vorraum getrennt, hat wie dieser einen quadratischen Grundriss (Apk 21,16). Hinter dem Altar vor der Nordwand – auf die Ostung der Kirche wurde verzichtet, um den Grundriss optimal nutzen zu können – umgibt ein von Tobias Kammerer gestaltetes Fenster als farbiger Streifen die gemauerte Chorwand, dessen nach unten dunkler werdendes Blau (links und rechts) das Gold des Himmels mit dem roten Kreuz im Bogenscheitel auf die Erde herabholt; Himmel und Erde vereinen sich im Gottesdienst der Gemeinde (vgl. Apk 4f.), und das Kirchengebäude wird zur ewigen Gottesstadt (vgl. Apk 21,22–27).

Dem Kalksandsteinblock des Altars, des »Thrones Gottes und des Lammes« (vgl. Apk 21,22; 22,1.3), ist ein 1999 geschaffenes Bronzerelief des Bildhauer-Ehepaars Gernot und Barbara Rumpf vorgeblendet (Abb. 50). Es zeigt das – den Kopf nach Osten wendende – Lamm, dessen Postament vier Wasserströme entquellen. Es sind dies Pischon, Gihon, Tigris und Euphrat, die vier Flüsse des Gartens Eden (Gen 2,10–14), die sich zum Strom des Lebenswassers vereinen, der »vom Thron Gottes und des Lammes« ausgeht (Apk 22,1). Dieser Strom wird als Bronzeband im Fußboden durch den Kirchenraum geführt und im Eingangsbereich durch die Buchstaben A und Ω (vgl. Apk 22,13) auf einer gleichfalls in den Boden eingelassenen Bronzetafel als Christus selbst definiert. Der erhöhte Herr schenkt sich in den Sakramenten der feiernden Gemeinde, deren Gotteshaus durch das vierfache Lebenswasser aus dem Garten Eden zu einem zweiten Paradies wird.

Zur eschatologischen Gartensymbolik gehört auch der emporwachsende Zweig links neben dem Hals des Lammes; er ist das Reis Isais, die »Wurzel Jesse« (Apk 22,16 nach Jes 11,1.10). Auch der blühende Obstbaum an der Kanzel, gleichfalls eine Schöpfung der Eheleute Rumpf, mitsamt den mancherlei Tieren, die ihn umgeben, gehört in den Garten Eden, und das in zweifacher Hinsicht. Er ist der Lebensbaum des Paradieses, das Adam und Eva haben verlassen müssen (Gen 2,9; 3,23), aber auch einer der Bäume am Ufer des Lebenswasserstromes von Apk 22,1f. So wird das Innere der Ebersheimer Kirche zu einem fröhlichen Garten, der uns die Freuden des Paradieses schon jetzt ahnen lässt. Hier hat auch die Taufe ihren Platz; die Taube auf dem Deckel des Taufsteins (vgl. Mk 1,10 parr.) ist ein Bild für den Heiligen Geist, der den Getauften geschenkt wird. Und nicht nur die Menschen werden erlöst, sondern auch die Tierwelt (vgl. Röm 8,19–22): Hahn und Eidechse, Maus, Schnecke und Käfer, alle in humorvoller Gestaltung durch Gernot und Barbara Rumpf. Zuvor aber ergeht noch das große Gericht;

daran erinnert der Posaunenengel (vgl. Apk 8,2–14,20) im Rund eines Glasgemäldes von Tobias Kammerer die Gottesdienstbesucher, die beim Verlassen der Kirche ihren Blick nach oben wenden.

* * *

Ein abschließender Vergleich der fünf vorgestellten Kirchengebäude des 20. Jahrhunderts zeigt, abgesehen vom allen gemeinsamen Einfluss der Johannes-Offenbarung, mehr Unterschiede als Ähnlichkeiten. Nur Plateau d'Assy (voll. 1944), Mainz-Bretzenheim (voll. 1992) und Mainz-Ebersheim (voll. 1999) sind völlige Neubauten; der Dom und die St. Michaels-Kirche in Würzburg wurden nach der denkmalgerechten Restaurierung der kriegsbeschädigten Architektur (12. bzw. 18. Jahrhundert) zwischen 1981 und 1995 teilweise oder gänzlich im Sinne der Johannes-Apokalypse neu ausgestattet. Die thematische Anregung dürfte in Würzburg vom Dom auf St. Michael, in Mainz von St. Bernhard in Bretzenheim auf Ebersheim eingewirkt haben.

Ikonographische Einzelheiten sind jedoch verschieden und unabhängig entwickelt worden. Der Christus in der Apsis kann als der zu Gericht und Herrschaft sonnengleich Wiederkehrende (Apk 21,23; 22,7.12; Würzburg, Dom) oder als der zwischen den sieben Leuchtern Stehende mit den sieben Sternen (Apk 1,12–16; Würzburg, St. Michael) aufgefasst sein. Die sieben Leuchter erscheinen als stehende Einzelleuchter (Würzburg, St. Michael; Mainz-Bretzenheim, St. Bernhard) oder als siebenarmige Menora (Würzburg, Dom). Das himmlische Jerusalem kann als quadratischer »Grundriss«, gleichsam aus der Vogelschau oder im Aufblick zum Himmel, wiedergegeben sein (Apk 21,12–21; Würzburg, St. Michael; Mainz-Bretzenheim, Leuchter der Taufkapelle) oder so, dass der Betrachter sich auf der Ebene seiner Bewohner befindet (Apk 21,1.10–12; Würzburg, Dom, wo freilich die Figuren Marias und der Apostel ein Rest der Barockausstattung sind). In Mainz bildet der Grundriss beider Kirchen das Quadrat von Apk 21,16. Am meisten futurisch ist die Eschatologie im Würzburger Dom, am meisten präsentisch-ekklesiologisch in der Würzburger St. Michaels-Kirche. Der Lebenswasserstrom, dem Lamme entspringend (Apk 22,1; Würzburg, Dom; Mainz-Ebersheim), wird offenbar auf die Sakramente der Kirche bezogen (Würzburg, Dom; Mainz-Ebersheim), doch ist die altkirchlich-mittelalterliche, ausschließliche Deutung auf das Taufwasser aufgegeben. Die von der kirchlichen Tradition aus Apk 12,1–4 abgeleitete Mariologie spielt nur in Plateau d'Assy eine Rolle, was mit dem Patrozinium Notre Dame de Toute Grâce zusammenhängt. In St. Michael zu Würzburg und St. Bernhard zu Mainz-Bretzenheim gehört Apk 12,1–9 zu den Darstellungen der wichtigsten Visionen der Johannes-Apokalypse. Durchweg beherrschend ist eine Ekklesiologie, die das Leben der Gemeinde von Christologie und Eschatologie her begreift. Nirgends findet sich ein Hinweis auf »apokalyptische«

Schrecken und Ängste; eigens hervorgehoben sei die Freude an der Schöpfung mit Pflanzen und Tieren in Mainz-Ebersheim.

b) Illustrationen der Johannes-Apokalypse

Der Kirchenbau nach Anregungen der Offenbarung des Johannes lässt den Gottesdienstbesucher den Weg zum endzeitlichen Heil gleichsam körperlich erleben. Im Dienst derart verdinglichter Eschatologie stehen auch die kirchlichen Ausstattungsstücke: Retabel, Wandgemälde, Mosaiken oder, wie in Angers, Teppiche (um 1380). Heute vereinzelte Tafelbilder oder Reliefs mit Themen der Johannes-Offenbarung gehörten fast stets zur Ausstattung eines Kirchen- oder Andachtsraums; sie bleiben daher im Folgenden unberücksichtigt.

Dagegen bildet die Illustration der Johannes-Apokalypse in Buchmalerei und Buchdruck eine Art Gegenstück zur »apokalyptischen« Architektur: Sie holt die Bilderfolge der Apokalypse in den Bereich häuslicher Betrachtung und Meditation[34]. Während die kunstvoll ausgemalten und vergoldeten Handschriften des 11.–15. Jahrhunderts Einzelstücke und daher fürstlichen oder klösterlichen Bibliotheken vorbehalten waren, ermöglichten Holzschnitte und Kupferstiche, vollends nach der Erfindung des Buchdrucks (um 1440), hohe Auflagen und eine weite Verbreitung nicht nur des Texts, sondern auch seiner Illustrationen.

Die bildliche Darstellung einzelner Szenen teilt das letzte Buch des Kanons mit allen erzählenden Büchern der Bibel. Die Existenz selbständiger, illustrierter Apokalypse-Ausgaben (Bamberger Apokalypse, Apokalypse der Sammlung Este, Dürer) sowie die unverhältnismäßig große Zahl der Apokalypse-Illustrationen in den Luther-Bibeln des 16. Jahrhunderts und in den Bilderbibeln der Folgezeit beweisen jedoch die besondere Hochschätzung gerade der letzten Schrift des Kanons[35]. Solche Beliebtheit geht vermutlich auch auf die bequeme Möglichkeit zurück, die Visionen dämonischer Mächte in der Johannes-Offenbarung (Apk 11,7; 12,1–13,18 u. ö.) als Weissagungen auf feindliche Personen oder Institutionen der jeweiligen Gegenwart zu deuten. Polemische Aktualisierungen finden sich in Apokalypse-Illustrationen auffällig oft; der Bogen spannt sich vom häretischen Bischof Elipandus (Tafel 22) über das Papsttum (Abb. 53) bis zum amerikanischen Kapitalismus (Abb. 59). In der karikierenden Bosheit solcher biblischer Illustrationen spiegelt sich vermutlich die aggressive Polemik der Pre-

---

34 Zu den Chancen und Gefahren optischer Lese- und Verständnishilfen vgl. neuerdings Karrer (Lit.-Verz. Nr. 13).
35 Vgl. Schmidt (Lit.-Verz. Nr. 25).

diger, die auf diese Weise Texte der Johannes-Apokalypse »auslegten«. Übrigens war auch Daniel Greiner (vgl. Abb. 59) ursprünglich Pfarrer. Jedenfalls lassen die Bilderserien zur Johannes-Apokalypse in Spuren erkennen, wie einst über dieses Buch gepredigt wurde.

Eine vergleichende Zusammenstellung szenischer Wiedergaben einzelner Visionen der Johannes-Apokalypse, wie sie für das 11.–17. Jahrhundert etwa Frits van der Meer[36], Gilles Quispel[37] und vor allem Gertrud Schiller[38] vorgelegt haben, ist eher für die Kunstgeschichte als für die Wirkungsgeschichte der Johannes-Offenbarung ertragreich. Nicht die Apokalypse hat die Identifizierungen kirchlicher oder politischer Gegner mit dem Tier aus dem Abgrund oder mit der Hure Babylon »bewirkt«, sondern derartige »Erkenntnisse« wurden in sie eingetragen; es handelt sich also nicht um Wirkungsgeschichte im strengen Sinn, sondern um Rezeptionsgeschichte: Das »prophetische« Buch der Johannes-Offenbarung muss sich zur biblischen Begründung vorgefasster Verteufelungen missbrauchen lassen.

Die Bilderserien zur Apokalypse in den Bilderbibeln haben ihrerseits daran mitgewirkt, dass das letzte Buch des Kanons im Bewusstsein der Christen lebendig blieb und dazu beitragen konnte, kirchliche Ängste deutend zu bewältigen, neue – z. T. auch textwidrige (wie im Falle der Fraticelli oder des Täuferreichs in Münster) – »Erkenntnisse« durchzusetzen und schließlich populartheologische Jenseitsvorstellungen zu prägen. Daher seien im Folgenden wenigstens zwölf bedeutsame »Bilderbibeln« des zweiten Jahrtausends kurz beschrieben und durch je eine Abbildung exemplarisch vorgestellt.

Die *Bamberger Apokalypse,* heute kostbarer Besitz der Staatlichen Bibliothek in Bamberg, wurde von Kaiser Heinrich II. (reg. 1002 bzw. 1014–1024) im Jahre 1020 dem Stift Bamberg geschenkt. Das lediglich die Johannes-Offenbarung enthaltende Buch wurde bald nach 1000 geschrieben und farbig illustriert, wohl in der Malerschule des Klosters Reichenau. Unsere Tafel 21 zeigt vor dem himmlischen Tempel und der im Tor sichtbaren Bundeslade (Apk 11,19) die mit der Sonne nimbierte, von zwölf – als goldene Scheiben aufgefassten – Sternen bekrönte und auf dem Mond stehende Frau (Apk 12,1). Mit der Rechten hält sie den unbekleideten, merkwürdig erwachsen wirkenden Messiasknaben, nach dem der siebenköpfige, zehngehörnte Drache das Maul aufreißt (Apk 12,3–5).

Von dem vielgelesenen Kommentar des spanischen Priesters und Mönchs *Beatus von Liébana* (um 750 – nach 799) zur Johannes-Apokalypse existieren zahlreich illustrierte Handschriften des 9.–16. Jahrhunderts. Unsere

---

36   Van der Meer (Lit.-Verz. Nr. 17).
37   Quispel (Lit.-Verz. Nr. 21).
38   Schiller (Lit.-Verz. Nr. 24).

Tafel 22 stammt aus dem 1086 vollendeten Exemplar aus Burgo de Osma. Sie zeigt, wie die drei satanischen Personen Drache (= Teufel), Tier und falscher Prophet aus ihren Mäulern drei froschgestaltige Dämonen entlassen (Apk 16,13f.). Dass der falsche Prophet Bischofsornat und Krummstab trägt, darf angesichts der zahlreichen seit dem christlichen Altertum von Theologen ausgehenden Häresien nicht weiter verwundern. Ursprünglich war wohl an den seit 785 von Beatus als Häretiker angegriffenen Erzbischof von Toledo, Elipandus († nach 798), gedacht. Luthers Gleichsetzung der Papstkirche mit der Hure Babylon (Apk 17,1–6; vgl. Abb. 53) ist dazu eine späte Parallele.

Um 1460 entstand die *Apokalypse der Sammlung Este* in Modena. Sie ist ein sog. Blockbuch; jedes der 48 Blätter wurde mit einer geschnitzten Holztafel bedruckt, aus der Text und – zumeist pro Seite zwei – Bilder herausgeschnitten worden waren. Blockbücher sind Vorläufer des von Gutenberg erfundenen Drucks mit beweglichen Lettern; seit etwa 1430 in den Niederlanden und in Deutschland nachweisbar, ermöglichten sie erstmals größere Auflagen und sicherten so auch den Abbildungen weite Verbreitung. Die Este-Apokalypse (heute Modena, Biblioteca Estense Universitaria) dürfte am Niederrhein oder in Holland geschaffen worden sein; der Künstler ist unbekannt[39]. Unsere Abb. 51 zeigt oben, wie eines der vier Lebewesen von Apk 4,7 die mit dem Zorn Gottes gefüllten goldenen »fiolae« an die sieben Engel austeilt (Apk 15,6f.). Darunter ist zu sehen, wie der erste Engel seine Schale »über das Land« (*in terram*) ausgießt (Apk 16,2). Das löwenköpfige und -füßige Wesen soll wohl den Evangelisten bzw. Apokalyptiker Johannes darstellen[40]. Irenäus († nach 200) hatte den Löwen dem Johannes, den Adler dagegen dem Markus zugewiesen; erst seit Hieronymus († 420) ist zumeist der Löwe das Symbol des Markus, der Adler das Symbol des Johannes. Die Abb. 51 belegt, dass aus den Schalen (griechisch φιάλαι) tatsächlich Flaschen geworden sind, die im lateinischen Text nicht *phialae*, sondern *fiolae* genannt werden[41].

Kaum vier Jahrzehnte jünger ist die – nunmehr mit beweglichen Lettern gedruckte – großformatige, von *Albrecht Dürer* (1471–1528) mit 15 Holzschnitten illustrierte Ausgabe der Johannes-Offenbarung; sie ist in erster Auflage 1498 sowohl in deutscher (*Die heimlich offenbarung johannis*) als

---

39 Vgl. oben S. 76 mit Anm. 12f.
40 Wie bei jeder neu einsetzenden Vision (»*et vidi*«) hat der Zeichner auch hier (Apk 15,5) der geschilderten Szene den prophetischen Berichterstatter beigegeben. Dass dadurch »Johannes« gleich zweimal im Bild erscheint, ist kein Einwand gegen die Gleichsetzung des Apokalyptikers mit dem Evangelisten Johannes (vgl. oben Anm. 20), der nach Apk 15,7 in eigener Person dereinst die sieben Schalen bzw. Flaschen des Zorns verteilen wird.
41 Siehe oben S. 76.

auch in lateinischer Sprache (*Apocalipsis cum Figuris*) in Nürnberg erschienen. Wir bilden Dürers Holzschnitt zu Apk 6,1–8 ab (Abb. 52). Die Apokalyptischen Reiter werden textgemäß durch Bogen, Schwert, Waage und tödliche Magerkeit charakterisiert. Zeitgeschichtliche Anspielungen sind nicht zu erkennen; der Krieger trägt keinen Harnisch, der Wucherer keinen Judenhut. Der vom Tod niedergerittene König der linken Ecke ist kein bestimmter Herrscher, sondern, nicht anders als der erstaunte Reiche und die fliehenden Bauern, ein Stück der Totentanz-Ikonographie.

Holzschnitt-Illustrationen finden sich auch in den deutschen *Bibeln Martin Luthers* (1483–1546). Sowohl in Luthers *September-Testament* (1522) als auch in der Vollbibel von 1534, beide in Wittenberg erschienen und in der Werkstatt Lukas Cranachs d. Ä. (1472–1553) illustriert, überrascht die große Zahl der Bilder zur Johannes-Offenbarung. Jetzt fehlt es nicht an antikaiserlichen, antipäpstlichen, antijüdischen und antitürkischen Anspielungen, doch darauf näher einzugehen, ist hier nicht der Ort[42]. Abb. 53 deutet, entsprechend der Polemik Luthers gegen das Papsttum, die Hure Babylon (Apk 17,1–6) auf den – durch die Tiara repräsentierten – Papst, ihre Verehrer jedoch auf den Kaiser und sein Gefolge (1522).

Aus den Illustrationen der ersten deutschen *Vollbibel Martin Luthers* (Wittenberg 1534) bilden wir den Untergang Babylons ab (Abb. 54 zu Apk 18). Rechts erblicken wir die bereits brennende Stadt (Apk 18,8f.18), im Vordergrund die klagenden Könige, Kaufleute und Kapitäne (Apk 18,9–20), links oben den Engel mit dem Mühlstein (Apk 18,21). Es fällt auf, dass »Babylon« weder die Hauptstadt Babyloniens noch, wie im September-Testament von 1522, Rom ist, sondern eine mittelalterliche deutsche Stadt, deren »Tempel« von einer viertürmigen, dreischiffigen, romanischen Basilika gebildet wird. Die Türme wirken, als sei ihr Grundriss quadratisch wie beim Dom in Speyer, nicht rund wie bei der Kathedrale in Worms. Dennoch denkt die polemische Gleichsetzung mit Babylon aller Wahrscheinlichkeit nicht an Speyer, sondern an Worms. Luther hat den Wormser Reichstag von 1521 nicht als Sieg seines Bekenntnisses und Beginn der Reformation erlebt, sondern als antichristliches Ineinander von »kaiserlichem Papsttum und päpstlichem Kaisertum«[43].

Seit 1625 schuf der berühmte, 1593 in Basel geborene und 1650 in Bad Schwalbach gestorbene Zeichner und Radierer *Matthäus Merian d. Ä.* in der Technik des Kupferstichs seine Bilder zur Bibel, die er gesammelt in den Text der Luther-Bibel letzter Hand (1545) einstellte und in Straßburg 1630 als Bilderbibel herausgab (»Merian-Bibel«). Von diesen Radierungen gibt

42 Vgl. dazu u. a. Schmidt (Lit.-Verz. Nr. 25), S. 103–112 u. ö.
43 Luthers Vorrede von 1530 zu Apk 17: Martin Luther, Ausgewählte Werke, hrsg. von Hans Heinrich Borcherdt und Georg Merz, Bd. VI. 2. Aufl. München 1938, S. 129f.

Abb. 55 das neue Jerusalem wieder, das der Engel dem Visionär von einem Berg herab zeigt (Apk 21,10). Merian unterscheidet sich in der Darstellung dieser Szene von älteren Luther-Bibeln durch die sorgfältige Berücksichtigung der Angaben Apk 21,12–22,5. Während die heilige Stadt im September-Testament (1522) noch eine mittelalterliche Festung von willkürlich-unsymmetrischem Grundriss war, umgeben von einer sich dem Gelände anpassenden Stadtmauer mit allenfalls sechs großen Torburgen, während in der Bibel von 1534 zwar der quadratische Grundriss stimmt, keineswegs jedoch die Zahl der Tore, ist bei Merian alles textgerecht konzipiert: vom quadratischen Grundriss über die viermal drei von Engeln bewachten Tore und den Thron des Lammes im Zentrum bis zum Strom des Lebenswassers, der, vom Lamm ausgehend, die Stadt unter der Mauer hindurch verlässt. Die Freude des Renaissancekünstlers am sauber konstruierten Stadtgrundriss ist nicht zu übersehen.

Für die *barocken Bilderbibeln* steht stellvertretend Abb. 56. Sie gibt den Holzschnitt wieder, mit dem ein anonymer Künstler des 18. Jahrhunderts in einer 1720 erschienenen Luther-Bibel (Nürnberg, J. A. Endters Sohn und Erben, S. 1171) Apk 10,1–11 illustriert. Der gewaltige Engel mit dem sonnengleichen Antlitz, von einer Wolke umhüllt und mit Beinen wie Feuersäulen, reicht mit der Linken dem Seher ein kleinformatiges, aufgeschlagenes Buch (Apk 10,2). Zeittypisch sind die zunächst das Bild erklärenden und daran eine erbauliche Mahnung anschließenden Zweizeiler: »Johannes nimmt das Buch vom Engel, zum verschlingen, / das in dem Munde süß, dem Bauch soll Grimmen bringen. // Nimm an, was GOtt geschickt, und thu, was Er dich heist, / dann [= denn] was dem Fleisch nicht schmeckt, ist süß für deinen Geist.«

Von dem romantischen Maler und Zeichner *Julius Schnorr v. Carolsfeld*, 1794 in Leipzig geboren und 1872 in Dresden gestorben, stammt die bekannteste deutsche Bilderbibel schlechthin. Schnorrs 240 Holzschnitte zur Bibel, 1852 teilweise, 1860 vollständig mit den zugehörigen biblischen Texten erschienen (»Die Bibel in Bildern«), wurden unzählige Male gedruckt und fanden ihren Weg in Bibeln, Andachtsbücher und Katechismen bis in die Mitte des 20. Jahrhunderts hinein. Gerade in ihrer von den Nazarenern beeinflussten Verbindung von Realismus und Lieblichkeit prägten diese Bilder nachhaltig die Vorstellung ihrer Betrachter vom Äußeren Jesu, Marias, der Apostel, aber auch beispielsweise der Pharisäer (Lk 18,10–14). Während Schnorrs Darstellung des neuen Jerusalem als einer für die Begegnung mit Jesus geschmückten, von Engeln umschwebten Braut (zu Apk 21,1–7) in ihrer marianisch-makellosen Schönheit heute kaum noch zu ertragen ist, zieht der kraftvolle, siegreiche Kampf Michaels und seiner Engel gegen den siebenköpfigen teuflischen Drachen und seine Dämonen (Apk 12,7–9) den Betrachter noch immer in seinen Bann (Abb. 57).

Romantiker war auch der Franzose *Gustave Doré.* In Straßburg 1832 geboren und in Paris 1883 gestorben, zeichnete er für etwa 90 Bücher der
Weltliteratur Illustrationen, die seit 1860 von seinen Graphikern in Holz
geschnitten oder gestochen wurden. Seine auch in Deutschland hoch ge-
schätzte zweibändige Bilderbibel mit 230 Abbildungen erschien erstmals
1865. Die in Holz gestochene Illustration zu Apk 21,10 (Abb. 58; vgl. zum
selben Thema Abb. 55) stammt aus Band 2 der deutschen Ausgabe (Die
Heilige Schrift Alten und Neuen Testaments, Stuttgart/Leipzig/ Berlin/
Wien o. J. [ca. 1875]). Für die Kunst Dorés charakteristisch ist der zur Per-
fektion gesteigerte Umgang mit dem Gegensatz von Licht und Schatten. Der
Engel und der Seher stehen noch halb im Dunkel – übrigens auf einem der
neuen Gottesstadt benachbarten »großen, hohen Berg«, nicht auf dem Zionsberg selbst –, während das himmlische Jerusalem im hellen Licht er-
strahlt. Ein Interesse an Grundriss und Toren der Mauer (vgl. Apk 21,12f.)
ist nicht erkennbar,

Zu Unrecht nahezu vergessen ist die sog. *Greiner-Bibel,* eine unvollendet
gebliebene, höchst bemerkenswerte Schöpfung des 1872 in Pforzheim ge-
borenen und 1943 in Jugenheim (Hessen) gestorbenen Malers und Graphi-
kers Daniel Greiner. Ursprünglich Pfarrer der hessischen Kirche, verließ
Greiner 1901 den geistlichen Stand, wandte sich hauptberuflich der bildenden Kunst zu und folgte 1903 einem Ruf des hessischen Großherzogs in die
Künstlerkolonie Darmstadt. Schon 1906 verließ Greiner Darmstadt und
machte sich als Maler, Holzschneider und Bildhauer in Jugenheim an der
Bergstraße selbständig; er gilt als Reformer der deutschen Grabmalkunst.
Stets kritisch und unbequem, vertrat er in den Jahren 1922–1928 die Unab-
hängigen Sozialisten im Hessischen Landtag. Ausgehend vom Jugendstil,
fand Greiner um 1925 den Weg zu einem kraftvollen Expressionismus. Ihm
gehören auch die seit 1929 entstandenen Holzschnitte seiner Bilderbibel an,
von denen in Jugenheim 1931 Band I (Neues Testament) als Buch erschienen ist; von Band II (Altes Testament) kam ein erster Teilband (»Moses und
die Profeten«) 1934 heraus, während es der zweite, 1934 angekündigte Teilband nur auf einige Lieferungen (Psalmen, Hiob) brachte. Dem Absatz seiner Holzschnitte stand Greiners sperriger Stil, aber auch der nationalsozia-
listische Zeitgeist entgegen. Ich bilde das beginnende Strafgericht über
Babylon (Apk 18,21) ab (Abb. 59; vgl. zum selben Thema Abb. 54); übrigens
hat Greiner m. W. erstmals die Aussage von Apk 18,21a ernst genommen,
der Stein sei »so groß wie ein Mühlstein« gewesen, nicht etwa (wie Abb. 54
mit der gesamten Tradition) schlechthin ein Mühlstein. »Babylon« wirkt
nur auf den ersten Blick wie eine antike Stadt; die Wolkenkratzer hinten
rechts lassen an Amerika und seinen Kapitalismus (vgl. Apk 18,11–19) denken. So wird man den Zorn des muskulösen Engels mit dem Felsbrocken
auch verstehen dürfen als einen Ausdruck der Empörung des religiösen So-

zialisten gegenüber der Vergötzung des Reichtums. Greiners Holzschnitt entstand zur Zeit der Weltwirtschaftskrise, die 1929 von New York ihren Ausgang nahm.

Noch einmal gelangte eine Bilderbibel zu größter Beliebtheit und Verbreitung: die von *Rudolf Schäfer* (Altona 1878 – Rotenburg/Wümme 1961) mit Federzeichnungen illustrierte Luther-Bibel von 1929; als Familienbibel des evangelischen Hauses wurde sie gleichsam zur Nachfolgerin der Bilderbibel Julius Schnorrs v. Carolsfeld. Anders als seinem sechs Jahre älteren Zeitgenossen und Kollegen Daniel Greiner gelang es Rudolf Schäfer mit seinen holzschnittartigen, an den Bildern der Luther-Bibeln des 16. Jahrhunderts orientierten Federzeichnungen, den Geschmack des evangelischen deutschen Bildungsbürgertums um 1930 zu treffen. Bereits seine 1914 in Dresden erschienenen Zeichnungen zum Neuen Testament waren freundlich aufgenommen worden; die Stuttgarter Privilegierte Württembergische Bibelanstalt hat sie 1929 in die von ihr verlegte Vollbibel (»Rudolf-Schäfer-Bibel«) übernommen. Kritiker haben den Stil Rudolf Schäfers gelegentlich als treuherzig und hausbacken abgewertet. Sie haben aber verkannt, mit welcher Virtuosität Schäfer seine Illustrationen in die Tradition der Dürer- und Cranach-Zeit gestellt hat, ohne seine künstlerische Eigenständigkeit zu verleugnen. Übrigens wird Schäfers unverwechselbare Handschrift, eine vom Jugendstil herkommende Synthese aus deutscher Renaissance und kraftvollem »Heimatstil«, in seinen Zeichnungen zu nicht unmittelbar biblischen Themen, etwa zu Gesangbuchliedern (vgl. Abb. 27), noch deutlicher erkennbar[44]. In seiner Bilderbibel unterwirft sich Schäfer sehr treu den Vorgaben des biblischen Texts. Dafür ist unsere Abb. 60 ein gutes Beispiel; nach Art spätmittelalterlicher Andachtsbilder verbindet sie alle Elemente von Apk 20,11–13: die allgemeine Totenauferstehung unten (ganz links der Grabstein des Künstlers!), darüber das von einem gewaltigen Engel der – im Licht unsichtbar bleibenden – Gottheit präsentierte Buch des Lebens sowie, im Hintergrund links oben, die Beisassen (vgl. Apk 20,4) des Gerichts nach den Werken, die in den Büchern verzeichnet sind.

Auch die Gegenwart ist noch an Bilderbibeln interessiert. Immer wieder bieten die Verlage – auch im Versandbuchhandel – Bibelausgaben an, die mit berühmten Gemälden aller Jahrhunderte der Kunstgeschichte illustriert sind. Sogar von Künstlern der jüngsten Vergangenheit, etwa von Marc Chagall (1887–1985), Salvador Dalí (1904–1989), Friedensreich Hundertwasser (1928–2000) und Jörg Immendorff (1945–2007)[45], werden »Bilderbibeln«

44   Diese häufig als »altdeutsch« bezeichnete Stilrichtung, die u. a. auch von der Wappengraphik des Heraldikers Otto Hupp (1859–1949) vertreten wird, war zwischen 1910 und 1935 sehr beliebt.

45   Zu Jörg Immendorffs Gemälde »Große Rosse« (vgl. Apk 6,1–8) siehe Karrer (Lit.-Verz. Nr.13), S. 421 mit Abb. 13 auf S. 432.

zum Kauf empfohlen, die sich aber bei näherem Hinsehen als deutsche Bibeln entpuppen, denen nachträglich, z. T. mit dem Einverständnis des Künstlers, Wiedergaben von Bildern religiösen Inhalts zugeordnet wurden. In unserer Auswahl von zwölf Illustrationen zur Johannes-Apokalypse geht es jedoch um Beispiele durchgängiger Bilderserien, die aus der Lektüre der Johannes-Offenbarung kontinuierlich und im Gehorsam gegenüber dem Text entstanden sind. Daher kann es mit dem zu Unrecht von den Normalchristen als zu»modern« abgelehnten Daniel Greiner und mit dem, gleichfalls zu Unrecht, von den Kunstkritikern als zu»konservativ« verurteilten Rudolf Schäfer sein Bewenden haben.

c) Ausgewählte Literatur

1. *Bernet, Claus:* »Gebaute Apokalypse«. Die Utopie des Himmlischen Jerusalem in der frühen Neuzeit. Mainz 2007 (Veröffentlichungen des Instituts für Europäische Geschichte Mainz, Abtlg. für Abendländische Religionsgeschichte 215).

2. *Betz, Otto:* Licht vom unerschaffnen Lichte. Die kabbalistische Lehrtafel der Prinzessin Antonia in Bad Teinach. 2. Aufl. Metzingen 2000.

3. *Böcher, Otto:* Die Bildwelt der Apokalypse des Johannes. In: Die Macht der Bilder. Neukirchen-Vluyn 1998 (Jahrbuch für Biblische Theologie 13), S. 77–105.

4. *Ders.:* Das himmlische Jerusalem und seine Wirkungsgeschichte in der Kunst unter besonderer Berücksichtigung des Gebrauchs der Edelsteine. Waltrop 2004 (Kleine Arbeiten zum Alten und Neuen Testament 6). 80 Seiten.

5. *Ders.:* Artikel »Johannes-Apokalypse«. In: Reallexikon für Antike und Christentum 18. Stuttgart 1998, Sp. 595–646.

6. *Ders.:* Kirche in Zeit und Endzeit. Aufsätze zur Offenbarung des Johannes. Neukirchen-Vluyn 1983. 168 Seiten.

7. *Ders.:* Kirchenbau als Bibelexegese. In: Dietrich Meyer (Hrsg.), Kirchliche Kunst im Rheinland. Düsseldorf 1991 (Schriften des Archivs der Evangelischen Kirche im Rheinland 4), S. 1–31.

8. *Ders.:* Die ausgebliebene Parusie. Und die Toten in Christus? Enderwartung und Jenseitshoffnung im Neuen Testament. In: Hansjakob Becker/Bernhard Einig/ Peter-Otto Ullrich (Hrsg.), Im Angesicht des Todes. Ein interdisziplinäres Kompendium I. St. Ottilien 1987, S. 681–707.

9. *Ders.:* Radix Jesse – lignum vitae. Der Weihnachtsbaum als christologisches Symbol. In: Inken Möller (Hrsg.), Anstöße. Theologie im Schnittpunkt von Kunst, Kultur und Kommunikation. FS Rainer Volp. Darmstadt 1991, S. 112–119.

10. *Ders.:* Apokalyptische Strukturen in der Geschichte des Mittelalters und der Neuzeit. In: Endzeiten – Wendezeiten? Chiliasmus in Kirche und Theologie. Nürnberg 2000 (Zeitschrift für bayerische Kirchengeschichte 69 = Studien zur deutschen Landeskirchengeschichte 4), S. 1–18.

11. *Ders.:* Das beglaubigende Vaticinium ex eventu als Strukturelement der Johannes-Apokalypse. In: Revue d'Histoire et de Philosophie Religieuses 79, Heft 1 (FS Pierre Prigent). Strasbourg 1999, S. 19–30.

12. *Ders.:* Von der apokalyptischen Vision zur christlichen Sakralarchitektur. In: Thomas Schmeller (Hrsg.), Neutestamentliche Exegese im 21. Jahrhundert. Grenzüberschreitungen. FS Joachim Gnilka. Freiburg/Basel/Wien 2008, S. 170–190.

13. *Karrer, Martin:* Ein optisches Instrument in der Hand der Leser. Wirkungsgeschichte und Auslegung der Johannesoffenbarung. In: Friedrich Wilhelm Horn/ Michael Wolter (Hrsg.), Studien zur Johannesoffenbarung und ihrer Auslegung. FS Otto Böcher. Neukirchen-Vluyn 2005, S. 402–432.

14. *Kitschelt, Lothar:* Die frühchristliche Basilika als Darstellung des himmlischen Jerusalem. München 1938 (Münchener Beiträge zur Kunstgeschichte 3).

15. *Langmaack, Gerhard*: Evangelischer Kirchenbau im 19. und 20. Jahrhundert. Geschichte – Dokumentation – Synopse. Kassel 1971.

16. *Markschies, Christoph*: Gibt es eine »Theologie der gotischen Kathedrale«? Nochmals: Suger von Saint-Denis und Sankt Dionys vom Areopag. Heidelberg 1995 (Abhandlungen der Heidelberger Akademie der Wissenschaften, Phil.-hist. Klasse 1995/1).

17. *Meer, Frits van der*: Apokalypse. Die Visionen des Johannes in der europäischen Kunst. Freiburg/Basel/Wien 1978.

18. *Möhring, Hannes*: König der Könige. Der Bamberger Reiter in neuer Interpretation. Königstein/Taunus 2004 (Die Blauen Bücher).

19. *Muel, Francis*: Wandteppich der Apokalypse von Angers. Die Rückseite und die Vorderseite. Nantes 1996 (Inventaire général des monuments et des richesses artistiques de la France).

20. *Panofsky, Erwin*: Abbot Suger on the Abbey Church of St.-Denis and its Art Treasures. Princeton 1946 (2. Aufl. 1948).

21. *Quispel, Gilles*: The Secret Book of Revelation. The Last Book of the Bible. London 1979.

22. *Sauer, Joseph*: Symbolik des Kirchengebäudes und seiner Ausstattung in der Auffassung des Mittelalters. Mit Berücksichtigung von Honorius Augustodunensis, Sicardus und Durandus. 2. Aufl. Freiburg 1924 (Nachdruck Münster i. W. 1964).

23. *Scheele, Paul-Werner*: Leuchtende Zeichen der Liebe. Chor der Heiligen und Helfer im Würzburger Kiliansdom. Regensburg 2005.

24. *Schiller, Gertrud*: Die Apokalypse des Johannes (Ikonographie der christlichen Kunst 5). Gütersloh I 1990, II 1991.

25. *Schmidt, Philipp*: Die Illustration der Lutherbibel 1522–1700. Basel 1962 (Nachdruck Birsfelden/Basel 1977).

26. *Schymiczek, Regina E. G.*: Höllenbrut und Himmelswächter. Mittelalterliche Wasserspeier an Kirchen und Kathedralen. Regensburg 2006.

27. *Sedlmayr, Hans*: Die Entstehung der Kathedrale (Zürich 1950, Nachdruck 1976) 2. Aufl. Graz 1988.

28. *Simson, Otto v.*: Die gotische Kathedrale. Beiträge zu ihrer Entstehung und Bedeutung. Darmstadt 1968 (5. Aufl. 1992).

29. *Speer, Andreas/Binding, Günther* (Hrsg.): Abt Suger von Saint-Denis. Ausgewählte Schriften. Darmstadt 2005.

30. *Stange, Alfred*: Das frühchristliche Kirchengebäude als Bild des Himmels. Köln 1950.

31. *Thalhofer, Valentin/Eisenhofer, Ludwig* (Hrsg.): Handbuch der katholischen Liturgik. 2. Aufl. Freiburg 1912.

Abkürzungen nach:

Schwertner, Siegfried M.: Abkürzungsverzeichnis (Theologische Realenzyklopädie). 2. Aufl. Berlin/New York 1994.

d) Nachweis der Abbildungsvorlagen

Arens, Fritz (Mainz) Abb. 5, 14, 16, 20.

Arens, Fritz: Die Comburg bei Schwäbisch Hall (Langewiesche-Bücherei). Königstein/Ts. o. J. (1979). Tafeln 7, 9, 14.

Baranenko, Klaus (Worms) Abb. 2, Tafel 19.

Budde, Rainer: Deutsche romanische Skulptur 1050–1250. München 1979. Abb. 17, 18, 22.

Erbar, Kurt / Schommers, Reinhold: Stadt Cochem (Rheinische Kunststätten 317). Köln 1987. Tafel 16

Grill, Erich: Wormser mittelalterliche Bodenfliesen (Veröffentlichungen der Städtischen Sammlungen Worms 1). Worms 1922. Abb. 12.

Heckel, Adolf: Der Runde Bogen (Die Blauen Bücher). Königstein/Ts. 1954. Abb. 1.

Hootz, Reinhardt (Hrsg.): Deutsche Kunstdenkmäler Baden-Württemberg. 3. Aufl. Darmstadt 1977. Abb. 25.

Hootz, Reinhardt (Hrsg.):Deutsche Kunstdenkmäler Rheinland-Pfalz/Saar. 2. Aufl. München 1969. Abb. 31.

Hotz, Walter: Handbuch der Kunstdenkmäler im Elsass und in Lothringen. Darmstadt 1965. Abb. 10.

Huber, Paul: Apokalypse. Düsseldorf 1989. Tafel 3.

Jung, Wilhelm: Deutsche Malerei der Frühzeit (Die Blauen Bücher). Königstein/Ts. 1967. Abb. 4.

Kautzsch, Rudolf: Der romanische Kirchenbau im Elsaß. Freiburg i. Br. 1944. Abb. 8.

Kohlhaussen, Heinrich: Nürnberger Goldschmiedekunst des Mittelalters und der Dürerzeit 1240–1540. Berlin 1968. Abb. 37, 38.

Löffler, Fritz: Das Alte Dresden. Dresden 1956. Abb. 34.

Ludovici, Sergio Samek /Angelini, Cersare: Apokalypse. Eine Holzschnittfolge der Sammlung Este. Parma/Genf 1974. Abb. 51.

Mainz-Bretzenheim, Kath. Pfarramt St. Bernhard Abb. 49.

Math, Hanswernfried: Der Dom zu Würzburg (Schnell Kunstführer 232). 11. Aufl. Regensburg 1997. Abb. 47.

Meer, Frits van der: Apokalypse. Freiburg/Basel/Wien 1978. Tafel 6.

Möhring, Hannes: König der Könige. Der Bamberger Reiter in neuer Interpretation (Die Blauen Bücher). Königstein/Ts. 2004. Abb. 21.

Pampaloni, Geno: Notre Dame et la Sainte-Chapelle. Paris 1983. Tafel 13.

Peschlow-Kondermann, Annegret: Rekonstruktion des Westlettners und der Ostchoranlage des 13. Jahrhunderts im Mainzer Dom. Wiesbaden 1972. Abb. 23.

Pinder, Wilhelm: Deutsche Dome des Mittelalters (Die Blauen Bücher). Königstein/Ts. / Leipzig o. J. (ca. 1930). Abb. 24.

Quispel, Gilles: The Secret Book of Revelation. London 1979. Tafeln 2, 22.

Reber, Horst: Albrecht von Brandenburg. Mainz 1990. Tafeln 17, 20.

Reuter, Fritz: Die Reformations-Gedächtnis-Kirche zur Heiligen Dreifaltigkeit in Worms (Rheinische Kunststätten 476). Köln 2003. Abb 32.

Schäfer, Kilian (Mainz) Abb. 50.

Schulze-Dörrlamm, Mechthild: Die Kaiserkrone Konrads II. (1024–1039). Sigmaringen 1992. Abb. 6, 36; Tafel 15.

Schymiczek, Regina E. G.: Höllenbrut und Himmelswächter. Regensburg 2006. Abb. 19.

Speyer, Historisches Museum der Pfalz Abb. 29.

Strobel, Richard: Regensburg St. Jakob (Schnell Kunstführer 691). 16. Aufl. Regensburg 2000. Abb. 44.

Theologische Realenzyklopädie, Band 9. Berlin/New York 1982 (vor S. 273). Abb. 35.

Weirich, Diether: Die Bergkirche zu Worms-Hochheim und ihre Krypta (Der Wormsgau, Beiheft 13). Worms 1953. Abb. 9.

Worms, Stadtarchiv Abb. 3, 11, 13, 26, 40, 41, 43, 45.

Zwickel, Wolfgang (Hrsg.): Edelsteine in der Bibel. Mainz 2002. Tafeln 8, 18.

Alle übrigen Abbildungen: Archiv des Verfassers.

e) Sachregister

f) Ortsregister

7. Bildteil

Abb. 1: Siebenarmiger Leuchter (um 1000). Essen, Stiftskirche (Apk 1,12f.)

Abb. 2: Siebenarmiger Leuchter von Ernst Riegel (1910). Bechtheim bei Worms, Evang. Pfarrkirche (Apk 1,12f.).

Abb. 3: Kranz des Lebens, verstanden als Krone. Zwei Sargkronen des 18. Jahrhunderts aus Worms (Apk 2,10).

Abb. 4: Maiestas Domini. Christus zwischen den vier Wesen (»Evangelistensymbolen«). Gemälde des Apsisgewölbes in Knechtsteden, ehemalige Abteikirche (1162; Apk 4,1–11).

Abb. 5: Maiestas Domini. Relief von der Westfassade der ehemaligen Stiftskirche in Ravengiersburg (um 1200; Apk 4,1–11).

Abb. 6: Vier Wesen als Symbole der vier Evangelisten. Goldener Einbanddeckel des
Evangeliars von Helmarshausen (um 1100; Apk 4,6–8).

Abb. 7: Ein Tier aus den vier Evangelistensymbolen (»Tetramorph«) vom Südportal (um 1300) des Domes zu Worms (Apk 4,6–8).

Abb. 8: Christus als Lamm (Vulgata: *agnus*). Mutzig (Elsass), Türsturz der Pfarrkirche (11. Jahrhundert; Apk 5,6–14 u.ö.).

Abb. 9: Verehrung der Märtyrer »unter dem Altar«: Unterkirche und Krypta, hier: Krypta (um 1010) der Bergkirche St. Peter in Hochheim bei Worms (Apk 6,9–11).

Abb. 10: Gerichtsengel mit Posaune. Straßburg, Münster, Weltgerichtspfeiler im Querhaus (um 1225; Apk 8,2).

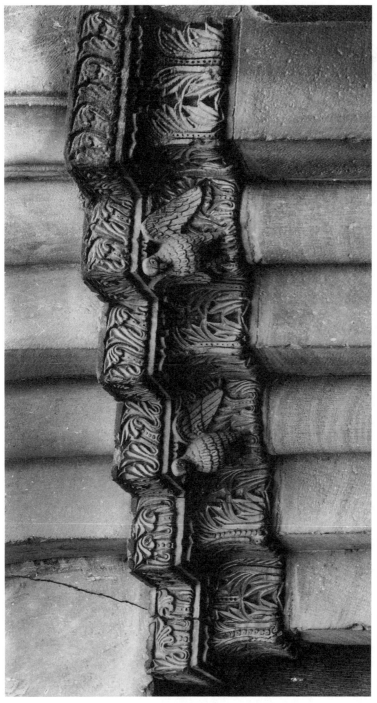

Abb. 11: Adler als Gottesbote. Romanisches Adlerkapitel in Worms, Dom, rechte Kapitellzone des Nordportals (um 1170; Apk 8,13).

Abb. 12: Einhorn, Löwe, Greif, Chimäre. Wormser Bodenfliesen des 12./13. Jahrhunderts (Apk 9,17–19)

Abb. 13: Teuflische Trinität. Worms, Dom, Mittelfenster des Ostchors (um 1140; Apk 12f.).

Abb. 14: Himmelsfrau mit Sonne, Mond und zwölf Sternen bzw. Edelsteinen, gedeutet als Maria mit Kind. Marienstatue (um 1490) in Gelnhausen, Marienkirche (Apk 12,1–6).

Abb. 15: Himmelsfrau mit Sonne, Mond und zwölf Sternen, gedeutet auf Maria als Himmelskönigin. Marienstatue von Domenico Pozzi (1748) auf dem Frauenbrunnen in Einsiedeln (Apk 12,1–6).

Abb. 16: Doppelmadonnenleuchter (um 1520) in der Michaelskapelle zu Kiedrich (Apk 12,1–6).

Abb. 17: Michael tötet den Drachen. Relief (um 1200) der Kath. Pfarrkirche
St. Dionysius in Nordwalde (Westfalen; Apk 12,7–9).

Abb. 18: Michael tötet den Drachen. Relief (um 1225) an der Außenwand der südlichen Chorschranke des Georgenchores des Domes zu Bamberg (Apk 12,7–9).

Abb. 19: Drachengestaltiger Wasserspeier (14. Jh.) am Dom zu Regensburg
(Apk 12,15f.).

Abb. 20: Teufel als Imitator der Widdergestalt Christi. Südliches Portal (um 1100) der Ostfront des Domes zu Mainz (Apk 13,11).

Abb. 21: Der siegreiche Messias reitet zum Weltgericht. Bamberg, Dom (»Bamberger Reiter«, um 1235; Apk 19,11–16).

Abb. 22: Weltgericht. Tympanon des sog. Fürstenportals (um 1235) am Dom zu Bamberg (Apk 20,11–15).

Abb. 23: Weltgericht. Reliefs der Seligen, der Verdammten und einer Deesis (um 1240) vom ehemaligen Westlettner des Mainzer Domes (Apk 20,11–15).

175

Abb. 24: »Jerusalem« auf dem »Zionsberg«. Dom zu Limburg (um 1245, Foto um 1930; Apk 21,2.10f.).

Abb. 25: »Jerusalem« auf dem »Zionsberg«. Schwäbisch Hall, Stadtpfarrkirche St. Michael mit Treppenanlage (1507) vor der Westfassade (Apk 21,2.10f.).

Abb. 26: Das Kirchengebäude als endzeitliche Festung. Hier: Dom zu Worms
(12. Jahrhundert) von Nordosten (Foto um 1950; Apk 21,12f.).

Abb. 27: Das Kirchengebäude als endzeitliche Festung. Martin Luther, Dichter
des Liedes »Ein feste Burg ist unser Gott« (vgl. Ps. 46), als Wächter der Gottesburg.
Federzeichnung (1933) von Rudolf Schäfer (Apk 21,12f.).

Abb. 28: Namen der zwölf Stämme bzw. Patriarchen und der zwölf Apostel auf Toren und Grundsteinen der himmlischen Stadtmauer. Hier ein Grundstein von ursprünglich zwölfen mit den Namen Benjamin und »Matheus« (wohl irrtümlich für: Matthias) von der Michaelskirche (1010) in Hildesheim (Apk 21,12–14).

Abb. 29: Apostelnamen auf den Grundsteinen. Vier Teile des dreizehngliedrigen Grundsteins der 1865 abgebrochenen Augustinerkirche (um 1265) in Speyer mit den Aposteln Simon, Bartholomäus, Philippus und Matthäus (Apk 21,12–14).

Abb. 30: Apostel als Stützen der Kirche. Zwölf Weihekreuze und zwölf Apostelleuchter im Kircheninneren, hier: Abteikirche zu Ottobeuren (um 1760), Apostel Thomas und Philippus (Apk 21,12–14).

Abb. 31: Apostel tragen das Kirchen- und Himmelsgewölbe. Pfeiler der Liebfrauenkirche in Trier (kurz vor 1250) mit kurz vor 1500 aufgemalten zwölf Aposteln
(Apk 21,14).

Abb. 32: Apostel im Bau des irdischen Gotteshauses. Reliefs der Apostel an der Turmbalustrade der lutherischen Dreifaltigkeitskirche (voll. 1725) in Worms (Apk 21,14).

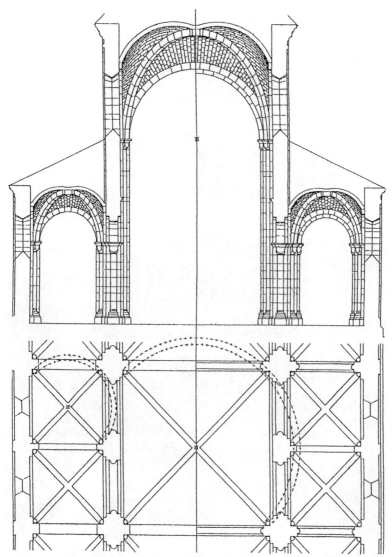

Abb. 33: Würfelgestalt der Gottesstadt. Grund- und Aufriss eines Jochs einer romanischen Basilika des sogenannten Gebundenen Systems (Apk 21,16).

Abb. 34: Die Gottesstadt als Zylinder und Zentralbau. Die lutherische Frauenkirche in Dresden (voll. 1743; Apk 21,16).

Abb. 35: Mauern aus Edelsteinen, Tore aus Perlen. Burg Karlstein bei Prag, Katharinen-kapelle (zwischen 1346 und 1378). Edelsteine als Wandverkleidung (Apk 21,18–21).

Abb. 36: Gold, Edelsteine, Perlen in der Sakralkunst. Das Reichskreuz (um 1030; Apk 21,18–21).

Abb. 37: Gold, Edelsteine, Perlen in der Sakralkunst. Das sogenannte Tischtuch-Reliquiar, Teil der Reichskleinodien. Nürnberger Arbeit (1518; Apk 21,18–21).

Abb. 38: Gold, Edelsteine, Perlen in der Sakralkunst. Monstranz, Nürnberger Arbeit (um 1500). Wachenroth bei Höchstadt (Apk 21,18–21).

Abb. 39: Offene Tore der Himmelsstadt. Ein sogenannter Stadttor-Sarkophag der christlichen Spätantike: S. Ambrogio in Mailand (Ende des 4. Jahrhunderts; Apk 21,25).

Abb. 40: Offene Tore der Himmelsstadt. Drei Bogen der Galerie der östlichen Chorwand (um 1140) des Domes zu Worms (Apk 21,25).

Abb. 41: Lebenswasserstrom zwischen Lebensbäumen. Astwerktaufstein (um 1485) aus der ehemaligen Pfarrkirche St. Johann, jetzt Nikolaus-Kapelle des Wormser Domes (Apk 22,1f.).

Abb. 42: Lebenswasserstrom zwischen Lebensbäumen. Hier Weih- statt Taufwasser. Weihwasserbecken (um 1500) der katholischen Liebfrauenkirche in Gernsbach (Schwarzwald; Apk 22,1f.).

Abb. 43: Ein Lebensbaum der Christologie und Eucharistie: Jesse-Baum (»Wurzel Jesse«), datiert 1488. Worms, Dom, Relief im nördlichen Seitenschiff (Apk 22,2).

Abb. 44: »Draußen bleiben die Hunde«: Apotropäische Dämonenskulpturen am Außenbau der Kirche. Regensburg, Schottenkirche St. Jakob, Nordportal (um 1180; Apk 22,15).

Abb. 45: »Draußen bleiben die Hunde«: Zwerchgalerie vom Westchor des Wormser Doms (um 1180) mit Dämonenskulpturen an den Säulenbasen (Apk 22,15).

197

Abb. 46: Plateau d'Assy, Notre Dame de Toute Grâce (1937–1944).

Abb. 47: Würzburg, Dom. Blick in den erneuerten Chorraum (1987/88).

Abb. 48: Würzburg, ehemalige Jesuitenkirche St. Michael, jetzt neugestaltet als Kirche des Priesterseminars in Würzburg (1988–1995).

Abb. 49: Mainz-Bretzenheim, Katholische Pfarrkirche St. Bernhard (1992), Altar.

Abb. 50: Mainz-Ebersheim, Evang. Pfarrkirche (voll. 1999), Altar (Foto: Kilian Schäfer).

Abb. 51: Eines der vier Wesen von Apk 4,7, gedeutet als Evangelistensymbol (wohl: Johannes, noch nicht Markus), verteilt die Fiolen des Zorns (Apk 15,6f.); darunter: Die erste Fiole wird ausgegossen (Apk 16,2). Apokalypse der Sammlung Este in Modena, Holzschnitt (um 1460).

Abb. 52: Die Apokalyptischen Reiter (Apk 6,1–8). Holzschnitt von Albrecht Dürer (1471–1528) aus der Holzschnittfolge »Die heimlich offenbarung johannis« (1498).

Abb. 53: Anbetung der auf das Papsttum gedeuteten Hure Babylon (Apk 17,1–6).
Holzschnitt der Wittenberger Werkstatt Lukas Cranachs d.Ä. (1472–1553) in Martin
Luthers erster deutscher Bibel, dem sog. September-Testament (1522).

Abb. 54: Der Engel wirft den Mühlstein ins Meer und leitet die Zerstörung Babylons (d.h. Roms im Bild der Stadt Worms) ein (Apk 18,21). Holzschnitt aus der Werkstatt Lukas Cranachs in Luthers erster deutscher Vollbibel (1534).

Abb. 55: Der Engel zeigt dem Seher das neue Jerusalem (Apk 21,10). Kupferstich von Matthäus Merian (1593-1650) in seiner Bilderbibel von 1625/27 bzw. 1630.

207

Abb. 56: Der gewaltige Engel mit Beinen wie Feuersäulen gibt dem Johannes ein kleines Buch zu essen (Apk 10,1–11). Anonymer Holzschnitt in einer 1720 in Nürnberg gedruckten Bilderbibel (Endter, sog. Kurfürsten-Bibel).

Abb. 57: Sieg Michaels über den Drachen (Apk 12,7–9). Holzschnitt von Julius Schnorr v. Carolsfeld (1794–1872) in der Bilderbibel von 1852/1860.

Abb. 58: Der Engel zeigt dem Seher das neue Jerusalem (Apk 21,10). Holzstich von Gustave Doré (1832–1883) in Band 2 seiner Bilderbibel (1865).

Und ein ſtarker Engel hob einen großen Stein auf wie einen Mühlſtein, warf ihn ins Meer und ſprach: Alſo wird mit einem Sturm verworfen die große Stadt Babylon und nicht mehr gefunden werden. Und die Stimme der Sänger und Saitenſpieler, Pfeifer und Poſauner ſoll nicht mehr in dir gehört werden, und kein Handwerksmann irgend eines Handwerks ſoll mehr in dir gefunden werden, und die Stimme der Mühle ſoll nicht mehr in dir gehört werden, und das Licht der Leuchte ſoll nicht mehr in dir leuchten, und die Stimme des Bräutigams und der Braut ſoll nicht mehr in dir gehört werden! / Und ich ſah und hörte einen Adler fliegen mitten durch den Himmel und ſagen mit großer Stimme: Wehe, wehe, wehe denen, die auf Erden wohnen.

Abb. 59: Der Engel wirft den gewaltigen Stein ins Meer und eröffnet den Untergang Babylons (Apk 18,21). Holzschnitt von Daniel Greiner (1872–1943) aus Band 1 der sog. Greiner-Bibel (1931).

Abb. 60: Allgemeine Totenauferstehung, Buch des Lebens und Gericht nach den Büchern (Apk 20,11–13). Federzeichnung von Rudolf Schäfer (1878–1961) in: Die Heilige Schrift mit Bildern (1929).

Tafel 1: Himmlischer Gottesdienst. Ravenna, S. Apollinare Nuovo (6. Jahrhundert), Nordwand des Mittelschiffs (Apk 4f.).

Tafel 2: Thronendes Lamm im himmlischen Jerusalem. Altarretabel der Brüder Hubert und Jan van Eyck (1432), Gent, Kathedrale St. Bavo (Apk 21,22f.; 22,3).

Tafel 3: Dämonische Heuschrecken entsteigen dem Brunnenschacht. Wandgemälde im Athos-Kloster Dionysíou (1547; Apk 9,2–11).

Tafel 4: Der Engel mit dem Buch. Teppich in Angers (um 1380; Apk 10,1–11).

Tafel 5: »Jerusalem« auf dem »Zionsberg«. Mont-Saint-Michel (11./12. und 15. Jahrhundert; Apk 21,2.10f.).

Tafel 6: Der siegreiche Messias reitet zum Weltgericht. Auxerre, Krypta der Kathedrale St.-Étienne (frühes 11. Jahrhundert; Apk 19,11–16).

Tafel 7: »Jerusalem« auf dem »Zionsberg«. Das Stift Groß-Comburg bei Schwäbisch Hall von Nordwesten (Apk 21,2.10f.).

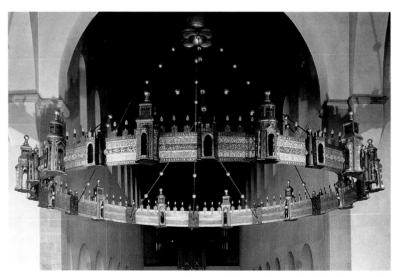

Tafel 8: Die Stadt schwebt vom Himmel herab. Radleuchter (um 1070) im Mariendom zu Hildesheim (Apk 21,2.12).

Tafel 9: Die Stadt schwebt vom Himmel herab. Radleuchter (um 1130) in der ehemaligen Stiftskirche Groß-Comburg. Details mit Stadttor, Patriarch und Engel (Apk 21,2.12).

Tafel 10: Edelsteinwürfel, bestehend aus zwölf einzelnen Bergkristallwürfeln, als Symbol des himmlischen Jerusalem geschaffen 1985 von Hermann Jünger, Pöring-Zorneding (Apk 21,16).

Tafel 11: Die Gottesstadt als Zylinder und Zentralbau. Lehrtafel der Prinzessin Antonia (*Turris Antonia*, voll. 1663) in Bad Teinach (Apk 21,16).

Tafel 12: Mauern aus »Edelsteinen«: farbige Glasgemälde in mittelalterlichen Kirchen. Abteikirche Saint-Denis, Farbfenster mit dem Abt Suger, ein Fenster mit dem Jesse-Baum präsentierend (Mitte des 12. Jahrhunderts; Apk 21,19f.).

Tafel 13: Mauern aus
»Edelsteinen«: aus-
gemalte Innenräume
der Kirchen. Paris,
Sainte Chapelle
(1243–1248;
Apk 21,19f.).

Tafel 14: Gold, Edel-
steine, Perlen in der
Sakralkunst. Ante-
pendium (um 1130)
des Hochaltars der
ehemaligen Stifts-
kirche Groß-Com-
burg (Apk 21,18–21).

221

Tafel 15: Gold, Edelsteine, Perlen in der Sakralkunst. Die Reichskrone (zwischen 1024 und 1039; Apk 21,18–21).

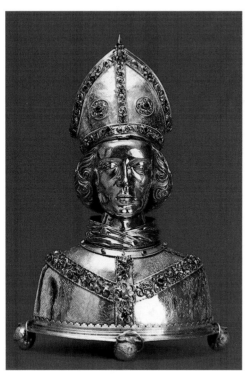

Tafel 16: Gold, Edelsteine, Perlen in der Sakralkunst. Silbervergoldete Reliquienbüste des hl. Martin. Vermutlich Trierer Arbeit (Ende des 15. Jahrhunderts), Cochem, Kath. Pfarrkirche St. Martin (Apk 21,18–21).

222

Tafel 17: Gold, Edelsteine, Perlen in der Sakralkunst. Messkelch aus dem Halleschen Heiltum (vor 1513 oder bald nach 1514), heute Uppsala, Domkirche (Apk 21,18–21).

Tafel 18: Gold, Edelsteine, Perlen in der Sakralkunst. Codex Aureus aus Regensburg. St. Emmeram (um 870), jetzt München, Bayerische Staatsbibliothek, Seitenansicht (Apk 21,18–21).

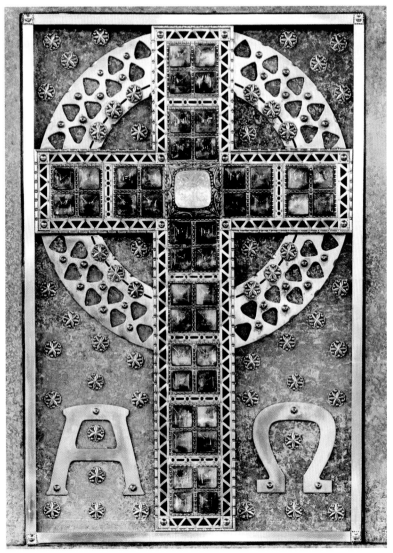

Tafel 19: Gold, Edelsteine, Perlen in der Sakralkunst. Ein Altarkreuz des Jugendstils. Worms, Lutherkirche, Ernst Riegel (1912; Apk 21,18–21).

Tafel 20: Gold,
Edelsteine,
Perlen in der
Sakralkunst.
Albrecht v.
Brandenburg
(reg. 1514–
1545) im
Ornat des Erz-
bischofs von
Mainz als hl.
Martin. Altar-
tafel von
Simon Franck
(wohl 1524),
heute Museum
der Stadt
Aschaffenburg
(Apk 21,
18–21).

Tafel 21: Sonnenfrau, Messiaskind und Drache (Apk 12,1–5). Bamberger Apokalypse (bald nach 1000, vor 1020).

227

INCIPIT EXPLANATIO SUPRA SEIPE

DE EASDEM RANAS,

Et uidi scoté draconis et scoté beatae
et scoté pseudo prophetae sri exilin

cotulis. supra apostium. hu sta. uca cunca
Ter ipsi se uidicce extrauis. sed unu cunca toc
unu ipsm habeat. quia toc unu capua
habeat diabolu. cus manibu sre creduno.
hu ipi. uerba reproboy cunca quia quod

Tafel 22: Drache, Tier und falscher Prophet (als häretischer Bischof) entlassen aus ihren Mäulern drei dämonische Frösche (Apk 16,13f.). Handschrift des Kommentars des Beatus von Liébana zur Johannes-Apokalypse, Burgo de Osma (voll. 1086).

228